静岡県歴史年表

日本史・世界史対応

静岡県歴史教育研究会編

静岡新聞社

凡　　例

1　本書は、静岡県史編纂室が製作した『静岡県史』の成果を踏まえ、その後の研究を加えて日常平易に活用できるコンパクト版として上梓しました。
2　静岡県史とそれに対応する日本史、世界史を一目で見ることができるようにすべて見開き頁に収めました。
3　静岡県史を中心に構成しましたので、見開き頁左端に西暦・年号を入れ、罫線で区切って日本史・世界史を対応させましたが、原始・古代、中世、近世は県史の出来事と世界史の出来事が同じ年でない場合があり、世界史の部分は区切りの罫線を外し、項目の頭に西暦を入れました。
4　日付の分かっている項目は　1.12のように表記し、月だけのものは　2.-と表記。月も特定できない項目は　この頃、年だけが分かっている項目についてはこの年の表記としました。また閏月は〇囲みの数字で表記しました。
5　項目中、源頼朝、足利尊氏、徳川家康などの名前が頻繁に登場する場合、姓を省略し、頼朝、尊氏、家康と表記している部分があります。
6　人名などの固有名詞や、読みにくい漢字には極力ルビをふり、低学年の子どもたちにも読めるよう、配慮しました。
7　静岡県史への理解をさらに深めるために、重要な出来事に関しては下段のコラムに解説を収録し、さらに関連写真も掲載しました(写真250枚を使用)。
8　南北朝時代は、南朝の年号を(　　)で併記しました。
9　本書は、2000年までを収めました。

時　代	年　号	県　　　　　史
旧石器時代	BC28,000年頃	この頃沼津市中見代第Ⅰ遺跡(愛鷹山麓)の人々が県内で初めて台形様石器や刃部の磨かれた石斧を使い礫群でバーベキューをする。磐田原台地や箱根西麓でも台形様石器を使う人々が生活をする
	BC25,000年頃	富士山が連続的に噴火し、厚い火山灰層を残す
	BC19,000年頃	浜北人などが活動する
	BC13,000年頃	
縄文時代	BC10,000年頃	芝川町大鹿窪に縄文草創期の定住集落が営まれる 最初の縄文土器(隆起線文土器)が島田市旗指遺跡、芝川町小塚遺跡などで使われる
	BC5,500年頃	
	BC2,000年頃	浜松市蜆塚遺跡、磐田市西貝塚遺跡などの貝塚が形成される
	BC1,600年頃	
	BC1,000年頃	天城カワゴ平や富士山が噴火し各地に火山灰を降下させる
弥生時代	BC 4 C	
	BC 3 C前	この頃北九州に分布の中心をもつ遠賀川式土器が普及し、これとともに稲作の知識も広がり始める
	BC221	
	BC202	
	BC 1 C	浜松市国鉄工場内(梶子)遺跡では木製の農具(鋤・鍬)が使われており、水田耕作が想定される
	57	
	1 C後	この頃沖積平野で水田耕作が本格的に営まれる。環濠・掘立柱建物・方形周溝墓などを持つ大きな集落も営まれ始める
	107	
	2 C後	この頃天竜川下流域から浜名湖北岸で銅鐸のまつりが盛んになる この頃河川流域の平野には水田が広がる。静岡平野では登呂遺跡などで微高地には集落、低地には水田が営まれる
	239	

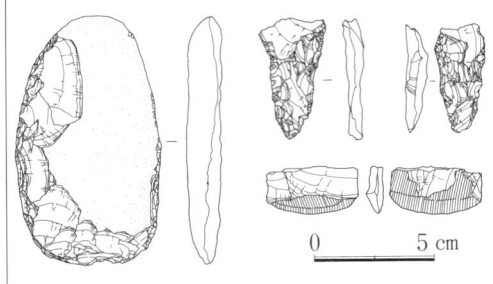

石斧は、緑色凝灰岩が主に使われ、樹木を倒すために使われたとする見方もある。台形様石器は、多くが黒曜石で作られ鋭利な刃で物を切断する道具であったと思われる。(写真左沼津市中見代第Ⅰ遺跡から出土)この時期の愛鷹山南麓の黒曜石は、中伊豆の柏峠、長野県和田峠周辺、伊豆諸島の神津島の三ヵ所を原産地としており、広い地域での交易が想定される。

日　本　史	世　界　史
	BC5万〜3万　クロマニョン人(新人)が出現する。洞窟絵画(アルタミラ・ラスコー等の壁画)を描く
気候の温暖化により、日本列島の大部分が大陸から分離する	BC3万頃　周口店上洞人(新人)が出現する
狩りの道具として弓矢が使われるようになる	
縄文土器が使用され始める	BC6500頃　ジャルモ(イラク)で初期農耕生活開始　BC5500頃　中国で農耕文化開始　BC3500〜3000　メソポタミア・エジプト文明が成立　BC2500頃　インダス文明が成立　BC1600頃　中国に殷王朝が成立。亀甲文字(漢字)作成
この頃北九州や中国地方の一部で水田耕作が始まる	BC753　ローマの建国(伝承) BC6C中頃　ブッダ、孔子が誕生 BC550　ペルシア帝国の成立 BC500　ペルシア戦争開始(〜BC449)。戦後アテネの民主政治が完成　BC334　アレクサンドロスが東征開始(ヘレニズム時代の始まり)
この頃倭は百余国に分かれ、前漢の楽浪郡に朝貢する	
倭奴国王が後漢に朝貢し光武帝から印綬を受ける	BC221　秦の始皇帝が初めて中国を統一する
倭国王帥升ら後漢に生口160人を献じる	BC108　劉邦が項羽を滅ぼし前漢王朝を建設。前漢武帝が衛氏朝鮮を滅ぼし、楽浪・真番等4郡設置
倭国大いに乱れる	BC27　ローマ帝政が始まる 25　劉秀(光武帝)が後漢王朝を建立する
卑弥呼が魏に朝貢し、親魏倭王の称号を賜る	

銅鐸＝滝峯才四郎谷遺跡

全国的な銅鐸の分布の東限は、天竜川流域である。この銅鐸は、近畿式銅鐸で、「銅鐸の谷」と称される細江町中川の小谷から学術調査で発掘され、穴を掘って鰭を天地にして横向きに埋納されていたことが確認された。銅鐸の出土場所は、集落を離れた谷の水源近くや川の縁に限られ、水霊とのかかわりが注目される。　　　　　　　　　高さ72.4cm

時　代	年　号	県　　　　　史
	3C中	浜松市伊場遺跡に集落が営まれ、三重の環濠が巡らされる
	3C末～4C初	
古墳時代	4C前	富士宮市丸ケ谷戸遺跡など前方後方型の周溝墓が造られる
	4C中	引佐町北岡大塚古墳・磐田市小銚子塚古墳・清水市午王山3号墳などの前方後方墳が営まれる
	4C後	磐田市松林山古墳・静岡市柚木山神古墳・浜北市赤門上古墳などの大型前方後円墳が営まれ、三角縁神獣鏡や武器・武具が副葬される
	4C末	富士市浅間古墳・東坂古墳など東部地域で古墳が営まれ始める
	391	
	5C中	浜松市千人塚古墳、磐田市堂山古墳など大量の武器・武具・農工具を副葬する古墳が現れる
	478	
	507	
	527	
	6C前	磐田市甑塚古墳・袋井市大門大塚古墳など横穴式石室を持った古墳が営まれ始める
	535	この年駿河に稚贄屯倉が置かれると伝える
	538	
	6C中	掛川市宇洞ケ谷横穴群・山麓山横穴群など遠江で横穴群が営まれ始める
	6C後	各地に群集墳が営まれる
	592	
	593	
	6C末	函南町柏谷横穴群、伊豆長岡町大北横穴群など田方平野を中心に横穴群が営まれ始める
	643	
644	皇極3	7.- 不尽河(富士川)の辺の人、大生部多、村人に虫を常世神として祀ることを勧める。秦造河勝、民の惑わされるを見て、大生部

日月天王銘唐草文帯四神四獣鏡＝浜北市赤門上古墳

全長56.3mの前方後円墳、赤門上古墳から出土した三角縁神獣鏡で、2つずつの神像と獣像が交互に並び、その外周に「日月天王」銘と唐草文を配する。この鏡は京都府椿井大塚山古墳や奈良県佐味田宝塚古墳など、中央の古墳から出土した鏡と同じ鋳型で造られており、赤門上古墳の被葬者を考える上で重要な意味を持つ。　　面径23.7cm

日　本　史	世　界　史
	220　後漢が滅び三国時代に移る
西日本で古墳の造営が始まる	226　ササン朝ペルシアが成立
	313　ローマ帝国がキリスト教を公認する(ミラノ勅令)
	375　ゲルマン民族が大移動を開始
	384　仏教が百済に伝播
	392　ローマ帝国がキリスト教を国教とする
倭国、朝鮮に出兵し、高句麗と戦う	395　ローマ帝国が東西に分裂する
誉田陵や大山陵等の巨大古墳が造営される	414　高句麗、広開土王碑を建立
	420　中国南北朝時代が始まる
倭王武、宋に上表し、安東大将軍の号を授かる	476　西ローマ帝国が滅亡する
大伴金村、男大迹王を越前より迎え、天皇の位につける(継体天皇)	485　北魏の孝文帝が均田制施行の詔を出す
筑紫国造磐井、新羅と通じて反乱を起こす	529　聖ベネディクトゥスがモンテ・カシノに修道院を建立する
	534　『ローマ法大全』編さんが完成する
百済の聖明王から仏像と経典が朝廷におくられる	537　セント・ソフィア寺院が完成する(ビザンチン様式)
蘇我馬子、崇峻天皇を殺害する	589　隋が陳を滅ぼし中国を統一する(南北朝時代の終わり)
4.10　厩戸皇子(聖徳太子)を皇太子とし、摂政とする	598　隋(文帝)が高句麗に出兵する(失敗)
	610　ムハンマドがイスラム教創始
	618　隋滅亡、唐が興る
11.1　蘇我入鹿、山背大兄王を襲う	622　ムハンマドがヤスリブ(メッカ)へ移る(ヒジュラ)。この年が

鞆形埴輪＝磐田市堂山古墳

堂山古墳は、全長113m前後の前方後円墳。出土した鞆は、弓を射る時に左手首につける革製の武具で、古代には武威の象徴とされていた。同古墳からは、これ以外に衣蓋形・短甲形・鶏形などの埴輪や、大刀・鉄鏃・鍬先・鎌・斧など、大量の鉄製武器、農工具が出土しており、被葬者が強力な武人的首長であったことが想像される。　　　高さ35.3cm

西暦	年号	県　　　　史
644	皇極3	多を打ち懲（こ）らす
645	大化1 6.19	
646	大化2	
649	大化5	この年伊豆の大海中の興島（おきのしま）が噴火するという
660	斉明6	この年百済（くだら）に軍を派遣するために駿河国に舟を造らせる
661	斉明7	
663	天智2	8.13 百済の州柔城（つぬ）にこもる余豊璋、諸将に、救将廬原君臣（いほはらのきみおみ）が渡海して来援することを伝える
668	天智7	
672	天武1	
673	天武2	
675	天武4	10.16 筑紫より貢する唐人30人を遠江国に住まわせる
680	天武9	7.- 駿河国より伊豆国を分ける
681	天武10	1.10 この日の日付のある浜松市伊場遺跡出土の木簡に、「柴江五十戸（里）人、若倭部某」等と見える
684	天武13	10.14 夕方、東方に鼓のような音が鳴り、伊豆の島の西北2面が隆起し、1つの島になる
685	天武14	2.16 この日の日付のある浜松市伊場遺跡出土の木簡に、御調、「私部（きさいべ）の政を負う」等の記事が見える
686	朱鳥1	
689	持統3	8.- 浜松市伊場遺跡出土の木簡に、「八月放生会があり2万1320余の魚介等を放す」と見える
694	持統8	
699	文武3	5.19 浜松市伊場遺跡より、この日の日付の淵評（ふちのこおり）竹田里人若倭部連（わかやまとべのむ）老末呂（らじおずめ）の過所（かしょ）（通行証）が出土している　5.24 役（君）小角を伊豆島

大生部多事件

富士川の辺の住人大生部多が、村人に虫を常世の神として祀れば富と長寿が得られると説いた。村人は財を捨て、酒や食べ物を道に並べる狂態を見せたので、これを見かねて山背国の秦河勝が大生部多を懲らしめたという事件である。この翌年、中央では大化の改新があり、両事件のかかわりが注目される。

白村江の戦いと廬原君臣

唐・新羅連合軍に滅ぼされた百済復興の救援のため、駿河国に造らせた船は、曳航途中に伊勢で壊れてしまった。救将廬原君臣は「菴原公系図」によれば、臣足と書かれており、子の大蓋は廬原国造、その孫の首麻呂は廬原郡司になっており、清水地区を本拠地とする廬原氏一族の出身とみられる。

日　本　史	世　界　史
6.12 中大兄皇子、中臣鎌足らと宮中に蘇我入鹿を暗殺する	イスラム暦元年となる 630 唐の僧玄奘がインド各地を旅する(〜644)
1.1 改新の詔を宣する	
9.5 百済の使、唐・新羅軍の攻撃により百済滅亡を伝える	651 ササン朝ペルシアが滅亡する
1.- 斉明天皇、百済救援のため西に向かい、5月朝倉宮に遷る	661 4代カリフのアリが刺殺され正統カリフ時代終わる。ウマイア朝が成立する(反ウマイア、アリ信奉派＝シーア派)
8.27-28 日本・百済軍、唐・新羅軍と白村江に戦って大敗する	
1.3 中大兄皇子即位する(天智天皇)	668 唐・新羅が高句麗を滅ぼす
6.24 大海人皇子、吉野を脱出して東国に向かう(壬申の乱)　7.2 大海人皇子軍、近江・大和へ進攻する　7.23 大友皇子自殺する	671 唐の僧義浄がインドへ出発する
2.27 大海人皇子即位する(天武天皇)	
	676 新羅が朝鮮半島を統一する
11.12 薬師寺建立を発願する	
2.25 飛鳥浄御原令の編さんを始める	
10.1 八色の姓を定める	
9.9 天武天皇没し、皇后称制する(持統天皇)	
6.29 諸司に飛鳥浄御原令22巻を分かち賜う	690 武后が帝位につく(唐一時滅亡)
12.6 藤原京に遷都する	
	698 渤海が中国東北部で建国する 7C後半 スマトラ東部にヒンドゥ

放生会木簡＝浜松市伊場遺跡

この木簡は、表に「己丑年八月放□」裏に「二万千三百廿□」と記されている。己丑年は689年(持統3)。淵評で放生会が行われ、2万1千余の鳥や魚介を放ったというのである。676年(天武5)に「諸国に詔して放生せしむ」、689年には摂津国などの3カ所を禁猟区としたなどとあり、この政策の一環でこの放生会も行われたと考えられている。

西　暦	年　号	県　　　　　　　　　　史
699	文武3	に流す
7C第4四半期		磐田市大宝院廃寺・沼津市日吉廃寺・清水市尾羽廃寺等が建立される
701	大宝1	1.- 役小角を伊豆より召し返す
704	慶雲1	この年伊豆大島が噴火するという
708	和銅1	
709	和銅2	2.20 遠江国長田郡を長上郡と長下郡に分ける
710	和銅3	
712	和銅5	7.15 駿河・伊豆等21カ国で初めて錦・綾を織らせる
715	霊亀1	5.25 遠江国に地震が起こり、山が崩れて麁玉河の流れを止める。数十日後に決潰して、敷智・長下・石田3郡に被害が出る
718	養老2	
722	養老6	2.16 遠江国佐益郡の8郷を割き山名郡を置く
723	養老7	
8C第1四半期		沼津市清水柳1号墳(上円下方墳)が造られ、火葬骨を納めた凝灰岩製石櫃が据えられる　島田市竹林寺廃寺・三島市市ケ原廃寺等、各地に豪族の氏寺が建立される
729	天平1	この年の具注暦の木簡が浜松市城山遺跡から出土している
735	天平7	この年三島神を伊豆国府に遷すという
737	天平9	
738	天平10	2.18 駿河国、天平9年正税帳を進上する
739	天平11	この年駿河国、天平10年正税帳を作成する
740	天平12	11.20 遠江国、浜名郡輸租帳を進上する　この年伊豆国、天平11年正税帳を作成する
741	天平13	
743	天平15	
747	天平19	9.26 金光明寺(東大寺)に封戸1000戸を与え、遠江国磐田郡、駿河

＝上円下方墳　沼津市清水柳北1号墳

　一辺12.4mの下方部の上に直径約9mの上円部を築き、墳丘全面に葺石を設けた全国的にも非常に珍しい墳形である。古墳には、火葬骨を入れる蔵骨器を納めた凝灰岩製石櫃が埋納されていた。8世紀前葉築造とみられ、火葬例としては県内でも最も早いものである。被葬者は、この地域の有力豪族で中央ともつながりをもった人物と考えられる。

日　本　史	世　界　史
	王国シュリビジャヤが興る
8.3 大宝律令の撰定が完成する	705 唐が再興する
8.10 和同開珎(銅銭)を発行する	
3.10 平城京に遷都する	
1.28 太安万侶、古事記を完成奏上する	712 玄宗が唐皇帝に即位する(開元の治)
この年藤原不比等らに命じて律令を撰定する(養老律令)	713 ウマイア朝が西ゴート王国を滅ぼし、イベリア半島を併合する
④.25 良田百万町歩開墾を計画する	唐が募兵制を開始する
4.17 三世一身の法を定める	
	726 東ローマ帝国皇帝レオ3世が偶像禁止令を出す
2.12 左大臣長屋王、謀反の疑いで糾問され、自殺	732 イスラム軍、トゥール・ポアチエ間の戦いでフランクに敗北する
この年藤原四子(房前・麻呂・武智麻呂・宇合)天然痘により没する	
1.13 橘諸兄を右大臣とする	
9.3 大宰少弐藤原広嗣が反乱する	
2.14 国分僧寺・尼寺の建立の詔が出る	
5.27 墾田永年私財法を定める　10.15 盧舎那仏造立の詔を発する	
9.29 金光明寺(のち東大寺)で大仏鋳造を始める	楊太真が唐の貴妃となる(楊貴妃)

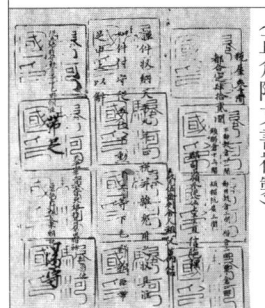

天平9年駿河国正税帳
(正倉院文書複製)

　田租と出挙の利稲は国衙の基本財源であり、その運用状況は国司により毎年中央政府に報告することが義務付けられていた。それが正税帳である。静岡県関係では天平9・10年の駿河国と天平11年の伊豆国の正税帳が残存する。ちなみに延喜式によれば、公出挙額は、遠江国が77万束余、駿河国が64万束余、伊豆国が18万束弱であった。

西　暦	年　号	県　　　　　史
747	天平19	国益頭郡益頭郷・富士郡久弐郷の各50戸をあてる
750	天平勝宝2	3.10 駿河守楢原造東人ら駿河国廬原郡多胡浦の浜より黄金を得て献じる　3.25 東大寺大仏に駿河国の金を献じる　12.9 金を獲た無位三使連浄足に従六位下を授け、金を出した廬原郡の今年の田租を免じ郡司主帳以上の位を進める
8C第2四半期		袋井市坂尻遺跡（遠江国佐野郡家）、藤枝市御子ケ谷遺跡（駿河国志太郡家）、藤枝市郡遺跡（駿河国益頭郡家）等郡家が整備される
755	天平勝宝7	
757	天平宝字1	8.13 駿河国益頭郡の人金刺舎人麻自、「五月八日、開下帝釈、標知天皇命百年息」と蚕卵の書いた文字を献じる
758	天平宝字2	3.－ 遠江国榛原郡内鵜田里の川辺より薬師仏木像を掘り出し、里内に堂を造ってこれを祀り鵜田堂と名付けるという　10.2 伊豆三島神の封戸9戸を伊豆国に置く。ついで、12月、4戸を加え置く
759	天平宝字3	この年僧万巻（満願）、菅根三所権現を祀り始めると伝える
761	天平宝字5	7.19 人夫30万3700余人を徴発し、遠江国荒玉河の決壊した堤300余丈を修理する
764	天平宝字8	
765	天平神護1	
770	宝亀1	
771	宝亀2	3.4 私物をもち窮民を救う遠江国磐田郡主帳無位若湯坐部龍麻呂、榛原郡主帳無位赤染造長浜、城飼郡主帳無位玉作部広公・檜前舎人部諸国らに爵を賜う
775	宝亀6	3.2 遠江国に少目2員、駿河国に大少の目各1員を置く
777	宝亀8	4.14 遠江国榛原郡の人、外従八位下赤染長浜ら19人に常世連の姓を与える
781	天応1	7.6 富士山、噴火し灰を降らす
794	延暦13	
797	延暦16	
800	延暦19	3.14 富士山噴火する（～4.18）
802	延暦21	5.19 富士山の噴火により塞がれた足柄路を廃し、箱根路を開く

駿河国の黄金献上

　黄金は、練（錬）金一分・沙一分で、東大寺大仏の塗金には大いに役立ったと考えられ、年表の記述以外にも駿河国守の楢原東人には従五位上と勤臣の姓が、また、三使連浄足には絁40疋・綿40屯・正税2000束が与えられた。なお、金を産出した廬原郡多胡浦は、蒲原・由比・興津の浜と推定されている。

祥瑞献上と天平宝字改元

　天平宝字改元は、橘奈良麻呂の乱が平定された1カ月後に実施された。この改元は、藤原仲麻呂の政治的意図により、中衛府の命令系統が利用され、蚕卵が書いた文字の祥瑞を持参した中衛府舎人で益頭郡の賀茂君継手と同郷でこの祥瑞を献上した金刺舎人麻自が画策して行われたと考えられる。

日 本 史	世 界 史
	750 ウマイア朝が滅亡し、アッバース朝が興る 751 唐がタラス河畔の戦いでイスラム軍に大敗する　フランク王国でカロリング王朝が成立する
9.- 東大寺戒壇院を建立する 7.4 橘奈良麻呂の乱起こる　8.18 金刺舎人麻自の献じた瑞により天平宝字と改元する 8.25 藤原仲麻呂が恵美押勝の名を賜る	755 唐で安史の乱起こる 756 イベリア半島で後ウマイア朝が興る　ピピンが北伊のラベンナ地方をローマ教皇に寄進する(ピピンの寄進)。教皇領の起源
8.3 鑑真、唐招提寺を建立する	762 アッバース朝が新都バグダードを建設する
9.11 恵美押勝の乱起こる ⑩.2 道鏡、太政大臣禅師となる 8.21 道鏡を下野国薬師寺に配流する	
	カールがフランク王になる
	786 ハルン・アル・ラシドがカリフにつく。アッバース朝の全盛時代を現出。この頃『千夜一夜物語』の原型ができる
10.22 平安京に遷都する 11.5 坂上田村麻呂を征夷大将軍に任命する	
1.9 坂上田村麻呂、陸奥国に胆沢城を築く	800 カール、教皇レオ3世よりローマ皇帝の帝冠を受ける(西ロー

志太郡衙跡

駿河国志太郡家と推定される。東西80m、南北70mの敷地内で、8世紀前半から9世紀代にかけての掘立柱建物30棟、井戸・土塁・塀などが発掘され、木簡10点、「大領」「少領」「志太厨」などの墨書土器269点が出土している。この郡家は、8世紀末以降、建物の規模・棟数を充実させているが、10世紀頃にはその機能を終えている。

西暦	年号	県　　　　　　史
803	延暦22	5.8 箱根路を廃して足柄路を復す
810	弘仁1	
819	弘仁10	6.20 遠江国分寺、火災に遭う
820	弘仁11	2.14 反乱を起こした遠江・駿河両国の新羅人700人を追討する
831	天長8	9.11 駿河国の荒廃田40町を開墾して大野牧の田とする
832	天長9	5.19 内裏において旱害を卜筮し伊豆国の神の祟によるとされる　5.22 伊豆の三島神・伊古奈比咩神を名神とする
835	承和2	6.29 富士川に浮橋を造り、大井川と安倍川に渡船を増置する
836	承和3	この年伊豆の国分尼寺が焼亡する
838	承和5	7.5 伊豆国の神津島、噴火する　7～9月遠江・駿河・伊豆等16カ国、天より灰の如き物降ることを報告する
840	承和7	12.1 駿河国駿河郡の永蔵駅家を伊豆国田方郡に遷す
842	承和9	7.28 橘逸勢を伊豆国に配流する　8.13 橘逸勢、遠江国板築駅において没する
843	承和10	10.18 遠江国浜名郡の猪鼻駅家を復置する
850	嘉祥3	5.15 遠江国に流人橘逸勢の遺骸を本郷に返させる
853	仁寿3	6.8 駿河国の目を1員増す　7.5 駿河国の浅間神を名神とし、13日、従三位とする　10.22 遠江国の広瀬河に渡船を2艘加え置く　11.27 遠江国の敬満神霊を名神とする
854	斉衡1	10.23 前伊豆国守百済康保を、伊豆国の百姓数人を殴殺した罪により遠流に処する
855	斉衡2	9.28 伊豆国大興寺を定額寺とし、海印寺別院とする
857	天安1	
862	貞観4	この年遠江国の浜名橋を修造する
863	貞観5	6.2 駿河国富士郡の法照寺を定額寺とし、次いで8.2遠江国の頭陀寺を定額寺とする
864	貞観6	3.4 遠江国長上郡の田地164町を貞観寺に施入する　5.25 駿河国、富士山が噴火し溶岩が本栖水海に流れ込んだことを報告する　12.10 駿河国駿河郡の柏原駅を廃し富士郡の蒲原駅を富士川の東の野に遷す

遠江国分寺復元模型

遠江国分僧寺は、約5万m²の敷地に南大門・中門・金堂・塔・講堂・回廊などの建物が整備されており、塔が回廊の外に配置された東大寺式伽藍配置であった。しかし、819年に火災に遭い、その後再建の痕跡はなく、出土した10世紀代の「講院」と記された墨書土器からは、講堂のみでかろうじて法灯を保っていた様子がうかがわれる。

日本史	世界史
2.22 延暦交替式を諸国に下す 3.10 蔵人所を設置する　9.10 薬子の変起こる 5. 3 空海、紀伊国高野山に金剛峯寺を建立する 4.21 弘仁格式を施行する	マ皇帝) 807頃 白居易の叙事詩『長恨歌』ができる
	827 イスラム軍のシシリー島征服が始まる
3.21 空海没(63歳)	829 ウェセックス王エグバードがイングランドを統一し、イングランド王国が成立する
7. 5 大宰府より遣唐船出発する。円仁らが同行	
7.17 伴健岑・橘逸勢の謀反が発覚し逮捕される (承和の変)	843 ヴェルダン条約でフランクを3分する
7.16 僧円珍ら唐へ出発する	
	862 ルス族のリューリクがロシアに侵入しノブゴロド公国を建国
2.19 藤原良房、太政大臣となる 7.27 嘉祥寺西院を貞観寺とする	(ルスがロシア名の起源)

橘逸勢の死と板築駅

　842年の承和の変の首謀者の一人橘逸勢は、伊豆国に流罪となって配所に赴く途中、遠江国板築駅で死去した。この板築駅は、『延喜式』には見えず、所在については諸説あるが、843年に浜名郡の猪鼻駅が復置されており、それまで三ケ日町日比沢付近に置かれていた駅とする説が有力である。

浜名橋

　中世の大地震で浜名湖が遠州灘と直接つながる以前は、浜名川がここを結んでおり、この川には浜名橋が架けられていた。この橋は、862年や884年に改修されており、1020年『更級日記』にもこの橋が落ちていた様子が描かれている。884年の改修によると長さ56丈と記されている。

西暦	年号	県　　　　　　　　　史
865	貞観7	9.14 遠江国長下郡の水田12町を貞観寺に施入する
866	貞観8	9.22 応天門放火の罪により伴善男を伊豆国に配流する
872	貞観14	3.9 太政官および貞観寺俗別当・三綱、貞観寺田地目録帳を作成し遠江国市野荘・高家荘の地を記す　5.30 駿河国国分寺の般若心経31巻を大蛇が呑む
877	元慶1	この頃都良香が「富士山記」を著す
880	元慶4	12.4 官舎25宇、倉104宇が焼亡した時の前遠江国司を赦により放免する
881	元慶5	3.14 遠江国磐田郡の山裏の帳外浪人100人を施薬院に寄せ紙を貢進させる　10.5 遠江国磐田郡を分割して山香郡を置く
884	元慶8	4.21 伊豆国司の申請により、承和3年(836)に焼失した国分尼寺を再建することを許す　9.1 遠江国に浜名橋を改作させる
887	仁和3	11.2 伊豆国、新生島(新島)図を献上する
894	寛平6	
899	昌泰2	9.19 相模国足柄坂、上野国碓氷坂に関を置く
900	昌泰3	8.5 相模国足柄関および上野国碓氷関の通過に過所を携帯させる
901	延喜1	
902	延喜2	9.26 駿河国、富士郡の官舎が群盗により焼かれたことを報告する
907	延喜7	
924	延長2	この年の年紀のある題籤が浜松市伊場遺跡より出土している
926	延長4	9.17 駿河国安倍郡の浅間新宮社神主主村勝朝、浅間新宮社の鐘を鋳る
931	承平1	2.2　藤原忠平、遠江国城飼郡の笠原牧の券文等を受け取る
935	承平5	
936	承平6	
937	承平7	11.- 甲斐国、富士山の神火が水海を埋めたことを報告する

古代東海道には、郡家を結ぶ伝路と駅家を結ぶ駅路があったが、曲金北遺跡では横田駅家と息津駅家を結ぶとみられる道幅9mの直線道路が確認された(写真左)。県内の駅家は史料上で13カ所確認されるが、840年の永倉駅の伊豆田方郡への遷置、843年の猪鼻駅の復置、864年の柏原駅の廃止と蒲原駅の東遷などの改廃・遷地が行われている。

日 本 史	世 界 史
③.10 応天門炎上する　8.19 藤原良房、摂政となる 9.2 藤原良房没(69歳)	867 キリスト教の東西教会が分裂する 870 メルセン条約を結ぶ。フランクを再分割し、フランス・イタリア・ドイツ3国の原型ができる
	875 唐で黄巣の乱起こる　イタリアのカロリング朝が断絶する 882 ロシアにキエフ公国が建立される
6.5 すべて太政大臣藤原基経に諮問してのち奏聞することとする ⑪.27 阿衡の紛議起こる 9.30 菅原道真の建言により遣唐使の派遣を中止する	893 マジャール人がハンガリーに侵入し定着する
2.14 藤原時平を左大臣、菅原道真を右大臣とする 1.25 菅原道真を大宰権帥に左遷する 3.13 延喜の荘園整理令出される 11.15 藤原時平ら、延喜格を撰進する	907 唐が滅亡する。五代十国時代に入る(〜960) 909 エジプトにファーティマ朝(シーア派政権)が興る 917 契丹(遼)が興る 918 王建が高麗を建立する 926 契丹が渤海を滅ぼす
2.- 平将門が平国香と常陸に戦い国香を殺す(平将門の乱始まる) 6.- 南海道に海賊横行、紀淑人を伊予守に任じ追捕させる(藤原純友の乱始まる) 11.5 関東諸国に平将門追捕を命じる	930頃　カスティリア王国が興る(後国土回復運動の中心となる) 935 新羅が滅亡する 936 高麗が朝鮮半島を統一する

神火

　8世紀後半、各国の正倉が放火される「神火」事件が頻発する。穀物横領の証拠隠滅を図る国司・郡司の放火、新興豪族による現郡司失脚を狙った放火が主な原因とみられる。880年の遠江国の官舎25宇・倉104宇の焼亡、902年の富士郡の群盗による官舎焼亡もこの「神火」の一例である可能性が高い。

関の設置

　899年、相模国足柄関と上野国碓氷関が置かれた。県内の関には940年、平将門の乱に伴って凶党に打ち破られた岬崎関、和歌にも多く読まれた清見関と横走関がある。岬崎関と清見関は清見寺から興津近辺に、横走関は御殿場市駒門付近に想定でき、どちらも東海道と甲斐からの道が交差する地点である。

西暦	年号	県　　　　史
938	天慶1 5.22	11.3 伊豆国の報告により、平将武(まさたけ)の追捕を駿河・伊豆・甲斐・相模の4カ国に命じる太政官符4通に請印する
939	天慶2	12.15 平将門、上野国府において除目を行い平将武(まさたけ)を伊豆守とする
940	天慶3	1.25 遠江・伊豆両国、官符使が駿河国にて太政官符を賊に奪われ、駿河国岫崎関(くきさき)が凶党に打ち破られ、同国国分寺が兵に囲まれたことを報告する
941	天慶4	
942	天慶5	6.30 検非違使(けびいし)を派遣して、駿河国の調物を奪取した駿河掾橘近保(たちばなのちかやす)を捜し求める
944	天慶7	6.2 遠江国佐野郡原田郷の長福寺の鐘が造られる
951	天暦5	10.19 伊豆国に三剋の駅鈴を交付する
954	天暦8	この年駿河国の益頭郡司(ましづとものなりまさ)伴成正および判官代永原忠藤(ながはらのただふじ)が殺害される
955	天暦9	この年駿河介 橘忠幹(たちばなのただもと)、殺害される
956	天暦10	10.21 駿河国の国司・郡司に帯剣を許す
960	天徳4	
969	安和2	
988	永延2	
991	正暦2	この年源為憲(ためのり)を遠江守とする。為憲、任中に遠江国作田1200余町を3500余町に増やす
995	長徳1	
10C後半		湖西市大知波峠廃寺が建立され、12世紀前半まで存続する
1019	寛仁2	
1020	寛仁3	この年浜名橋の落ちた様子を菅原孝標女(たかすえのむすめ)が「更級日記」に記す
1027	寛仁4	2.10 関白藤原頼通領の遠江国笠原牧使を殺害した犯人4人の追捕を、駿河・遠江・甲斐・相模国に命じることとする　7.3 遠江国笠原牧使を殺害した犯人2人を捕える
1028	万寿4	

平将武

　平将武は、939年12月兄将門から伊豆国守に任じられる。940年1月に駿河国国分寺を取り囲んだ凶党も将武部隊であろう。将門敗死後の同年3月甲斐国で討たれている。なお、938年に伊豆国の申請により将武追捕官符が出ており、将門の乱発生以前から将武の活動拠点が伊豆にあったことが分かる。

駿河国司・郡司の帯剣

　平将門の乱平定後、駿河掾による調物の奪取、同国益津郡司および判官代の殺害、同国介の殺害と駿河国の治安が悪化した。そこで駿河国は中央政府に裁許を求め、甲斐国・信濃国ともども帯剣・武装の許可を得ている。これは、当時全国的に進行していた国司権限強化・国衙軍制再編と通じるものである。

日　本　史	世　界　史
この年空也上人が念仏を唱え、京中の庶民を教化する	
11.21 平将門、常陸国府を襲撃する　12.15 平将門、上野国府を攻略し、新皇と称して除目を行う	
2.13 平貞盛・藤原秀郷ら、下総国に平将門を討つ	カラハン朝がトリキスタンに興る(トルコ最初のイスラム王朝)
6.20 警固使橘遠保、伊予国日振島に藤原純友を討つ	955 ドイツ、マジャール人の侵入を撃退する(レッヒフェルトの戦い)
	960 趙匡胤が宋(北宋)を建国、979年に全国を統一する 962 神聖ローマ帝国が成立する
9.23 初めて内裏が焼亡する	969 ファーティマ朝がカイロを建設し首都とする
3.25 左大臣源高明を大宰権帥に左遷(安和の変)	972 アズハル大学がカイロに創立される(世界最古の大学)
11.8 尾張国郡司・百姓らが国守藤原元命の非法を訴える	987 西フランクのカロリング朝が断絶、カペー朝が成立する
5.11 藤原道長を内覧とする	
4.- 刀伊の賊、対馬・壱岐・筑前に来襲	1004 宋と遼で「澶淵の盟」結ぶ
2.27 藤原道長が無量寿院(法成寺)を建立する	
12.4 藤原道長没(62歳)	
6.21 下総国で前上総介平忠常が反乱を起こす	

大知波峠廃寺＝湖西市

三河と遠江の国境にある山岳寺院で、四周を盤石で結界し、その中心に閼伽池かと思われる池と加工された巨岩があり、その周りに礎石建物が6棟ある。「寺」「太」「珎」「阿花」「施入」などと書かれた大量の墨書土器も出土している。大規模な寺院跡であるが、残念ながら文献史料には現在のところその存在を見つけることはできない。

西暦	年号	県　　　　　史
1032	長元1	12.16 富士山が噴火する
1037〜1039	長暦年中	大江公資、遠江国質侶牧を藤原長家に寄進する
1041	長久2	6.1 富士山出土の鰐口に、この日の年紀がある
1045	寛徳2	
1047	永承2	この年遠江国笠原牧一宮（小笠郡高松神社）の御八講始まるという
1051	永承6	
1062	康平5	1.- 出世上人能快の発議により、久能寺守護のため十二所権現を勧請する　この年久能寺の寿勢、法華八講を始めると伝える
1066	治暦2	この年藤原維清ら、大般若経（相良町般若寺）を書写する　伊勢神宮、駿河国廬原郡に高部御厨を設ける
1069	延久1	
1070	延久2	この年伊勢神宮、遠江国佐野郡に山口御厨を設ける
1075	承保2	1.28 藤原為房を遠江守とする（為房流と遠江国の関係の始まり）
1080	承暦4	5.7 遠江守源基清、伊勢神宮神田の刈り取りにより訴えられる　5.8 陣定において遠江守源基清と伊勢大神宮司との浜名本神戸・尾奈御厨の争論に裁定を下す
1081	永保1	5.18 伊勢大神宮司、遠江国衙に蒲御厨の停廃につき牒状を送る　この年伊勢神宮、駿河国益頭郡に襪津御厨を設ける
1082	永保2	11.22 伊勢神宮神戸田の刈り取りの罪により遠江守源基清を罷免する
1083	永保3	3.28 富士山が噴火する
1086	応徳3	
1087	寛治1	この年伊勢神宮、遠江国佐野郡の豊永御厨を設ける
1089	寛治3	11.12 遠江国城東郡比木郷の藤原致継の地が賀茂社に寄進される
1090	寛治4	7.13 遠江国の公田30町（河村庄）を賀茂御祖社の御供田とする
1094	嘉保1	この春大江公仲、遠江国小高荘を藤原兼実に寄進する
1096	永長1	11.24 駿河国に大地震があり、仏神の舎屋400余が流出する
1099	康和1	6.28 関白藤原師通の母、駿河国大岡荘を日枝社に寄進する

質侶荘所在地

　質侶荘は、牧之原台地の牧から発展した荘園で、1129年には鳥羽上皇の中宮待賢門院璋子の造営した円勝寺の所領となっている。荘域は質侶郷（金谷町）、湯日郷（島田市大井川南方）、大楊郷（湯日郷の東）からなる。写真は、湯日郷北部の牧之原台地を西方から眺める。左手から斜めに延びる道は、古代東海道を踏襲している。

日 本 史	世 界 史
	1037 セルジュク・トルコが成立する
	1038 中国北西部にタングート族の西夏が建国される
この年新立の荘園を停止する(寛徳の荘園整理令)	
この年陸奥国の安倍頼良(よりよし)が反乱を起こす(前九年の役始まる)	1054 東西教会が分離する(ギリシア正教会の成立)
	ノルマン王朝の成立(ノルマン・コンクェスト)
2.23 寛徳2年以後の新立荘園を停止する(延久の荘園整理令) ⑩.11記録荘園券契所を置く	宋の王安石が新法の改革を始める
	1076 ドイツで聖職叙任権闘争が始まる(～1122)
	1077 ハインリッヒ4世が教皇に破門され赦免を乞う(カノッサ事件)
9.- 陸奥で源義家、清原家衡らを攻める(後三年の役始まる)	
11.26 白河上皇、院政を始める	
	1088頃 イタリアにボローニャ大学が創立される
	1095 クレルモンの公会議を開く(十字軍遠征を決定)
6.- 京中に田楽が大流行(永長の大田楽)	1096 十字軍の遠征を開始する(～1270 前後7回)
5.12 新立荘園を停止する(康和の荘園整理令)	

法華八講

　法華八講とは、法華経8巻を8人の僧が講説するもので、796年大和国石淵寺で僧勤操が始めたと伝えられる。
　「遠江国笠原庄一宮記」によれば、1047年に高松神社で「御八講」が始まったとされ、県内では最も早い例である。神社で仏典の講説を行うという神仏習合の一例でもある。

藤原為房

　為房(1075～1078在任)、一男為隆(1118～1121)、為隆の義父源基清(1079～1082)、同じく義父源基俊(1111～1116)が遠江国守を勤めている。さらに質侶牧の国役免除について為房は白河院別当として関与し、六男の朝隆は初倉荘の領家となり、孫の顕頼は遠江国の知行国主となっている。

西暦	年号	県史
1102	康和4	11.- 伊勢神宮神主が、遠江国衙による鎌田御厨一色田加徴の停止を国衙と朝廷に申請するように伊勢神宮司に注進する
1104	長治1	2.6 大蔵大輔大江通国、伊豆守を兼任する。通国、在任中に大般若経(南伊豆町修福寺)を書写する
1106	嘉承1	9.9 左大臣源俊房家領遠江国笠原荘の横領を企てた罪により、庄司藤原保隆らを捕える
1108	天仁1	7.29 太政官、伊勢神宮嘉承3年神領注文により、遠江国尾奈御厨・都田御厨・蒲御厨・鎌田御厨・刑部御厨・山口御厨、駿河国大津御厨・方上御厨・大沼鮎沢御厨を神領として認める
1109	天仁2	4.1 駿河国久能寺の実朗上人が三十講を始める
1111	天永2	
1112	天永3	11.24 伊豆国より、海中鳴動を報じる解文が届く　この年遠江国質侶牧の本家藤原長家後家が一切経書写料捻出のため、本家職を預所藤原永実に売却する　遠江守源基俊、質侶牧大楊郷を収公する。藤原永実、白河院に訴える。白河院、庁官を遠江国に派遣し収公停止を命じる　伊勢神宮、伊豆国賀茂郡に蒲屋御厨を設ける
1113	永久1	10.14 これより先、遠江守源基俊、質侶牧湯日郷を収公する。藤原永実、白河院に訴え、白河院、収公停止を命じる。この日、基俊、国使不入の請文を出す
1115	永久3	6.17 宣旨を下し、天永2年神宮注進状により遠江国尾奈御厨・都田御厨・蒲御厨・鎌田御厨・刑部御厨、駿河国大津御厨・方上御厨・大沼鮎沢御厨を神領として認める
1117	永久5	8.4 僧良勝と橘成祐が伊豆国伊豆山神社に経を埋納する
1119	元永2	11.12 藤原永実没(58歳)　質侶牧預所職が子藤原永範に相伝される
1121	保安2	3.5 大江仲子、豊受太神宮権禰宜度会忠倫を口入人として小高御厨の上分米を備進する旨の貢進文を豊受太神宮に差し出す(小高御厨の設置)　7.10 僧覚成・公珍、妙法蓮華経(芝川町西山本門寺)を書写する
1126	大治1	

大般若波羅密多経

平安時代後期、末法思想の流布とともに祈願成就を願って盛んに写経が行われた。修福寺には、大般若経600巻のうち539巻が残されている。1104年伊豆守になった大江通国が始め、1127年伊豆守を重任された源盛雅の子盛頼の時に600巻の写経が完成したと考えられる。その間、俗人・僧侶などたくさんの結縁者が写経に参加している。

日　本　史	世　界　史
7.21　尊勝寺、落慶供養する	
6.-　京中に田楽が流行する	
1.29　平正盛、源義親の首を携えて入京する	
10.5　延久の例にならい、記録荘園券契所を開設する	
	1115　女真人が中国東北部に金を建国する 1115頃　フィレンツェにコムーネ（自治都市）が成立する 1118　アラゴンがイベリア半島北部イスラムの拠点サラゴサを占領する（国土回復運動(レコンキスタ)）
9.27　白河法皇、熊野に御幸する（熊野詣）	1122　聖職叙任権問題が解決する（ウォルムス協約）
3.-　藤原清衡(きよひら)、中尊寺の落慶供養を行う	金、宋(そう)を滅ぼす

県内の荘園と御厨

伊勢神宮の御厨

　伊勢から海上交通の便がよい県内には浜名湖岸、河川の下流域に多くの伊勢神宮御厨が設置された。三ケ日町浜名御厨、源範頼が育ったといわれる浜松市蒲御厨、今之浦を囲む磐田市鎌田御厨、灰釉(かいゆう)陶器生産の旗指古窯から発展した島田市大津御厨、製鉄技術を持つ南伊豆町蒲屋御厨などがあった。

西暦	年号	県　　　　　　　　史
1127	大治2	
1128	大治3	8.- 藤原永範、円勝寺に遠江国質侶牧を寄進する
1129	大治4	3.28 遠江国質侶牧の四至内の検注が終了し円勝寺領として立券される　この頃より藤原顕頼(為房の孫、顕隆の男)、遠江国知行国主となる。藤原顕頼が遠江国知行国主の時、遠江国河村荘の領主が賀茂御祖社から松尾社に替わる
1130	大治5	11.22 待賢門院、駿河荘を立てる　この年伊豆守源盛雅の男源盛頼、大般若経(南伊豆町修福寺)を書写する
1131	天承1	6.28 松尾社神主秦頼親女源氏、遠江国蒲御厨の広福寺で大般若経(松尾社一切経)を書写する
1132	長承1	
1133	長承2	8.19 遠江国池田荘の領主藤原長実没する。池田荘は子の顕盛に伝領される
1135	保延1	8.- 遠江国初倉荘が皇后藤原泰子により宝荘厳院に寄進される
1136	保延2	1.18 伯麟(鱗)秀時が願主となり如法経供養を行う
1137	保延3	4.13 算生三善友康、大般若経(島田市医王寺)を書写する
1142	康治1	9.8 駿河国久能寺の念空、錫杖(久能寺錫杖)を施入する　この頃久能寺経、写経される
1145	久安1	5.- 僧厳実、大般若経(相良町般若寺)を書写する　この年伊勢神宮、遠江国長上郡の美薗御厨を設置する
1146	久安2	7.27 清原重安が、勧進僧良忠らとともに遠江国の新所で五輪土塔(愛知県陶磁資料館)を造る　7.- 僧宴朗、大般若経(相良町般若寺)を書写する　この年惣社(駿河国惣社浅間新宮)宮司村主資能を願主として、大般若経(相良町般若寺)の書写が行われる
1147	久安3	7.10 僧覚知、久能寺において大般若経を書写する
1149	久安5	5.2 これより先、富士上人末代、富士山上に大日寺を建立し、如法一切経の書写と富士山への埋納を企てる。関東において書写を勧進し、600巻料紙を携え都に上り鳥羽法皇に献じて如法大般若経書写を勧進する。鳥羽院にて書写が行われ、この日、鳥羽法皇も書写

河村荘の領主変更

1090年、遠江国城飼郡の公田30町が賀茂御祖社に施入されたのが河村荘の始まりである。ところが、藤原顕頼が遠江国の知行国主の時に松尾社に寄進され、さらに1160年頃には新日吉社に移されてしまう。これを補う形で1170年藤原俊盛から松尾社に寄進されたのが、池田荘である。

初倉荘の相伝

質侶荘の湯日郷の南に接する初倉荘は、11世紀末から12世紀初め、藤原為房かその子為隆が遠江国守の時に国司開発によって成立し、摂関家に寄進されたと考えられる。関白藤原忠実の女泰子が鳥羽上皇に入内した時に摂関家領から院領となり、皇后泰子から鳥羽上皇御願寺の宝荘厳院に寄進される。

日　本　史	世　界　史
5.19 寛徳2年以降の新立荘園を停止する(大治の荘園整理令)	宋が臨安を都として再興する(南宋)
3.24 待賢門院御願円勝寺落慶供養する	
	ノルマン人が両シチリア王国をつくる
3.13 平忠盛の昇殿を許す	西遼(カラキタイ)が興る
	1143 ポルトガルがカスティリアより独立する
8.22 待賢門院藤原璋子没(45歳)	
2.- 平清盛を正四位下に叙し、安芸守に任ずる	
8.3 藤原得子に美福門院の院号が宣下される	

厳島神社の平家納経と並ぶ代表的な装飾経。写経の結縁者は鳥羽法皇、その皇后待賢門院璋子、女御美福門院得子、二条大宮など時の王権中枢の人物である。成立年代は、結縁者の奥書の検討から1142年の年頭とみられる。この久能寺経(写真左＝譬喩品)がどんな経緯で久能寺(現鉄舟寺)に伝来したかは不明だが、江戸時代初期には伝わっている。

西暦	年号	県　　　　　史
1149	久安5	する　5.13 鳥羽法皇、富士上人に如法大般若経を賜う
1154	久寿1	この年太政官、伊勢神宮領駿河国小杉御厨の収公をはかる国司に子細の言上を命ずる
1149〜1155	久安5〜久寿2	三河守を勤めた藤原顕長(あきなが)らが埋納経を三島市三ツ谷新田、山梨県南巨摩郡富沢町等に納める
1156	保元1	5.- 僧覚音ら、大般若経(相良町般若寺)の校正を行う　この年鳥羽法皇没後、宝荘厳院領を美福門院(びふくもんいん)得子が伝領し、鳥羽法皇月忌供養料として初倉荘年貢米を高野山大伝法院に寄進する
1159	平治1	
1160	永暦1	3.11 源頼朝を伊豆国に配流する　3.- 宗運仏師が勧進し、遠江国大判官代他田助□らを檀越(だんおつ)とし地蔵菩薩像(磐田市宣光寺)を造り始める　この頃遠江国河村荘の領主が松尾社から新日吉社(いまひえ)に替えられる
1167	仁安2	
1168	仁安3	3.- 平則宗(のりむね)ら、愛鷹山麓に如法経を埋納する　9.18 遠江国小国(おぐに)社に如法経を埋納する
1170	嘉応2	7.5 太政官、松尾社領池田荘の四至に牓示(ほうじ)を打ち、雑事を免除することを遠江国に命ずる　12.28 池田荘と川勾(かわわ)荘の相論につき、高木明神本と川勾荘東堺にする宣旨が下される
1171	承安1	2.- 遠江国豊田郡に松尾社領池田荘が成立する
1172	承安2	7.9 伊豆国に異形の者が来着し島民と騒擾(そうじょう)があったことを伊豆守源仲綱が報告する　11.11 僧永祐ら和鏡を伊豆山神社に奉献する
1173	承安3	5.16 僧文覚を伊豆国に配流する
1174	承安4	3.5 僧鑒応が埋納経(富士市医王寺経筒)を行う
1176	安元2	2.- 駿河国服織荘が八条院領目録に記される　10.- 工藤祐経(すけつね)、伊豆の奥の狩場で河津祐泰(すけやす)を射殺する
1177	治承1	7.- 小川尻の僧弁慶、大般若経(静岡市大正寺)を校正する　8.- 大仏師法橋(ほっきょう)□慶、木造地蔵菩薩坐像(富士市瑞林寺)を造る

久安2年銘陶製五輪塔

浜北市根堅勝栗山(かつくり)出土と伝えられる。梵字を配した上で、法華経の一部と結縁者の名をヘラ書きし、さらに「久安二年七月廿七日遠海新所之立焼五輪土塔為慈尊出世為滅罪生善為後世菩提」と年紀と願文を刻している。遠海は遠江、新所は湖西市新所に当たるとすれば、湖西窯で焼かれたことになる。

高さ38.9cm

日本史	世界史
	英ヘンリー2世が即位し、プランタジネット朝が始まる
7.2 鳥羽法皇没(54歳)　7.11 平清盛・源義朝ら、崇徳上皇の白河殿を襲う(保元の乱)　⑨.18 新制7カ条を下す　10.20 記録所を置く	
12.9 藤原信頼・源義朝ら後白河上皇御所を襲撃する　12.26 平清盛が藤原信頼・源義朝を破る(平治の乱)	
1.4 源義朝、尾張国で討たれる　11.23 美福門院得子没(44歳)	
	1163 パリのノートルダム寺院の建立が始まる
2.11 平清盛が太政大臣になる	
12.14 平清盛の女徳子入内	
2.10 女御平徳子を中宮とする	1171 エジプトにアイユーブ朝興る
	サレルノ大学の創立(伊)
6.1 鹿ケ谷の陰謀が発覚する	

藤原顕長銘壺＝三島市三ツ谷新田出土

　藤原顕長は、遠江国知行国主であった藤原顕頼とは異母兄弟で、1136〜55年に三河守・遠江守を務めている。顕長が三河守の時に、三河の大アラコ古窯(愛知県田原町)に焼成を発注したものであろう。さらに同趣の壺が山梨県富沢町や神奈川県綾瀬市から出土しており、富士山を囲むような形で大規模な埋納経が行われたことになる。

西　暦	年　号	県　　　　史
1178	治承 2	4.26 藤原永範、遠江国質侶荘の預所職を本荘、湯日郷、大楊郷に三分して子女に譲ることを定める　この年鎌田御厨への遠江国衙の干渉を停止させる　文覚、赦免され神護寺に戻るという
1180	治承 4	8.17 平氏追討を命じた以仁王の令旨をうけ、源頼朝、伊豆国に挙兵する　10.20 頼朝、平氏軍と富士川で戦い、勝利する　10.21 頼朝、安田義定を遠江国に、武田信義を駿河国に遣わして守護させる
1181	養和 1	
1183	寿永 2	
1184	元暦 1	
1185	文治 1	11.29 源頼朝、伊豆・駿河両国より近江国に至る駅路の法を定める
1186	文治 2	5. 3 仏師運慶、願成就院(韮山町)の不動明王像を造立する
1187	文治 3	
1188	文治 4	1.20 源頼朝、二所(伊豆山・箱根両神社)・三島社参詣に出発
1189	文治 5	12.25 伊豆・相模両国、源頼朝の永代知行国となる
1192	建久 3	
1193	建久 4	5.28 富士の巻狩りの狩宿において、曽我兄弟の仇討ちが起きる
1199	正治 1	
1202	建仁 2	10.15 円爾(聖一国師)、駿河国安倍郡藁科(静岡市)に生まれる
1203	建仁 3	9.29 源頼家、伊豆国修禅寺に幽閉される　11.19 源実朝、将軍代始にあたり、伊豆国および関東分国百姓の年貢を減免する
1204	元久 1　2.20	7.18 源頼家、伊豆国修禅寺で殺害される(23歳)
1206	建永 1	この年円爾、駿河国久能寺に登り、堯弁の弟子となる
1213	建保 1	12.18 北条泰時、伊豆国熱海郷地頭職を伊豆山に寄進する

池田荘の荘域

松尾社領池田荘は、豊田町を中心に磐田市西部、竜洋町、浜松市の一部に及ぶ、天竜川下流・河口地帯の約20km²の広大な荘園である。北部は条里地帯、南部は天竜川河口の三角州地帯の島である。当時の天竜川本流は、池田荘の東部、磐田原台地の西方を流れていた。池田荘の北は羽鳥荘、西は蒲御厨と川勾荘、南は海であった。

日 本 史	世 界 史
6.2 安徳天皇、摂津国福原へ移る(福原遷都) 8.24 源頼朝、相模国石橋山で敗れる 9.7 源義仲、信濃国に挙兵する	
②.4 平清盛没(64歳) この年諸国飢饉 7.25 平宗盛、安徳天皇・神器を奉じ、西海へ向かう 7.28 源義仲ら入京する	
1.20 源義仲、近江国粟津で戦死する(31歳) 10.20 源頼朝、公文所・問注所を置く	
3.14 源義経、長門国壇ノ浦に平氏を破る(平氏滅亡) 11.29 頼朝、総追捕使・総地頭に任命され、兵粮米の徴収を許される(守護・地頭の設置)	
2.- 源義経、藤原秀衡を頼り奥州へ下る 2.21 藤原基成・泰衡に源義経追討の宣旨が下る	1187 アイユーブ朝のサラディンがイェルサレムを征服。第3回十字軍と戦ってこれを保持する 第2次ブルガリア王国成立
④.30 藤原泰衡、源義経を討つ(31歳) 9.18 藤原高衡、源頼朝に降伏する(奥州藤原氏滅亡)	
7.12 源頼朝、征夷大将軍となり、鎌倉幕府を開く	
8.- 源範頼、伊豆国北条で誅殺される	ゴール朝、北インド征服
1.13 源頼朝没し(53歳)、同頼家、跡を継ぐ	
この年栄西、建仁寺を建立する	
9.2 比企能員、北条時政に謀殺される(比企氏の乱) 9.7 源実朝、征夷大将軍となる	
	第4回十字軍、コンスタンチノープルを陥れ、ラテン帝国を建国
	チンギス・ハーン、蒙古を統一
5.2~3 和田義盛、挙兵して幕府を攻撃し、敗死	

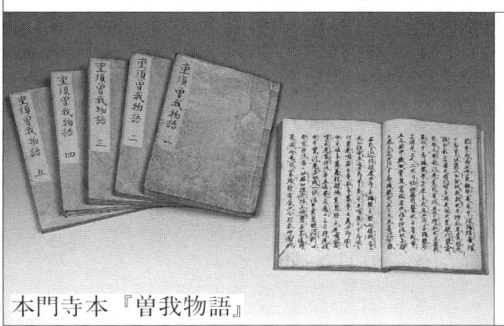

本門寺本『曽我物語』

守護・地頭の設置と鎌倉幕府

　守護は国ごとに置かれた軍事警察権を持つ役職であり、地頭は荘園や郡・郷等に置かれた田地知行権をもつ役職である。平氏滅亡後の1185年(文治1)11月29日、源頼朝が総追捕使・総地頭に任命され、兵粮米の徴収権を得て、鎌倉幕府が確立。一般的に、この時をもって守護・地頭の設置とするが、全国的な制度としては建久年間(1190~99)以降である。

西暦	年号	県　　　　　史
1213	12.6	
1215	建保3	1.6 北条時政、伊豆国で没する(78歳)
1219	承久1 4.12	2.22 幕府、阿野時元を駿河国阿野郡に討つ
1221	承久3	5.19 承久の乱に際し、北条政子・義時ら、軍兵上洛のため、遠江・駿河・伊豆等諸国の軍勢を催促する
1222	貞応1 4.13	8.17 承久の乱の勲功として、遠江国内田致茂が石見国貞松・豊田地頭職に、駿河国吉川経光が安芸国大朝本荘地頭職に任じられる
1225	嘉禄1	
1231	寛喜3	3.19 北条泰時、伊豆・駿河両国の出挙米を施して窮民を救う
1232	貞永1	3.9 北条泰時、飢饉に苦しむ仁科荘々民らに、出挙米を貸与する
1235	嘉禎1	この年南浦紹明(大応国師)、駿河国安倍郡に生まれる
1237	嘉禎3	11.9 藤原頼経、伊豆国三島社、ついで、伊豆山に参詣する
1241	仁治2	8.15 藤原頼経、剣を伊豆山に奉納する
1244	寛元2	12.2 幕府、駿河国富士浅間社の供僧・神官に禁制を下す
1246	寛元4	6.13 名越光時、藤原頼経と執権北条時頼の排除を謀り、伊豆国江間(伊豆長岡町)へ流される
1247	宝治1	
1249	建長1	7.23 幕府、駿河国宇津谷郷今宿の傀儡と鎌倉久遠寿量院雑掌との相論について、傀儡を勝訴とする
1251	建長3	6.5 幕府、富士山の雪の貢進を廃止する
1252	建長4	8.25 幕府、宗尊親王の病気平癒祈願のために、伊豆山・三島社に剣・馬を献じ、大般若経を転読させる
1256	康元1	10.26 幕府、雅尊親王死去の服喪により、神社の神事を停止する
1259	正元1	1.28 覚尊、駿河国村山浅間社の大日如来像を造立する
1260	文応1	11.29 宗尊親王、伊豆国三島社に、翌日、伊豆山に参詣する
1266	文永3	
1269	文永6	
1270	文永7	⑨.25 橋本宿(新居町)の長者妙相、応賀寺の毘沙門天像を造立する

大朝本荘の景観

承久の乱と新補地頭

　承久の乱で敗れた西国諸勢力の所領は没収され、乱後に勲功のあった御家人に与えられた。この時新たに補任された地頭を新補地頭と呼ぶ。左の写真は、駿河国の御家人吉川氏が与えられた安芸国大朝本荘(現広島県山県郡大朝町＝写真左)の景観。同氏は、西国に移った後も本領である駿河国をしのんで、その居城に駿河丸城と名付けた。

日 本 史	世 界 史
する(67歳、和田合戦)	
7.5 栄西没(75歳)	大憲章(マグナカルタ)の制定
1.27 源実朝、鶴岡社頭で公暁に殺され(28歳)、公暁は三浦義村に殺されて(20歳)、源氏滅びる	チンギス・ハーンの西アジア遠征始まる(～25)
5.15 後鳥羽上皇、承久の乱を起こす 6.16 北条時房・同泰時、六波羅探題となる	
5.18 幕府、西国の守護・地頭の濫妨の糾弾を六波羅に命じる	モンゴルがインドに侵入、撃退される
7.11 北条政子没 12.21 幕府、評定衆を置く	ベトナムで陳朝興る(～1400)
この年諸国大飢饉(寛喜の飢饉)、翌年に及ぶ	モンゴルの高麗への侵入始まる
8.10 御成敗式目(貞永式目)51カ条を定める	1236 バトゥの西征
1.27 幕府、鎌倉・京都の僧徒の武装を禁ずる	1241 ワールシュタットの戦い ハンザ同盟始まる
7.- 円爾、南宋より帰国する	1243 キプチャク汗国が成立
7.18 道元、越前国大仏寺(永平寺)に招かれる	
この年蘭渓道隆、南宋より来日し、京都泉涌寺来迎院の住持となる	
6.5 北条時頼、三浦泰村を討つ(宝治合戦)	
12.- 幕府、引付衆を置く	
	モンケ、大ハーンに即位
2.20 幕府、将軍九条頼嗣を廃し、後嵯峨上皇の皇子宗尊親王を迎える	1256 大空位時代(～73)
8.11 九条頼経没(39歳) 9.25 九条頼嗣没(18歳)	1258 フラグがバグダードを占領
この春諸国に飢饉起こる	高麗がモンゴルに服属する
7.16 日蓮、『立正安国論』を北条時頼に献じる	フビライ、大ハーン位に即位する
7.4 北条時宗、将軍宗尊親王を廃す	1265 シモン・ド・モンフォール議会の開催(英下院の起源)
3.7 蒙古使、対馬の島民を掠奪して帰る 9.17 高麗使、対馬島民を帰し、国書・蒙古の牒を届ける	
1.11 蒙古船、対馬に来着する	朝鮮半島で三別抄の乱起こる

承久の乱

1221年(承久3)5月15日、討幕を企てた後鳥羽上皇が北条義時追討の宣旨を下し、挙兵した事件。知らせを受けた義時・北条政子は、直ちに大軍を上京させて翌月には乱を鎮圧した。乱後、幕府内の源氏色や反北条派が一掃され、北条氏による執権政治が確立。また、乱に加担した勢力の所領は没収され、勲功のあった御家人に分配された。

宝治合戦

1247年(宝治1)6月5日、執権北条時頼が三浦泰村を討伐した戦い。三浦氏は、源頼朝の開幕以来の功臣で、北条氏と並ぶ最大の豪族であった。時頼は、謀略の限りを尽くして三浦一族をはじめ、同氏に加担した千葉秀胤や諸国の三浦氏家臣も厳しく探索して攻め滅ぼした。この結果、幕府内における北条氏の地位は全く確立し、得宗専制が実現した。

西　暦	年　号	県　　　　　　史
1271	文永8	
1273	文永10	8.10 幕府、一揆を企てた遠江国那賀荘の百姓らを流罪とする
1274	文永11	5.16 日蓮、鎌倉より富士大宮(富士宮市)を経て、甲斐国に入る
1275	建治1 4.25	5.- 遠江・駿河・伊豆3国の御家人26人、京都六条八幡宮の造営料を負担する
1279	弘安2	9.- 幕府、駿河国熱原(富士市)の日蓮門弟20人を捕え、ついで熱原神四郎ら3人を斬る(熱原法難)
1280	弘安3	10.17 円爾、京都東福寺で没する(79歳)
1281	弘安4	
1285	弘安8	11.17 安達宗顕、遠江国で自害する
1288	正応1	1.22 駿河国日吉社(沼津市)に『山王霊験絵巻』が奉納される
1290	正応3	8.26 駿河国香貫霊山寺(沼津市)成真、忍性の命により、故叡尊の追善のため、大和国西大寺に遣わされる
1292	正応5	10.5 幕府、伊豆・駿河等諸国の寺社に、異国降伏祈禱を命じる
1293	永仁1 8.5	
1297	永仁5	3.16 北条得宗家、徳政令により、伊豆山領への濫妨を止める
1299	正安1	この年中国僧一山一寧、伊豆国修禅寺に幽閉される
1308	延慶1	4.17 駿河国久能寺、田楽装束を門外不出とする
1311	応長1	6.15 虎関師錬、富士山に登る
1314	正和3	7.- 駿河国清見寺の鐘が造られる
1317	文保1 2.3	
1321	元亨1	
1324	正中1	8.25 幕府、武蔵国称名寺釼阿に、遠江国天竜川橋の管理を認める
1327	嘉暦2	⑨.21 後醍醐天皇、遠江国平田寺を祈願所とする

聖一国師生誕の地＝静岡市

円爾 (聖一国師)

　円爾は、1202年(建仁2)10月15日、駿河国安倍郡藁科(静岡市栃沢)に生まれ18歳の時園城寺で剃髪し、東大寺で受戒。1235年(嘉禎1)に入宋して、径山の無準師範について臨済宗の法を嗣ぎ、6年後に帰国。1243年(寛元1)、九条道家に招かれて京都東福寺の開山となり弘安3年に同寺で没す。死後、贈られた聖一国師の号は、国師号の初見。

日　本　史	世　界　史
9.19 蒙古使趙良弼、国書を直接天皇・将軍に渡すことを要求する	フビライ、国号を元とする
10.20 元軍が筑前国に上陸する(文永の役) 2.- 幕府、異国警固番役を定める　9.7 幕府、元使を鎌倉竜の口に斬る	
7.29 幕府、元使を博多で斬る　8.20 北条時宗、宋僧無学祖元を鎌倉建長寺住持とする この頃阿仏尼の『十六夜日記』成る	元が崖山の戦いで勝利し、南宋を滅ぼす
6～7月高麗の東路軍・元の江南軍、各地を襲った後、大風雨で元・高麗船多数が漂没する(弘安の役) 11.17 平頼綱、安達泰盛一族を滅ぼす(霜月騒動)	
8.25 叡尊没(90歳)	
10.- 高麗の使者、大宰府に来て、国書を呈する	1291 スイス3州で独立闘争が始まる
2.9 竹崎季長、『蒙古襲来絵詞』を画かせる　3.- 幕府、鎮西探題を置く	1295 イギリスで模範議会開く
3.6 幕府、御家人の質券売買地を返還させ、越訴等の訴訟受付を停止する(永仁の徳政令)	1299 オスマン・ベイがオスマン・トルコを建国
10.8 元僧一山一寧、幕府に和平の国書を呈する	1302 フランスで三部会を召集する
12.29 鎌倉建長寺南浦紹明、同寺で没する(74歳)	1303 アナーニ事件起こる
12.26 東福寺の故円爾、聖一国師の諡号を賜る	1309 教皇のバビロン捕囚(～79)
2.- 疱瘡が流行する	
4.9 幕府が、持明院・大覚寺両統の迭立を提案する(文保の和談)	
12.9 後宇多上皇、院政を停め、天皇親政とする	この頃ダンテ『神曲』が完成する
9.19 後醍醐天皇の討幕計画が発覚(正中の変)	
6.14 安東季長の余党が蜂起し、幕府、宇都宮高貞らを蝦夷征討使として奥州へ派遣する	

文永・弘安の役

文永の役では、軍船900艘で元・高麗の連合軍2万8千が博多に上陸。弘安の役では、軍船4400艘で東路(朝鮮)軍と江南(中国)軍、計14万が筑前・肥前国等に来襲。幕府は、九州・四国・中国の御家人を中心に防戦したが、戦法や兵器の違いなどで苦戦。両度とも、暴風によって元軍の兵船が漂没したため難を免れたが、以後、幕府衰退の一因となった。

霜月騒動

1285年(弘安8)11月17日、最有力御家人安達泰盛一族が、内管領(得宗被官人の最上位)平頼綱の讒言によって滅ぼされた事件。北条時宗の執権時代に北条氏一門への権力集中が進み、一般御家人と得宗被官人との対立が深まったことが原因。この結果、安達氏一族をはじめ、武蔵・上野等の有力御家人も滅ぼされ、頼綱らが幕政の実権を握った。

西暦	年号	県　　　史
1331	元徳3 (元弘1) (8.9)	7.7 地震があり、富士山頂が崩れる
1332	正慶1 (元弘2)	11.10 日興、駿河国本門寺・大石寺を日目に相承させる
1333	正慶2 (元弘3)	2.7 日興、駿河国富士上方重須郷(富士宮市)で没する(88歳)　8.9 足利尊氏、東海道の路次・宿々の狼藉を禁じる
1334	建武1 1.29	7.12 後醍醐天皇、遠江国初倉荘内の鮎河・江富・吉永・藤守郷を、南禅寺に寄進する　12.29 遠江守護今川範国、同国府八幡宮領中泉郷を守護使不入とする
1335	建武2	8.9 足利尊氏、遠江国橋本で北条時行らと戦う。以後、同国および駿河・伊豆両国での合戦に勝利する　12.5〜13 足利軍、駿河国手越河原、同竹下、伊豆国府等で、新田軍と戦う
1336	建武3 (延元1)	8.12〜9.13 遠江国袋井縄手・篠原および天竜川で、足利・新田両軍が戦う　12.5 足利尊氏、遠江国初倉荘などを南禅寺に安堵する
1337	建武4 (延元2)	9.26 足利尊氏、駿河国羽梨荘、遠江国河会・八河両郷を、遠江守護今川範国に与える
1338	暦応1 (延元3)	7.23 南朝方の遠江国井伊城で合戦が行われる　9.- 宗良親王、伊勢国より遠江国井伊城に至る　10.28 南朝方の駿河国安部城で合戦が行われる
1339	暦応2 (延元4)	7.26 高師兼、南朝方の遠江国鴨江城を攻落する　9.- 宗良親王、遠江国井伊城より、後醍醐天皇哀悼の歌を送る　10.30 南朝方の遠江国千頭峰城が落城する
1340	暦応3 (興国1)	1.30〜8.24 南朝方の遠江国三嶽城・大平城・井伊城、落城する
1341	暦応4 (興国2)	
1345	貞和1 (興国6)	11.19 幕府、伊豆国修禅寺の塔婆を同国利生塔に指定する

宗良親王墓所＝引佐町・井伊谷宮

漂泊の皇子・宗良親王

　宗良親王は、1311年(応長1)に後醍醐天皇の皇子として生まれ、尊澄法親王と称して妙法院門跡を継ぎ、天台座主となった。南北朝の内乱により、還俗して軍事に従い、遠江国井伊城に入ったが、落城後は越後・越中・武蔵の各地を転戦。最後は信濃国にこもり、病死したという。和歌をよくし、自詠歌集「李花集」や「新葉和歌集」を編集した。

日　本　史	世　界　史
5.5 幕府、日野俊基らを逮捕し、6月鎌倉に送る(元弘の変)　9.11 楠木正成、河内国赤坂城に挙兵する　9.28 幕府軍、笠置城を陥れ、後醍醐天皇を捕える　10.21 赤坂城陥ち、正成は逃亡する	この頃セルビアが全盛期を迎える(バルカンの3分の2を支配)
3.7 後醍醐天皇、隠岐国に流される　11.- 護良親王、吉野に挙兵する	
5.7 足利尊氏ら六波羅を攻略する　5.21 新田義貞、鎌倉を攻略する(北条氏滅亡、鎌倉幕府滅ぶ)	
8.- 京都二条河原に落書が立つ　11.15 護良親王、鎌倉に流される　この年後醍醐天皇、建武の新政を始める	
7.14 北条時行、信濃国に挙兵する(中先代の乱)　7.23 足利直義、護良親王を殺し、三河国に走る　8.19 足利尊氏、時行を破り鎌倉を回復する	
5.25 楠木正成、摂津国湊川の戦いで敗死する　12.21 後醍醐天皇、吉野に移る(南北朝分裂)	南インドにヴィジャヤナガル王国が成立する
3.6 越前国金崎城が落ち、尊良親王が自殺、新田義貞は逃れ、恒良親王は捕らえられる	英・仏間に100年戦争起こる(〜1453)
5.22 北畠顕家、堺浦・石津にて戦死する(21歳)　⑦.2 新田義貞、越前国藤島で敗死する(37歳)　8.11 足利尊氏、征夷大将軍となる(室町幕府)	
8.16 後醍醐天皇没(52歳)　この秋北畠親房、『神皇正統記』を著す　10.5 足利尊氏、後醍醐天皇追善のため暦応寺(天竜寺と改称)を開く	
5.14 北朝、暦応雑訴法を施行する	
12.23 足利直義、夢窓疎石の請により天竜寺船を元に派遣する	
2.6 光厳天皇、幕府の奏請により、国ごとに建てる予定の寺塔を、安国寺・利生塔と名付ける	1346 イブン・バットゥータが大都(北京)に到着する

建武の新政と二条河原落書

　鎌倉幕府滅亡の1333年(元弘3)5月から約2年間、後醍醐天皇が行った復古・改革の政治を建武の新政と呼ぶ。しかし改元・内裏の造営・造幣・徳政など、いずれも非現実的なものであった。1334年(建武1)8月、京都二条河原に落書が立ち、「京童」という京都の庶民の視点から、新政当初の混乱ぶりや公家・武家の生態を巧みに風刺している。

安国寺・利生塔

　足利尊氏・直義兄弟が、元弘以来の戦死者の霊を弔うために、夢窓疎石の勧めで全国に設置した寺と塔。安国寺は五山派禅宗寺院に指定され、利生塔は旧仏教系寺院に設置されたという。県内では、安国寺が遠江国貞永寺、駿河国承元寺などに指定され、利生塔が駿河国清見寺、伊豆国修禅寺などに設置されたことが確認されている。

西　暦	年　号	県　　　　　　　史
1347	貞和3 (正平2)	
1348	貞和4 (正平3)	12.10 足利直義、駿河守護今川範国に同国中根郷等の正税を免除する
1349	貞和5 (正平4)	7.19 内田致景、遠江国内田荘内下郷惣領職を嫡子致世に譲る
1350	観応1 2.27 (正平5)	
1351	観応2 (正平6)	1.18 駿河国富士大宮司(だいぐうじ)、甲斐国通路(かい)の警固を命じられる　10.28～12.11 足利尊氏・同直義両軍、遠江国引間(ひくま)宿、駿河国車返(くるまがえし)宿、同国富士川・蒲原で戦う　12.27 尊氏の軍勢、直義党を足柄山に破り、伊豆国府に押し寄せる
1352	文和1 9.27 (正平7)	2.25 足利尊氏、今川範氏を遠江守護に任じる　7.21 範氏、駿河国東光寺(島田市)に軍勢等の乱入狼藉(ろうぜき)を禁じる
1353	文和2 (正平8)	8.11 足利尊氏、今川範氏を駿河守護に任じる
1355	文和4 (正平10)	9.11 駿河守護今川範氏、同国浅間社造営のため徳政(とくせい)を行う
1356	延文1	8.6 足利基氏、伊豆国三島社に塔婆(とうば)・三昧堂(さんまいどう)を造らせる
1358	延文3	
1360	延文5	
1361	康安1 (正平16)	11.26 これより先、畠山国清(はたけやまくにきよ)、足利基氏に背いて鎌倉より伊豆国に走り、城郭を構える。この日、基氏、安保(あぼ)泰規らに討伐を命じる
1362	貞治1 (正平17)	4.14 足利基氏軍、伊豆国三戸(みと)城に畠山国清軍を攻め、陥落させる　9.10 国清ら、基氏に降参する
1364	貞治3	4.8 今川了俊(りょうしゅん)、遠江国蓮光寺に梵鐘(ぼんしょう)を奉納する

今川了俊奉納梵鐘
=沼津市・霊山寺

今川了俊

　1326年(嘉暦1)、今川範国の子。九州探題として九州宮方の制圧に努め、足利義満の南北朝合一を成功に導いた。が、讒言(ざんげん)により解任されたことなどを不満として『難太平記』を著し、義満の政治を批判した。写真は総高100cm、口径59cmの梵鐘で、了俊が遠江国府中(現磐田市)蓮光寺に奉納したことを示す銘文が陰刻されている。

日　本　史	世　界　史
8.10 楠木正行、紀伊・河内・摂津国などを転戦し、細川顕氏らを破る(〜11.26)	ヨーロッパにペスト(黒死病)大流行する(〜49)
1.5 楠木正行、河内国四条畷で高師直らと戦い、戦死する　1.6 後村上天皇、賀名生に移る	
4.11 足利直冬、長門探題となる　8.13 高師直、足利直義襲撃を図る　9.9 足利尊氏、次男基氏を鎌倉公方とする	
10.16 足利直冬、九州で挙兵する　10.26 足利直義、京都を脱出し、高師直追討の兵を募る(観応の擾乱)　この年倭寇、しきりに高麗の沿海を侵す	
2.20 足利尊氏と同直義が講和する　2.26 高師直・同師泰、上杉能憲に殺される　9.30 夢窓疎石没(77歳)　10.24 尊氏、南朝へ降り、直義追討の許しを得る	モンゴルの支配下、紅巾の乱起こる
1.5 足利尊氏、同直義と和し鎌倉に入る　2.26 尊氏、直義を殺す(46歳)　②.18 宗良親王・新田義宗ら、上野国に挙兵し、尊氏を追い鎌倉に入る	
5.20 足利尊氏、北条時行らを鎌倉竜の口に斬る　9.21 尊氏・足利義詮、後光厳天皇を奉じて入京する	ボッカチオ『デカメロン』が刊行される
3.12 足利尊氏・同義詮軍、京都で南朝軍を破る	
	カール4世、金印勅書を発布
4.30 足利尊氏没(54歳)	フランスでジャックリーの乱が起こる
5.9 幕府軍、河内国赤坂城(楠木正儀ら)を攻略	
12.8 南朝軍が京都に迫り、足利義詮は後光厳天皇を奉じ近江国に逃れ、その後、京都を回復する　この年近畿旱魃	

観応の擾乱

　室町幕府は、当初から足利尊氏が武士の統率権を握り、弟直義が政務を行うという二頭政治であった。事件の発端は、尊氏の執事高師直と直義との対立で、尊氏は師直を支持して直義を失脚させた。直義は南朝に降伏して兵力を立て直し、師直を殺した。そのため兄弟の対立となり、尊氏が直義追討のため南朝に降伏し、鎌倉に直義を攻め殺した。

足利尊氏と清見寺

　臨済宗妙心寺派の寺院清見寺(清水市)は、もとは天台宗寺院であったが、聖一国師の高弟無伝聖禅が開山となって禅宗に改宗したという。同寺には駿河国の利生塔が設置され、足利尊氏木像や仁山(尊氏の号)の署名のある地蔵菩薩画像などが所蔵されており、尊氏との深い関係が推測される。

西暦	年号	県　　　　史
1365	貞治4 (正平20)	4.30 駿河守護今川範氏、没する　10.9 足利義詮、今川氏家を駿河守護職に任じる
1366	貞治5	4.8 足利義詮、今川氏家を駿河国国務・検断職に任じる
1367	貞治6 (正平22)	
1368	応安1	9.24 駿河国承元寺(清水市)開山大喜法忻、没する
1369	応安2	10.3 幕府、上杉能憲を伊豆守護職に任じる
1375	永和1 (天授1)	10.11 遠江国宇布見郷(雄踏町)住人ら、獅子頭を造る
1378	永和4	
1379	康暦1 (天授5)	12.20 幕府、遠江国村櫛荘への東寺の違乱を止め、天竜寺雑掌に一円所務を全うさせる
1380	康暦2 (天授6)	この年伊豆国国清寺、准十刹となる
1382	永徳2 (弘和2)	12.25 幕府、遠江守護今川範国が兵粮料所として家人に預け置いた同国原田荘細谷郷半済分を、東寺に返させる
1383	永徳3	
1384	至徳1 (元中1)	この春無文元選、遠江国方広寺(引佐町)に入寺する　5.4 観世清次、駿河国浅間社で申楽を舞う　5.19 遠江守護今川範国、没する(90歳)
1385	至徳2 (元中2)	11.15 足利義満、駿河国大津荘・徳山郷・安部山・安東荘を今川泰範に安堵する
1386	至徳3	6.27 幕府、遠江国大峰・平山・犬居村地頭職を、天野景隆に安堵する
1388	嘉慶2	9.- 足利義満、富士山見物のため駿河国まで来るという
1390	明徳1 (元中7)	③.22 遠江国方広寺開山無文元選、同寺に没する(68歳)
1391	明徳2 (元中8)	10.8 足利義満、遠江国蒲御厨を、東大寺塔婆造営料所として寄進する
1392	明徳3 (元中9)	

無文元選画像

無文元選

　無文元選は、1323年(元亨3)、後醍醐天皇の皇子として生まれ、天皇の崩御により出家。入元して臨済宗を学び、遠江の地頭奥山朝藤の招請により奥山方広寺の開山となる。南朝勢力の強い北遠地域には、兄の宗良親王も一時滞在した。後醍醐天皇の皇子の多くが軍事に従ったのに対し、元選は生涯を禅僧として過ごした。

日　本　史	世　界　史
2.5 幕府、春日社造営料棟別銭を諸国守護に課す	
4.26 足利基氏没(28歳)　5.29 幕府、鎌倉公方を足利氏満に継がせる　12.7 足利義詮没(38歳)	
6.17 幕府、諸国に半済令を出す(応安の半済令)	朱元璋、明を建国する
1.2 楠木正儀、足利義満に降る	中央アジアにチムール帝国が成立
	高麗、倭寇禁止を要請する
3.10 足利義満、室町新第(花御所)に移る	ローマ教会が分裂する(〜1417)
3.7 関東管領上杉憲春、足利氏満の将軍義満への反逆を諫めて切腹する	
9.- 懐良親王および足利義満の使者入明し、ともに退けられる　この年義満、十刹の次第を定める	1381 イギリスでワットタイラーの乱が起こる
1.26 足利義満、左大臣となる　①.24 楠木正儀、山名氏清と河内国平尾に戦い、敗れる	
1.14 北朝、足利義満を源氏長者とする	
5.19 観世清次、駿河国で没する(52歳)	
8.10 宗良親王没(74歳)	
7.10 足利義満、五山の序列を定める	ポーランドにヤゲウォ朝成立
8.13 春屋妙葩没(78歳)	
3.25 幕府、土岐康行を美濃に討ち、康行逃亡する(土岐氏の乱)	
12.30 山名氏清・同満幸の軍、幕府軍に敗れ、氏清が戦死する(49歳、明徳の乱)	
⑩.5 南朝の後亀山天皇、北朝の後小松天皇に神器を渡す(南北朝合一)	高麗が滅亡し、李成桂が朝鮮を建国する

土岐氏の乱と明徳の乱

　足利義満は、東海の雄土岐氏の家督相続を利用して巧みに一族の内紛を助長し、挑発に乗った当主康行を討伐した。同様に、幕府内の最大派閥で11カ国の守護山名一族の内紛にも介入して挙兵させ、幕府軍によって討伐し、山名氏の領国をわずか3国に削減。こうして、幕府内の大勢力の削減に成功した義満は、強大な権力を確立していった。

足利義満と南北朝合一

　明徳の乱(1391年)の勝利により室町幕府は全盛期を迎え、南朝勢力はすっかり衰退していた。自身の権威を朝廷の官位でも飾ろうとする義満は、北朝の正統性を確立するためにも神器問題を解決する必要があり、今後の皇位は大覚寺統・持明院統交互に継承することなどを条件として講和が成立し、57年間に及ぶ南北朝の争乱は幕を閉じた。

西　暦	年　号	県　　　　　　　史
1395	応永2	7.24 足利義満、上杉憲定を伊豆守護職に任じる　11.14 今川了俊、駿河守護に任じられ下向する
1399	応永6	10.21 遠江守護今川仲秋、同国犬居等の地頭職を、天野景隆に安堵する
1400	応永7	1.11 足利義満、今川泰範を駿河・遠江両国国務ならびに守護職に任じる　1.18 義満、上杉憲定に今川了俊討伐を命じる
1401	応永8	
1402	応永9	5.26 足利義満、遠江・駿河両国渡の奉行職を今川泰範に安堵する
1405	応永12	
1409	応永16	9.26 駿河守護今川泰範、没する
1410	応永17	
1412	応永19	12.29 足利義持、上杉憲基を伊豆守護職に任じる
1415	応永22	この夏伊豆国林際寺が再興される
1416	応永23	10.7 足利持氏、伊豆国三島に逃れ、さらに駿河国瀬名へ赴く　10.10 上杉禅秀方、伊豆国国清寺(韮山町)に押し寄せ、足利方上杉憲基軍と戦う
1417	応永24	4.26 上杉憲基、関東管領を辞して、伊豆国三島に下る　⑤.7 足利義持、駿河守護今川範政に、同国富士下方を与える
1419	応永26	8.28 足利義持、上杉憲実を伊豆守護職に任じる
1420	応永27	
1422	応永29	
1423	応永30	8.11 幕府、駿河守護今川範政らに足利持氏追討を命じる
1425	応永32	9.5 足利持氏、駿河国梵篋寺に祈禱を命じる
1428	正長1 4.27	

上杉憲実木像

永享の乱と上杉憲実

　鎌倉公方は、その創立当初から将軍家と宿命的な対立関係にあった。とくに足利持氏は反逆心を露にし、積極的に軍事行動を展開した。そのため、管領上杉憲実は家来としてこれを諫止し、幕府との仲を調停し続けたが、ついに2人の仲は決裂。憲実は幕府の応援を得て持氏を攻め自殺させたが、主人を倒したことを悔いて出家し、菩提を弔ったという。

日 本 史	世 界 史
6.20 足利義満、太政大臣を辞任して出家する 8.- 今川了俊、九州探題を解任される	ティムールが西アジアを統一する
10.28 大内義弘、足利満兼に応じ倒幕を企てる 12.28 義弘、戦死(45歳)、弟弘茂は降る(応永の乱)	イギリスにランカスター朝成立
3.5 幕府、相国寺を五山第一刹とする　この年足利義満、祖阿らを明に派遣する(明との通交)	
2.- 今川了俊、『難太平記』を著す　3.1 世阿弥『風姿花伝』を著す	ティムール、アンゴラの戦いでオスマン・トルコを破る
この年明の冊封使、初めて琉球に来航する	明の鄭和、南海遠征出発(〜30)
7.22 鎌倉公方足利満兼没し(31歳)、子持氏が継ぐ	
2.28 天竜寺を再び五山の首座とする	明の永楽帝、タタールを討つ
6.21 南蛮船、若狭国小浜に来航する	1414 コンスタンツの公会議(〜18)。教会の大分裂終結。フスの処刑が決まる(翌年処刑される)
5.2 関東管領上杉禅秀、関東公方足利持氏の怒りに触れ隠退する	
10.2 足利満隆・上杉禅秀ら、関東公方足利持氏に背き挙兵し、持氏、逃れる(上杉禅秀の乱)	
1.10 足利満隆・上杉禅秀ら、足利持氏の軍に敗れ、鎌倉雪の下で自殺する	
6.20 朝鮮の兵、倭寇への報復のため対馬に来襲する(応永の外寇)	
この年諸国干ばつによる飢饉で疫病が流行する	
この年尚巴志、沖縄全島を統一する	
11.28 足利持氏、同義持に謝罪し、翌年、和睦する	
8.16 足利持氏、上杉房実に甲斐国の武田信長を討たせる	
9.18 京畿諸国の土民ら、徳政を要求して蜂起する(正長の土一揆)	ベトナムの黎朝、明から独立

上杉禅秀の乱

1415年(応永22)、関東管領山内上杉氏憲(禅秀)が辞職、その後任に笠懸上杉憲基がついたことから両上杉の争いに発展。翌年、関東では、鎌倉公方足利持氏に不満を持つ有力武将が、また関西でも、将軍足利義持に不満の同義嗣が禅秀に味方して挙兵し、禅秀は持氏を逐い実権を握った。幕府は、駿河守護今川範政らを動員して、ようやく乱を鎮圧した。

正長の土一揆

1428年(正長1)は、全国的に飢饉・疫病が流行し、8月に近江国坂本の馬借が徳政を要求して蜂起したのを契機に、各地に土民の蜂起が相次いだ。はじめ幕府は徳政要求をはねつけていたが、その後も蜂起は続き、11月には蜂起した土民が奈良に押し寄せたため、大和国に徳政令を出した。正長の土一揆は、その後の土一揆の先駆けとなるものであった。

西暦	年号	県　　史
1429	永享1	8.18 足利義教、駿河国軍勢の関東への発向を命じる
1430	永享2	
1431	永享3	
1432	永享4	9.15 足利義教、遠江国に入り、次いで富士山を遊覧する
1433	永享5	5.27 駿河守護今川範政、没する(50歳)　6.23 足利義教、範政の嫡子今川範忠に駿河守護職と官途民部大輔を与える
1434	永享6	4.20 駿河守護今川範忠の使者朝比奈近江守、今川家重代の鎧・太刀を足利義教から請け取る
1438	永享10	7.30 幕府、駿河守護今川範忠に、国人を動員して、上杉憲実に加勢するよう命じる
1439	永享11	1.- 駿河守護今川範忠ら、足利義教の命により、足利持氏を鎌倉に攻める　12.6 上杉憲実、出家して国清寺(韮山町)に引きこもる　この年憲実、持氏追薦のため、伊豆国に蔵春院(大仁町)を建てる
1440	永享12	2.5 遠江国大洞院(森町)開山如仲天誾、没する(69歳)　4.10 幕府、斯波持種・今川範忠らに結城氏討伐を命じる
1441	嘉吉1 2.17	⑨.27 今川範忠が遠江国を押領したため、同国守護斯波義健、使節を派遣する
1447	文安4	9.18 上杉憲実、長尾実忠の所領平井郷を足利持氏後室料所とする
1449	宝徳1 7.28	8.26 上杉憲実、伊豆国国清寺に隠退する
1450	宝徳2	
1453	享徳2	9.6 幕府、逃散した遠江国河勾荘百姓の搦めとりを、東大寺に求め、15日、東大寺、遠江国蒲御厨政所に搦めとりを命じる
1455	康正1 7.25	4.1 遠江国普済寺(浜松市)開山華蔵義曇、同寺に没する(81歳)
1456	康正2	1.16 遠江国浜松荘引間市で徳政一揆が起こり、土倉が襲われる　12.13 遠江国蒲御厨諸公文・百姓ら、年貢減免を東大寺油倉に訴える

嘉吉の乱

　将軍専制強化を進める足利義教は、鎌倉公方足利持氏を倒した後、有力な諸将を粛清し始めた。播磨国守護赤松満祐も粛清されかけた一人であったが、その子教康が結城合戦勝利の祝宴と称して義教を自邸に招き、演能の最中を刺客に襲わせて殺害し、播磨国へ逃亡した。しかし、満祐父子には将軍殺害後の計画はなく、あっさりと幕府軍に討伐された。

日　本　史	世　界　史
6.19 足利義教、朝鮮使節を引見する 2.24 足利義教、同持氏討伐を企てる	1429 オルレアンの戦い(ジャンヌ・ダルク出現)
7.6 京畿飢饉。幕府、米価をつり上げる商人を捕らえる　8.- 鎌倉府、初めて永享の年号を用いる	ビルマにトゥングー朝成立(～1752)
2.27 関東管領上杉憲実、幕府に和を請う	
1.26 足利義教、朝鮮使節を室町第に引見する	
6.5 日明貿易が再開する　10.28 今川範忠、足利持氏の野心について、醍醐寺満済に注進する	メディチ家、フィレンツェの政権を掌握
8.14 上杉憲実、足利持氏と不和になる　8.28 幕府、諸国の兵に持氏討伐を命じる(永享の乱)	ハプスブルク家が神聖ローマ皇帝の帝位を世襲化する
2.10 上杉憲実、鎌倉永安寺に足利持氏・同満貞を攻め、自殺させる　6.28 憲実出家し、執事職を弟清方に譲る	
3.15 足利持氏の子春王丸・安王丸ら、結城氏朝に援けられ、結城城に挙兵する(結城合戦)	
4.16 結城城陥落し、春王丸ら捕らえられる　6.24 赤松満祐、足利義教を誘殺(48歳)する(嘉吉の乱) 8.- 京都周辺に土一揆蜂起する(嘉吉の一揆) この年徳政一揆起こる	1446 世宗朝鮮文字(訓民正音・ハングル)を公布
1.- 幕府、上杉房定ら関東諸将の請により、足利持氏の子成氏を鎌倉公方とすることを許す	明の正統帝、オイラートに捕らわれる（土木の変）
4.20 長尾景仲ら、足利成氏を襲撃する　10.- 幕府、成氏と上杉憲実・長尾景仲との和睦を図る	
5.9 幕府、伊勢神宮造営段銭を諸国に課す	オスマン・トルコ、東ローマ帝国を滅ぼす
6.16 今川範忠が鎌倉に入り、足利成氏は下野国古河に移る(古河公方)	ランカスター・ヨーク両家、王位を争い、ばら戦争始まる(～85)
9.19 近江国土一揆、徳政を要求して日吉八王子社に拠る。幕府、これを延暦寺僧徒に討たせる	

堀越御所跡＝韮山町

古河公方と堀越公方

　鎌倉公方足利持氏の遺児成氏は、上杉憲実のとりなしで父の跡を継いだが、憲実の長子憲忠が関東管領になるとこれを誘殺し、下総国古河に移って勢力を強め幕府に対抗した(古河公方)。幕府は、将軍足利義政の庶兄政知を総大将として討伐軍を派遣するが、諸将の足並みがそろわず、政知は伊豆国堀越に滞留してそこを御所とした(堀越公方)。

西暦	年号	県　　　　　史
1457	長禄1 9.28	12.24 足利政知、鎌倉公方として下向し、伊豆国堀越(韮山町)に留まる
1460	寛正1 12.21	4.2 幕府、遠江国原遠江入道らの討伐のため、守護代への協力を同国蒲御厨住人に命じるよう、東大寺に求める
1461	寛正2	3.20 足利義政、駿河守護今川範忠から同義忠への本領等の譲与を安堵する　12.19 義政、駿河守護今川義忠に、足利政知を援助させる
1464	寛正5	9.11 遠江国蒲御厨東方諸公文ら、代官大河内真家の非法を東大寺油倉に訴え、逃散する
1466	文正1 2.28	10.11 足利義政、駿河国富士大宮司家の内紛につき、富士親時に大宮司職を継がせる旨、足利政知に報じる
1467	応仁1	
1469	文明1	
1473	文明5	8.16 正広、摂津之親に随い駿河国に旅立ち、遠江国白須賀に宿る。この後、遠江・駿河両国で和歌を詠む　11.24 足利義政、遠江国懸革荘代官職を、今川義忠に預け置く
1475	文明7	7.23 今川義忠、遠江国府を攻め、ついで勝田氏を破る
1476	文明8	2.- 駿河国守護今川義忠、遠江国塩買坂で討死する
1479	文明11	12.21 足利義政、今川氏親に、亡父義忠の遺跡所領等を安堵する
1482	文明14	11.27 足利義政、古河公方足利成氏と講和し、伊豆国を弟政知に譲らせる
1485	文明17	9.19 万里集九、先遠江国に入り、大洞院の逆翁宗順に偈を呈する。次いで、懸塚より海路、駿河国袖浦に達する
1487	長享1 7.20	10.20 今川氏親、駿河国東光寺に給主諸公事を免除する　11.9 北条早雲、駿河今川館の小鹿範満を、生害させ、今川氏親家督を継ぐ
1488	長享2	
1490	延徳2	2.2 後藤親綱、遠江国産唐納豆を足利義政に献上する
1491	延徳3	1.28 崇芝性岱、遠江国石雲院の輪番住持制を定める　4.3 堀越公方足利政知没する(57歳)

寛正の大飢饉

1459・60年(長禄3・寛正1)と異常気象が続き、翌年には近畿・山陽・山陰・北陸などを中心に中世最大の飢饉となった。流亡した難民は京都に集まったが、幕府や荘園領主は組織的な救済策を講じなかったため、賀茂川は一面難民の死骸で埋まり、その数は8万2000人ともいう。難民にとっての唯一の救いは、勧進聖らの施す粥だけであった。

日　本　史	世　界　史
5.15 蝦夷東部でコシャマイン率いるアイヌが決起する　この年太田道灌、江戸城を築く	
8.24 幕府、東海道の諸関を撤廃する　10.21 幕府、関東・奥羽の諸将に足利成氏追討を命じる	
この年飢饉・疫病が流行する(寛正の大飢饉)	
11.26 足利義政が弟義視を養子とし、この日義視、高倉第に移る　11.28 義政、准三后となる	
②.- 上杉憲実没(57歳)　6.3 幕府、上杉顕定を関東管領とし、諸将に足利成氏征討を命じる	
5.26 京都で応仁・文明の乱が始まる	
1.- 将軍足利義政、同義尚を後継者とする	
1.21 伊勢貞親没(57歳)　3.18 山名宗全没(70歳) 5.11 細川勝元没(44歳)	
3.- 太田道灌、今川(小鹿)範満に味方するため、駿河国に出兵する	
	スペイン王国が成立する
	1480 モスクワ大公国が独立する
	ヘンリー7世、テューダー朝を創立する
6.9 加賀国の一向一揆、守護富樫政親を攻める	バーソロミュー・ディアズ、喜望峰に到達する
1.7 足利義政没(56歳)	
1.7 足利義視没(53歳)	

応仁・文明の乱

　1467年(応仁1)に京で始まった大乱。室町幕府の管領細川勝元と実力者山名宗全の対立により、将軍や畠山氏・斯波氏の家督相続をめぐって、有力守護が東西に分かれて戦った。1473年(文明5)には勝元・宗全が相次いで死去するが、戦いは続き1476年(文明9)に終息した。

西暦	年号	県　　　　史
1492	明応1	5.22 遠江国の栗が内裏に献上される
1494	明応3	8.- 北条早雲、遠江国3郡に攻め入る
1495	明応4	
1496	明応5	10.27 遠江国石雲院開山崇芝性岱、没する(83歳)
1498	明応7	7.14 暴風雨・洪水・高波等により、遠江国の民家・田地・塩竈等に多くの被害が出る　8.8～9 暴風雨・地震・氷雹等により、遠江国の神社・仏閣・民家等に多くの被害が出る　8.25 遠江国に大地震が起こり、地割れや崖崩れ・津波等のため大被害が出て、浜名湖の今切口が切れ、遠州灘とつながる　8.- 伊豆国堀越公方足利茶々丸、北条早雲に攻められて自害する(延徳3年・明応2年説あり)
1499	明応8	6.1 飛鳥井雅康、遠江国鷲津に到着する　8日、小夜の中山に到り、のち帰洛の途につく　12.- 素純、駿河国富士の麓で「かりねのすさみ」を著す
1500	明応9	6.- 富士山への参詣が盛んとなり、戦乱を避けて駿河国須走口が利用される
1501	文亀1 2.29	1.8 遠江国石雲院、焼失する　この年北条早雲率いる今川軍が遠江国に侵入し、斯波軍が守る見付城・二俣城・堀江城等を落とす
1502	文亀2	7.30 連歌師宗祇、相模国湯本で没する。のち弟子宗長によって、駿河国桃園の定輪寺に葬られる(82歳)　8.15 今川氏親・宗長ら、駿河国守護所で連歌を興行する
1503	文亀3	4.20 駿河国に氷が降り、死者が出る
1504	永正1 2.30	6～7月富士山に雪が降る　8.7 伊豆国修禅寺開山隆渓繁紹、没する(56歳)　9.- 絵師狩野法眼、駿河国海長寺に赴く　この年駿河国に疫病が流行する
1505	永正2	2.11 遠江国円通院松堂高盛、没する(75歳)
1506	永正3	11.4 北条早雲率いる今川軍、三河国今橋城を攻め、落城させる　11.- 駿河国海長寺日海、堂舎を修造する
1507	永正4	2.14 正親町三条公兄、駿河国に下向する　5.25 三条西実隆、今川氏親に「伊勢物語」を贈る

文亀・永正の争乱

斯波義達と今川氏親の遠江国をめぐる合戦を指す。明応年間(1492～1501)、今川氏の東遠江侵入に始まり、1517年(永正14)の飯田合戦の後、今川軍が引間城を囲み、斯波氏が降伏して戦いは終息する。戦いは、主に北遠・浜名湖周辺で争い、勝利した今川軍は遠江国を領有して有力な国人を配置した。

日 本 史	世 界 史
	1492 コロンブス、アメリカ大陸（サンサルバドル島）に到達する
10.18 加賀国一向一揆、越前の国に侵入する 6.20 宗祇、「新撰菟玖波集」を撰する　9.- 北条早雲、小田原城を攻め、大森氏を追う 5.20 日野富子没（57歳）	
	ヴァスコ・ダ・ガマ、インドのカリカットに到達する
3.25 蓮如没（85歳）	スイスがハプスブルク家より独立する
6.7 京都で、祇園会山鉾巡行が復活する　10.- 室町幕府、撰銭令を定める	ティムール帝国が滅亡する カブラルがブラジルに漂着する
5.24 日蓮宗本国寺と浄土宗妙護寺の僧、宗論を行う	この頃ミケランジェロが「ダビデ像」の制作を始める
5.- 村田珠光没（81歳）	
この年諸国旱魃、飢饉となる	
9.11 京都で土一揆が蜂起し、幕府、分一徳政令を出す　9.- 上杉朝良、今川氏親・北条早雲に支援され、上杉顕定と武蔵国立合河原で戦う 10.10 幕府、撰銭令を出す この年関東・陸奥諸国に「弥勒」の私年号が使われる	この頃レオナルド・ダ・ヴィンチが「モナリザ」を描く

戦国大名

　室町幕府によって任命された守護に代わり、実力で領国を支配した大名を戦国大名という。彼らは独自な分国法を定めるなど、家臣団編成や、領民への年貢賦課を進め、他国との戦闘を繰り返し、領国を広げていった。

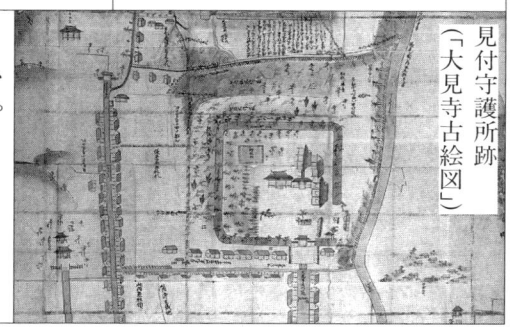

見付守護所跡「大見寺古絵図」

西暦	年号	県史
1508	永正5	7.13 今川氏親、遠江国守護職を足利義尹より補任される　10.- 今川氏親・北条早雲率いる今川軍が三河国に侵攻し、松平長親軍に敗れる
1510	永正7	12.28 今川氏親、尾張守護斯波義達の遠江国まきの寺陣所を攻める。以後志津城・刑部城等各所で両軍が戦う
1511	永正8	この年富士山のかま岩が燃える
1513	永正10	3.- 今川氏親、遠江国深嶽城に斯波義達を破る　8.28 氏親、松井宗能に遠江国下平河・鎌田御厨領家分を与える
1515	永正12	6.26 今川氏親、駿河国北山本門寺に日蓮正嫡と本門寺寺号の相承を認める
1517	永正14	8.19 今川氏親、遠江国引間城に斯波義達・大河内貞綱らを破る
1518	永正15	3.9 今川氏親、遠江国般若寺に検地を実施し、寺社領本増分を安堵する
1519	永正16	8.15 北条早雲、伊豆国韮山城にて没する(88歳)
1521	大永1	11.23 今川氏親の軍と武田信虎の軍が甲斐国河内などに戦い、この日、氏親の将福島正成が敗死する
1522	大永2	1.14 甲斐国に侵入した今川氏親の軍勢、敗北して和を請い、帰国
1523	大永3	4.2 遠江国大福寺年行事、同寺仁王堂上葺の費用注文を作成する
1524	大永4	4.9 後柏原天皇、遠江国雲巌寺了庵慧済に勅諡号を贈る
1525	大永5	1.25 宗長、今川氏輝の発句に和歌百首を詠む　5.20 宗長、伊豆国古奈で和歌五十首を詠む　9.21 正親町三条実望・宗長ら、駿府で百韻連歌を詠む
1526	大永6	4.14 今川氏親、分国支配のため、今川仮名目録条目33カ条を定め置く　6.23 氏親、没する(54歳)　7.2 駿河国増善寺にて、今川氏輝、父氏親の葬儀を執り行う
1527	大永7	4.23 中御門宣秀・真性院・豊原盛秋ら駿河国へ下向する
1530	享禄3	2.17 近衛尚通、今川氏輝に「古今集」を、雪斎に進物を、素純に「伊勢物語」を遣わす　2.23 今川家、遠江国頭陀寺千手院に、同国

今川仮名目録

戦国大名が制定した、現存する最古の戦国家法である。三十三カ条からなり、今川家の当主氏親が自ら定めたものである。その内容は、領国内で起こる在地紛争の解決のために、それまで広く社会に定着してた慣習法を元に、基準を示したものとなっている。(写真右)

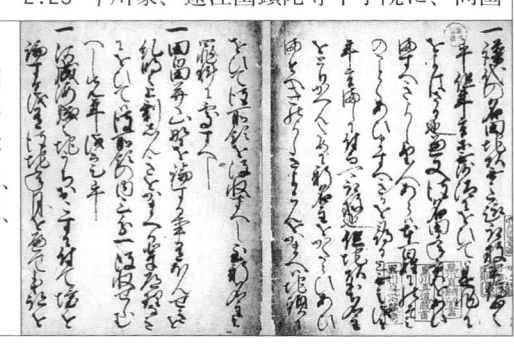

日　本　史	世　界　史
6.8 足利義稙・大内義興ら、入京する	1509 テューダー朝、ヘンリー8世が即位する
4.4 朝鮮三浦の在留日本人、釜山浦を攻める(三浦の乱)	ポルトガルがゴアを占領する
8.14 足利義澄没(32歳)	
2.14 足利義稙、同義澄の子義晴と和睦する　3.17 義稙、大内・細川と対立し京を出て、後帰京する	
	1517 ルター、「95カ条の論題」を発表する(宗教改革)
8.- 「閑吟集」成る	
	マゼラン一行、世界周航に出発する
	コルテスがメキシコを征服する(アステカ王国滅亡)
4.9 足利義稙、阿波国にて没する(58歳)	
	ドイツ農民戦争始まる
11.17 中御門宣胤没(84歳)	
	インドにムガール帝国が成立する
	1529 トルコ軍がウィーンを包囲する

戦国大名の検地

今川氏や北条氏は、領国の支配を進める手段として、検地を実施している。その実態は、「指出」と呼ばれる自己申告を郷村から提出させ、面積によって年貢高や負担者を決めるものであった。北条氏は1506年(永正3)、今川氏は同15年が検地実施の初見である。

北条早雲画像

西暦	年号	県　　　　　史
1530	享禄3	白山先達職を安堵する　3.3 三条西実隆、駿府で2000軒余りが焼失したとの報を聞く　3.- 正親町三条実望、駿河国で没する(68歳)　6.5 北条家、伊豆国三島鋳物師斎藤九郎右衛門を、同国走湯山梵鐘の大工職に任じる　12.1 宗長、伊豆国熱海で湯治する
1531	享禄4	10.25 冷泉為和、駿府の正親町三条公兄邸の歌会に和歌を詠む
1532	天文1 7.29	3.6 宗長、駿府で没する(85歳)　10.2 観世長俊、伊豆国熱海で謡曲「江の島」を作る
1533	天文2	11.- 仁和寺尊海、東海道を下り遠江・駿河両国の所々で歌を詠む
1534	天文3	7月中旬駿河・遠江・伊豆3カ国の軍勢が甲斐国に進入する
1535	天文4	4.21 後奈良天皇、駿河国光明院自尊に上人号を許す　8.22 今川氏輝、北条氏綱の支援を受けて、甲斐国山中で武田信虎の軍勢と合戦する　12.2 遠江国龍潭寺勧請開山文叔瑞郁、没する(69歳)　この年駿河国善得寺、十刹となる
1536	天文5	3.17 今川氏輝・同彦五郎兄弟、没する　4.27 花蔵の乱が始まる　5.3 今川義元、足利義晴より家督相続を認められる　6.8 玄広恵探(良真)方、北条軍に滅ぼされる　6.14 恵探、自害する
1537	天文6	2.10 今川義元、武田信虎娘と結婚する　4.20 河東一乱が起こり、この日、駿河国富士下方衆、同国吉原で北条軍と戦う　4.26 北条軍に呼応して挙兵した遠江国見付端城の堀越氏を天野虎景らが攻め、落城させる　6.14 北条氏綱、駿河国の戦いに勝利する
1538	天文7	5.3 飛鳥井雅綱、遠江国堀越氏延に蹴鞠条々を秘伝する
1540	天文9	この年伊豆暦では年号を「命禄」と記す
1541	天文10	5.5 今川義元、遠江国見付府に年貢増額の代わりに自治を認める　6.14 武田信玄、父信虎を駿河国に追放する
1542	天文11	8.- 義元率いる今川軍、三河国小豆坂で織田信秀軍と戦う
1543	天文12	
1544	天文13	この年種子島久時の家臣松下五郎三郎、伊豆国に漂着して、鉄砲を初めて東国に伝える
1545	天文14	8.19 第二次河東一乱が起こり、この日、駿河国長久保城をめぐり今川・北条両軍の戦いが激化　10.29 今川義元、武田信玄の仲介によ

花蔵の乱

今川氏の家督相続をめぐる、1536年(天文5)に起こった乱を指す。当主氏輝の急死によって、家臣福島氏が推す玄広恵探と三浦氏ら重臣が推す栴学承芳とが対立し玄広恵探が藤枝市花倉で自害し、乱は終結した。栴学承芳は還俗して義元を名乗り、今川氏を継いだ。

見付の自治

1541年(天文10)、今川義元が年貢増額の代わりに、見付町衆に自治を認めた、県内唯一の事例である。自治の始まりは、37年見付の代官堀越氏が花蔵の乱で敗北した直後と思われ、50年に見付の寺社に検地が実施されるまでの間、町衆による自治が進められた。

日　本　史	世　界　史
10.- 加賀国一向一揆蜂起 7.18 足利政氏没(66歳)	ピサロ、ペルーを征服する
	インカ帝国滅亡する
12.5 松平清康、尾張国守山で家臣に殺される	1534 イギリス国教会が成立する（首長法）　イグナチウス・ロヨラ、ザビエルらがパリでイエズス会を結成する
4.14 伊達稙宗、「塵芥集」を制定する　7.27 天文法華の乱	ミケランジェロ「最後の審判」の制作を始める
10.3 三条西実隆没(83歳)	
7.19 北条氏綱没(55歳)	カルヴァン、ジュネーブで宗教改革に着手する
8.25 ポルトガル船、種子島に漂着(鉄砲伝来)	1543 コペルニクス、地動説を発表する
	トリエンテの公会議(反宗教改革)が開催される

今川氏親木像

寿桂尼画像

西暦	年号	県　　史
1545	天文14	り、和睦する
1547	天文16	この頃松平広忠、今川義元に息竹千代(徳川家康)を人質として差し出すが、途中で奪われる
1548	天文17	4.- 大休宗休、今川義元の招きにより、駿河国臨済寺に入寺する
1549	天文18	この頃今川軍、竹千代(徳川家康)を取り返し、駿府に人質とする
1551	天文20	3.27 今川義元、駿河・遠江・三河3カ国の宿宛の伝馬手形を出す
1552	天文21	11.27 今川義元の娘、武田信玄の子義信に嫁ぐ
1553	天文22	①.11 今川義元、伊勢参宮の道者に、領内諸関・渡の通行手形を出す　2.26 義元、分国支配のため、今川仮名目録追加条目21カ条を定める
1554	天文23	7.- 今川義元、嫡子氏真の室に、北条氏康の娘早川殿を迎える　11.-「歴代序略」が駿府で刊行される
1555	弘治1　10.23	3.- 松平竹千代、元服して今川義元より1字を賜り、元康と名乗る　⑩.10 太原崇孚雪斎、没する(60歳)
1556	弘治2	9.20 山科言継、遠江国に入り、24日駿府着、新光明寺に宿泊する
1557	弘治3	2.13 新光明寺の女房狂言が1400〜1500人の観衆を集める　3.1 山科言継、帰京のため駿府を出立する　この年今川義元から氏真へ家督相続される(〜59年5月)
1559	永禄2	3.18 今川義元、駿河・遠江・三河3カ国の諸宿に伝馬を出させる
1560	永禄3	5.8 今川義元・氏真、それぞれ三河守・治部大輔に任じられる　5.19 義元、尾張国桶狭間に織田信長の攻撃を受け、討死する(42歳)
1562	永禄5	3.2 朝比奈泰朝、駿府へ向かう途中の井伊直親を討つ
1564	永禄7	2.24 62年12月より遠州忩劇が起こり、今川軍、逆心した飯尾連龍ら遠州国人を引間口・市野砦を攻め、勝利する
1565	永禄8	12.20 今川氏真、飯尾連龍を駿府へおびき寄せ、謀殺する。遠江国引間城主飯尾乗連、松平家康に内応する
1567	永禄10	5.9 里村紹巴、富士見物のため下向、この日遠江国に入り、6.28まで駿河・遠江国に滞在　7.- 駿河国に風流踊りが流行する

桶狭間の合戦

1560年（永禄3）、現在の愛知県名古屋市緑区有松町桶狭間または豊明市栄町南館に比定される「おけはざま山」で今川義元が織田信長に討ち取られた合戦をいう。従来は義元の上洛説が有力であったが、現在では、尾張攻略を目指したものであったと見られている。

山科言継

戦国時代の貴族の中で、駿府を訪れた代表的な人物。言継は、父言綱の未亡人で、今川氏に身を寄せていた養母の中御門氏を見舞うため、1556年（弘治2）から翌年にかけて半年ほど駿府に滞在した。その間の『言継卿記』の記録は、戦国期の県内の様子を示す重要な資料である。

日　本　史	世　界　史
6.1 武田信玄、甲州法度を制定する	
3.19 今川軍、織田信秀軍を三河国小豆坂で破る	
7.22 フランシスコ＝ザビエル、鹿児島に上陸する	
3.3 織田信秀没(42歳)　10.23 ザビエル、日本を去る	
1.28 足利義輝、三好長慶と和睦する	
この秋上杉謙信上洛し、参内する	イギリス、メアリー1世即位。カトリック(旧教)回復を図る
7.19 武田信玄、上杉謙信と信濃国川中島に戦う	アウグスブルクの宗教会議(宗教戦争が一応終結)
10.1 毛利元就、陶晴賢を安芸国厳島に破る	
4.20 斎藤道三、子義竜と長良川に戦い敗れる	ムガール帝国、アクバル即位する
11.25 毛利元就、隆元・元春・隆景三子に一心協力を訓戒する	1558 テューダー朝、エリザベスが即位する
2.2 織田信長、入京し、足利義輝に謁見する	
5.23 松平元康、三河国岡崎城に帰る	
1.- 松平元康、織田信長と盟約する	1562 フランス、ユグノー戦争始まる(～98)
2.13 松平家康、三河国岡崎城を攻めた一向一揆を撃退。28日、一向一揆、家康に降る	
5.19 三好義継、松永久秀、足利義輝を室町第に襲撃し、義輝、切腹する(30歳)	
5.27 織田信長の娘、徳川家康の子信康に嫁す　8.15 信長、斎藤竜興を美濃国稲葉山城に破り、岐阜城	

今川義元木像

今川氏親黒印状

西暦	年号	県　　　　　史
1567	永禄10	
1568	永禄11	2.16 武田信玄、徳川家康と血判の誓詞を取り交わし、駿河侵攻への協力を求める　11.9 関口氏経ら、遠江国祝田郷徳政の実施を祝田禰宜に命じる　12.6 信玄、駿河国に攻め入る　12.13 今川氏真、信玄に駿府を追われ、懸川城に逃走する　12.18 家康、遠江国に攻め入る
1569	永禄12	1.16 徳川家康、今川氏真がこもる懸川城を攻め、天王山に陣を布く　3.13 武田軍・北条軍、駿河国薩埵山に戦う　4.- 中御門宣綱、遠江国で没する(59歳)　5.6 氏真、懸川城を家康に明け渡し、伊豆国戸倉へ向かう
1570	元亀1 4.23	1.20 武田信玄、駿河国浅間新宮の条規を定める　3.17 北条家、駿河国菅沼村、竹下村住人に帰住を命じ、諸役を免じる　6.- 徳川家康、遠江国浜松城に移る
1571	元亀2	1.3 武田信玄、北条軍がこもる駿河国深沢城を包囲し、甲斐国中山金山の金掘衆に横穴を掘らせ、開城を迫る
1572	元亀3	10.3 武田信玄、軍勢を率いて遠江国に侵入する　12.22 徳川家康、遠江国三方原合戦で武田軍に敗れる
1573	天正1	
1574	天正2	6.17 武田勝頼、小笠原長忠の守る遠江国高天神城を陥落させる　8.24 武田家、駿府浅間社鑰取奈吾屋大夫に、富士参詣道者の袈裟・縁座等の販売を認める
1575	天正3	1.11 正親町天皇、駿河国臨済寺住持の鉄山宗純を、京都妙心寺住持職に任じる　8.24 家康、武田軍の守る遠江国諏訪原城を陥落させ、次いで小山城を攻める
1576	天正4	3.- 今川氏真、徳川勢力下の遠江国牧野城主として招かれる　4.10 北条氏光、植松右京亮に、駿河国獅子浜の鰯の漁場を安堵する
1578	天正6	3.9 徳川家松平家忠、駿河国へ打ち入り、田中城を攻める　10.28

武田信玄の侵攻

信玄の1572年(元亀3)からの侵攻は、織田信長と対立していた15代室町幕府将軍足利義昭に同調したもので、信長包囲網を作るために、駿河・遠江・尾張に攻め込むという大規模なものだった。ただ、病気をおしての出陣だったために、信玄は、翌年(天正1)に病死してしまう。

流浪する今川氏真

懸川城を明け渡した氏真は、夫人の実家である北条氏を頼って、伊豆戸倉城に入った後、小田原城に向かう。その後上洛して織田信長に蹴鞠を披露したり、客分として徳川家康に仕え、遠州牧野城(諏訪原城、金谷町所在)の城主となったりしたが、江戸を終焉の地として、観泉寺に葬られた。

日　本　史	世　界　史
と改名する	
7.22 織田信長、足利義昭を美濃国立政寺に迎える　9.26 信長、義昭を奉じて入京する　10.1 信長、摂津・和泉国などに矢銭を賦課し、諸国の関所を撤廃する	ネーデルランド（オランダ）独立戦争始まる（独立宣言）
1.9 織田信長、入京し、三好三人衆を支援した堺の会合衆を責める。会合衆、これに屈服して矢銭2万貫を信長に納める　4.8 イエズス会宣教師フロイス、入京し、信長に京都居住と布教を許される	
6.28 織田信長・徳川家康連合軍、浅井長政・朝倉景健を近江国姉川に破る　9.12 石山合戦始まる　この夏ポルトガル船初めて長崎に入港する	
6.14 毛利元就没(75歳)　9.12 織田信長、延暦寺を焼く　10.3 北条氏康没(57歳)　12.27 北条氏政、上杉謙信と絶ち、武田信玄と和睦する（甲相一和）	スペイン、マニラ市建設。レパント沖の海戦でトルコ海軍に大勝する
①.6 明智光秀、近江国坂本に築城する　9.- 織田信長、義昭に17カ条の意見書を出し、その変心を責める	サン・バルテルミの虐殺
4.12 武田信玄没(53歳)　7.- 織田信長、足利義昭を追放する	明、張居正の改革が始まる
3.5 武田信虎没(77歳)　4.2 本願寺顕如、大坂に挙兵する　6.1 信長、「洛中洛外図屛風」（狩野永徳筆）を上杉謙信に贈る	
4.21 信長、石山本願寺を攻撃する　5.21 信長・家康連合軍、武田勝頼を三河国長篠に破る（長篠の戦い）	
2.23 信長、近江国安土に築城し、この日移る　7.15 信長、羽柴秀吉に中国経略を命じる	
3.13 上杉謙信没(49歳)　10.17 荒木村重、信長に	

諏訪原城跡に建つ城内神社（大手口付近）

復元された掛川城＝掛川市

西暦	年号	県　　　　　史
1578	天正6	遠江国で大地震が起こる　11.3 武田勝頼、遠江国に侵攻し横須賀城に迫る
1579	天正7	9.15 徳川信康、遠江国二俣城で切腹する(21歳)　9.19 徳川軍、武田軍が守る駿河国当目坂(とうめ)・持舟城(もちふね)を攻略する
1580	天正8	4.25 武田水軍、北条水軍と伊豆浦で合戦し、勝利を収める
1581	天正9	3.22 徳川軍、武田軍が守る遠江国高天神城を落城させる
1582	天正10	2.21 徳川家康、武田軍を追い、駿河国府中に入る　3.1 駿河国江尻城主穴山信君(あなやまのぶきみ)、武田方を離反し、徳川方につく　3.29 織田信長、武田家の遺領を諸将に分配し、駿河国は家康領となる
1583	天正11	11.28 徳川家康、遠江国可睡斎鳳山等膳(かすいさいほうざんとうぜん)を、三河・遠江・駿河・伊豆4カ国の僧録に任じる
1584	天正12	3.3 徳川家康、遠江・三河両国に徳政(とくせい)を行う　家康、小牧・長久手合戦長期化のため、駿河国方上惣郷等から軍兵を徴発する
1585	天正13	⑧.23 徳川家康が普請中の駿府屋敷が完成する
1586	天正14	3.8～11 北条氏政・徳川家康、伊豆国三島で会見する　5.14 羽柴秀吉の妹旭姫、家康に嫁ぐため遠江国浜松に着く　9.- 家康、駿河・甲斐・三河3カ国に令して、勧進猿楽(かんじんさるがく)を興行させる　12.4 家康、浜松から駿府に居城を移す
1587	天正15	1.15 徳川家康、遠江国七郎左衛門に、遠江・駿河鋳物師惣大工職(いもじ)を安堵する
1588	天正16	⑤.14 徳川家康、遠江国志戸呂(しとろ)に在留する瀬戸者(せともの)らに、分国中の焼物商売役を免除する
1589	天正17	7.7 徳川家康、領国の郷村に7カ条の条規を定める　この年家康、領国5カ国の総検地を始める
1590	天正18	7.13 豊臣秀吉、小田原城に入城し、徳川家康に伊豆国および関東諸国を与える。遠江国は堀尾吉晴(ほりおよしはる)らに、駿河国は中村一氏(なかむらかずうじ)に与える　8.5 家康家臣松平家忠、妻子を連れて関東へ移る
1591	天正19	5.1 駿河府中城主中村一氏、国役を勤める駿河国鍛冶衆に諸役免許状を与える　11.11 掛川城主山内一豊の重臣福岡忠勝、森の鋳物師(やまのうちかずとよ)に屋敷地諸役免許状を与える

五か国総検地

　徳川家康が、1582年(天正10)以降、領国となった、三河・遠江・駿河・甲斐・信濃の五か国を検地し、土地の面積的な把握と、その耕作者の掌握をしようとしたものである。実際には、89年(天正17)2月から翌年2月に検地を実施し、静岡県内では17か村の検地帳が残されている。

関東惣無事令(そうぶじれい)

　織田信長の後、天下統一を目指した羽柴秀吉は、喧嘩停止令・刀狩令・海賊停止令(けんかちょうじ)などを出し、広い意味での私戦を禁じた。

関東転封(てんぽう)

　徳川家康は、後北条氏滅亡の後、秀吉の命により、関東8カ国を与えられ、駿府より江戸へ居城を移し、家臣団も移住した。

日　本　史	世　界　史
背き、本願寺顕如と盟約する	
3.2 山科言継没(73歳)　3.17 上杉景勝、前関東管領上杉憲政を滅ぼす　5.11 信長、安土城に移る	
③.5 本願寺顕如、信長と和睦し石山城退去を約す	スペイン、ポルトガルを併合する
1.16 豊後国内にコレジオが開校される	
6.2 信長、明智光秀に攻められ、京都本能寺で自殺する(49歳)　6.13 羽柴秀吉、光秀を山城国山崎で破る　6.27 信長の遺臣、清洲会議を行う	グレゴリオ暦(太陽暦)が作成される
4.24 柴田勝家、賤ヶ岳の戦いで羽柴秀吉に敗れ、越前国北庄城で自殺する(62歳)	女真族のヌルハチが挙兵する
3.6 織田信雄、徳川家康と謀り、羽柴秀吉と絶つ　4.9 家康、秀吉の将三好信吉らを尾張国長久手に破る	サー・ウォルター・ローリー、ヴァージニアに植民開始
7.11 羽柴秀吉、関白となり、藤原姓を称する	
10.27 徳川家康、大坂城で羽柴秀吉と会見し、和議が整う　12.19 秀吉、太政大臣となり、豊臣姓を賜う	
5.8 島津義久、豊臣秀吉に降る　5.23 大友宗麟没(58歳)	
7.8 豊臣秀吉、京都方広寺大仏殿用材として、百姓の武器を没収し、所持を禁じる(刀狩令)	アルマダの海戦で、スペイン無敵艦隊がイギリスに敗北する
9.1 豊臣秀吉、諸大名の妻子の滞京を命じる　11.22 秀吉、洛中検地を始める	フランスにブルボン朝が成立する(アンリ4世)
6.20 天正遣欧使節、長崎に帰着し、活字印刷機を持参する　7.5 秀吉、小田原征伐を行い、北条氏直、秀吉に降る　7.13 秀吉、家康に関八州を与える	
2.28 千利休自殺(70歳)　8.- 人掃令　12.28 豊臣秀次関白となる	

徳川家康画像

山中城の障子堀＝三島市

西暦	年号	県　　　　史
1592	文禄1 12.8	この年井出正次三島代官となる(三島代官の成立)
1593	文禄2	4.3 駿河府中城主中村一氏の重臣横田村詮、石切市右衛門の屋敷地を安堵し、領国内の石切を統括させる　この年掛川城主山内一豊、佐野郡・榛原郡の領地に検地を実施する
1594	文禄3	3.- 彦坂元正、伊奈忠次に代わって代官として伊豆支配を始める　この年彦坂元正、伊豆国総検地を行う
1595	文禄4	8.- 有馬豊氏3万石に加増されて横須賀城主となる　この年浜松城主堀尾吉晴、領内の検地を実施する
1596	慶長1 10.27	3.8 江川英長、物成十分の一を給され韮山代官となり、韮山代官江川氏の支配が始まる　5.2 伊豆に地震、余震2カ月にわたる　7.13 近畿地方に大地震(慶長の大地震)があり、引佐町でも有感　この年長谷川長盛、代官に取り立てられ、野田村(島田市)に手作地を与えられ、長谷川氏の代官支配が始まる
1597	慶長2	1.23 駿河府中城主中村一氏の重臣横田村詮、清見寺に寺家法度を下す　6.12 三島より江戸まで伝馬を命じる　この年田方郡瓜生野金山が発見される
1598	慶長3	3.4 徳川家康、伊豆国修善寺の紙漉文左衛門に、同国産の鳥子草・雁皮・三椏の専伐を許し、公用抄紙は立野・修善寺の紙漉きに援助させる　この年彦坂元正、伊豆国南部の総検地を行う
1599	慶長4	5.3 駿河府中城主中村一氏の重臣横田村詮、榛原郡志都呂の焼物師の屋敷・畑を安堵し、焼き物の上納を命じる　6〜9月駿河府中城主中村一氏の重臣横田村詮、領内郷村に5カ条からなる横田村詮法度を発布する　この年浜松城主堀尾吉晴・横須賀城主有馬豊氏、領内の検地を実施する
1600	慶長5	2.20 遠江今切関所が仮設され、江馬一成に差配が命じられる　12.- 秋鹿政朝・市野惣太夫、遠江代官に任ぜられる
1601	慶長6	1.- 幕府、東海道宿駅を設定し、伝馬制を定める。遠・駿・豆3

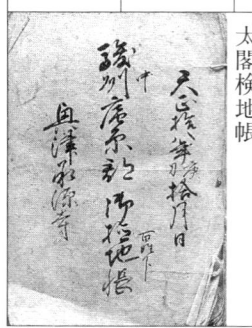

太閤検地帳

太閤検地

豊臣秀吉の行った検地。1582年(天正10)の山城検地を皮切りに、秀吉は新たな征服地に検地を施行し、91年には御前帳・国絵図提出を諸大名に命じた。検地により生産力を米の量で表示する石高制が全国的に確立した。駿河・遠江は秀吉配下の大名、伊豆は徳川家康により施行された。

日 本 史	世 界 史
3.- 秀吉名護屋へ、小西行長ら朝鮮に上陸し、文禄の役が始まる(~96年)　身分統制令が発せられる　この年天草学林、キリシタン版「伊曾保物語」が刊行される	
	オランダ人、ジャワ島に到来する
9.- サン・フェリペ号事件(イスパニア船、土佐に漂着)　11.15 豊臣秀吉、キリシタン26人を捕らえ、長崎で処刑する(26聖人殉教)	
1.- 小西行長・加藤清正ら朝鮮に上陸し、慶長の役が始まる(~98年)　7.- 慶長版本刊行開始される	シェークスピア「ヴェニスの商人」の初演が行われる
8.5 豊臣秀吉、秀頼を五大老に託し、五奉行と誓紙を交わさせる　8.18 秀吉死去(63歳)　8.25 徳川家康、朝鮮撤兵を命じる	フランスでナントの勅令を発布する(ユグノーの承認)
3.- オランダ船リーフデ号、豊後に漂着する　5.12 イギリス人ウィリアム・アダムズ、オランダ人ヤン・ヨーステン、家康に謁見　9.15 関ヶ原の戦い	イギリス、東インド会社を設立する
5.- 伏見の銀座で慶長金銀を鋳造	

横田村詮

駿府城主中村一氏の家臣。1590年(天正18)、田中城を与えられ、領国支配全般にわたって、その行政手腕を発揮した。とりわけ1599年(慶応4)検地に際しては5カ条からなる「村詮法度」(写真左)を発布している。中村氏の伯耆米子転封後、一氏の子一学と対立し、1603年(慶長8)、米子城中にて斬殺された。

西暦	年号	県　　　　　　史
1601	慶長6	国に伝馬掟朱印状が奉行衆添状とともに与えられる　2.1 天野康景、1万石をもって興国寺藩を立藩する　2.- 松平(久松)定勝、加増の上3万石をもって下総小南藩より掛川藩に入る　大久保忠佐、上総より沼津藩に2万石で入封する　大須賀忠政、上総久留里藩から旧地横須賀に5万5000石で入部する　内藤信成、伊豆韮山藩から駿河府中藩に4万石にて転封となり、韮山藩は廃藩となる　松平忠頼、武蔵松山藩から遠江浜松藩に5万石で移る　3.3 酒井忠利、7000石の加増を受け、駿河田中に1万石で入部する　7.19 江馬一成、遠江国内で旧領を安堵され、今切関所奉行に任じられる　この年伊奈忠次、岡田郷右衛門・森右馬助らを中泉代官とする　平野重定、寺谷井堰の管理を命じられ、遠江国豊田郡加茂・向坂などの代官となる
1602	慶長7	6.2 幕府、東海道・中山道の継立荷物の重量を規定する　6.10 奈良屋市右衛門・樽屋三四郎が各宿間の駄賃を定める　この年富士川の渡船役が川成島村から岩淵村へ移る　奈良屋市右衛門・樽屋三四郎が富士川渡賃銭を定める　片桐家政、北遠の奥山・西手領代官となる
1603	慶長8	この年久野藩主松下重綱、許可を得ずに石塁を築いたことにより、常陸小張藩に移され、久野藩は一時廃藩となる　千村良重、遠江国内の鐚銭1040貫余の地を所管する
1604	慶長9	2.4 幕府、諸街道を修理し、一里塚を築く　3.20 徳川家康、駿府城に滞留し、ここを隠居の地とするため修築を命じる　この秋天竜川・大井川洪水となる。島田宿は壊滅的な被害を受け、宿場の機能を元島田に移転する　12.16 地震がある。橋本村(新居町)、仁科(西伊豆町)で津波の被害が出る　伊奈忠次を検地総奉行として遠江国総検地が実施される(駿河の一部も含む)　富士山本宮浅間大社本殿・社殿が家康により再建される
1605	慶長10	
1606	慶長11	1.2 伊豆代官彦坂元正が改易となり、大久保長安が伊豆代官とし

東海道五十三次

関ヶ原合戦の翌1601年(慶長6)1月、家康は東海道江戸－京都間の宿駅を定め、36疋の伝馬役賦課と地子免許を命じた。同時に各宿駅には「伝馬掟朱印状」「伝馬定書」が下付された。東海道五十三次の始まりである。静岡県内ではこの時19宿が指定され、後年岡部・袋井・白須賀が加えられた。

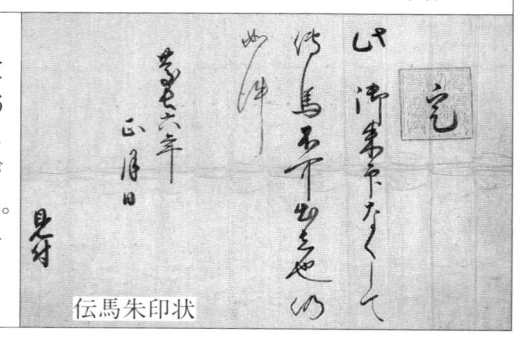

伝馬朱印状

日　本　史	世　界　史
5.- 二条城造営開始	オランダ、東インド会社を設立する
2.12 徳川家康、征夷大将軍宣下　4.- 出雲阿国、京都で歌舞伎踊を演じる	イギリス、テューダー朝が断絶しスチュアート朝が成立する
5.3 京都・堺・長崎に糸割符年寄を置き、糸割符(いとわっぷ)制度が成立する	フランス、東インド会社を設立する(間もなく廃止)
4.16 徳川秀忠、将軍宣下　この年幕府、国絵図、郷帳を徴集する	セルバンテス『ドン・キホーテ』(第一部)が刊行される

東海道五十三次・藤枝

東海道の松並木＝舞阪町

西　暦	年　号	県　　　　　史
1606	慶長11	て鉱山支配にあたる　4.3 駿河府中藩主内藤信成、近江長浜藩に転封となる　この年両替町二丁目に銀座役所を設置し大黒常春に管理させる
1607	慶長12	2.17 駿府城の拡張工事が始まる　2.- 榊原清政、久能城代となる　④.29 掛川藩主松平(久松)定勝、伏見城代となり移封し、子の定行が掛川藩主となる　5.20 朝鮮使節、江戸より駿府に行き家康に拝謁する　7.3 駿府城が完成し、家康がこれに入る　12.22 駿府城火災。女房衆の過失による。駿府城本丸の殿閣がことごとく焼失する　この年角倉了以、幕府の命により富士川を疎通して、駿河・甲斐間の船路を通じ、続けて天竜川の船路を視察する　駿府町奉行が設置され、幕府代官井出正次が兼帯する
1608	慶長13	1.- 駿府城本丸再築のため、掛川・浜松の人夫は信濃木曽・紀伊熊野の材木を、関東の人夫は伊豆山の材木を伐採し駿府に運ぶ　3.11 駿府城落成し、家康移る　8.20 駿府城天守上棟があり、中井正次に太刀一振等を賜う
1609	慶長14	9.23 田中藩主酒井忠利、1万石加増され武蔵川越に転封。田中藩は一時中絶(～33年)　9.29 浜松藩主松平忠頼、城地没収となる　12.12 家康の子頼宣、常陸水戸より駿府へ移り、駿河・遠江国内にて50万石を領する　12.22 頼宣の家臣水野重仲、浜松藩主となり、2万5000石を領する　この年上総国に漂着したイスパニアの前ルソン総督ドン・ロドリゴ、駿府で家康に拝謁する　彦坂光正・伊奈忠次を検地奉行として駿河国東部において検地が実施される　幕府代官兼駿府町奉行井出正次死去により、幕府代官彦坂光正が駿府町奉行を兼帯する。また三島代官には井出正信・佐野正重が就任　家康、彦坂光正・畔柳寿学を奉行として駿府の町割を行い、駿府城下町の地子を免除する　今宮惣左衛門・下田与四右衛門、伊豆代官となる？
1610	慶長15	6.13 伊奈忠次が没し(61歳)、大石康正・豊島忠次が中泉代官となる　8.14 薩摩藩主島津家久が琉球中山王尚寧を引き連れ、駿府で拝謁する　8.24 琉球使節の中山王尚寧の弟具志頭皇子、駿府で

大御所

　家康は、1605年(慶長10)秀忠に将軍職を譲り、1607～16年(元和2)駿府城に隠退し大御所として幕政を統括した。駿府在城中には後陽成天皇譲位問題への関与(朝廷統制)、出頭人本多正純を通じた大名統制、海外との通交・貿易に成果をあげた。大御所は秀忠、家斉も称した。

駿府城

　家康が隠退後の居城として築城した。1607年(慶長12)から普請が始まる。同年暮れに火災に見舞われ、翌年に再建されている。縄張りは本丸・二の丸・三の丸が同心円状に配置された輪郭式の城郭である。築城当初は七重の天守閣が設置されていたというが、現在は残存しない。

日　本　史	世　界　史
4.- 林羅山、将軍の侍講となる　5.6 朝鮮使節が来日、江戸で幕府に国書・方物を進呈する　この年池田輝政、姫路城を改築、天守閣を造営する	ロンドン植民会社、ジェームズタウンに初の恒久的植民地建設を始める(ヴァージニア植民地の再建)
	フランスがカナダにケベック市を建設する
2.- 幕府、島津家久に琉球出兵を命じる　3.- 対馬の宗義智、朝鮮との間で己酉条約を結ぶ　7.25 平戸商館でオランダとの貿易が始まる	オランダ、スペインと休戦条約を結ぶ(オランダの独立が事実上承認される)
6.- 幕府、ドン・ロドリゴの帰路、田中勝介をノビスパンに派遣　9.- 名古屋城完成する	
	1611 明で東林・非東林の党派争

駿府城の平面図(『駿国雑志』より)

現在の駿府城跡

西暦	年号	県　　　　　史
1610	慶長15	病没し、興津清見寺に葬る
1612	慶長17	8.1 安倍川氾濫し、堤防決壊する。彦坂光正安西衆を指揮しこれを防ぐ　この年気賀関所設置される
1613	慶長18	4.25 伊豆代官大久保長安死去(69歳)し、竹村嘉理・川井政忠・市川喜三郎が伊豆代官を引き継ぐ　8.4 イギリス司令官セーリスら、駿府で家康に拝謁し、国書・方物を進呈する　9.27 沼津藩主大久保忠佐没(77歳)。沼津藩は無嗣断絶となる
1614	慶長19	8.19 片桐且元・清元が方広寺鐘銘事件の陳謝のため、駿府に入る　9.11 東海道の通行について、箱根路の往還をやめ、足柄路を通行させる　10.11 家康、大坂討伐のため駿府を出発する
1615	元和1　7.13	6.30 林道春、「大蔵一覧」(駿河版)10部を家康に進呈する　12.1 横須賀藩主大須賀忠次、榊原康次の遺領上野館林藩10万石を継ぎ、遠江の大須賀家領は収公される　12.15 家康、翌春から伊豆泉頭の地に隠居所を経営することを命じる　この年島田宿が元島田から旧地へ復帰
1616	元和2	1.21 家康、駿河田中で鷹狩りをし、田中城で発病する　4.17 家康、駿府城にて没し(75歳)、久能山に葬る　5.8 幕府、下田奉行を創置し、今村重長を奉行とする　5.15 長野清定、芹澤将監に御殿新町(後の御殿場)の馬継ぎを命じ、御殿新町が設置される　5.- 駿河版「群書治要」が刊行される　8.4 袋井宿、開設される　この年度重なる災害のため、吉原宿が中吉原に移転する　代官長谷川長親、島田宿裏に拝領屋敷を与えられ、島田陣屋が創設される
1617	元和3	2.12 大久保忠直、駿河田中城代を命じられ、2000石となる　3.15 本多正純ら、家康の棺を日光山に改葬するため久能山を出発する　7.- 伊勢桑名藩主松平定勝、掛川藩主松平定行の領地を接収し、代わって徳川頼宣家臣安藤直次、武蔵国内より2万石にて遠江掛川藩主となる
1618	元和4	
1619	元和5	7.19 駿河府中城主徳川頼宣、紀伊・伊勢松坂55万5000石を与えら

徳川頼宣

　家康の十男。1603年(慶長8)2歳で常陸水戸20万石を領すが、駿府城の家康のもとで育ち、05年駿河・遠江・東三河50万石の駿府城主となる。19年(元和5)紀伊和歌山55万石余に転じ、御三家紀伊徳川家の祖となる。付家老安藤重次・水野重央と難治といわれた紀伊の藩制確立に努めた。

下田奉行

　江戸幕府遠国奉行の一つ。伊豆下田で江戸に入港する船舶と積み荷の検査を担当。1616年(元和2)設置。はじめ今村氏の世襲。定員1名だが、96(元禄9)～1702年は2名。20年(享保5)浦賀に移転して浦賀奉行に改称。1842(天保13)～44年、54(安政1)～60年(万延1)に復活。

日 本 史	世 界 史
	いが激化する
3.21 家康、板倉勝重にキリスト教禁止等を命じる(幕府直轄領の禁教令)	
9.- 伊達政宗の使節支倉常長がヨーロッパへ出発する(～20年 慶長遣欧使節) 9.- 家康、セーリスに平戸の商館設置を許可し、イギリスとの貿易が始まる 12.23 幕府、禁教令を全国に拡大する	ロシアでロマノフ朝が成立する
7.21 家康、豊臣秀頼による京都方広寺の鐘銘を怒る(方広寺鐘銘事件) 10～12月 大坂冬の陣 10.- 幕府、東海道・東山道に関所を設置する	フランス、三部会を召集する(以後1789年まで招集されず)
4.- 大坂夏の陣 5.8 豊臣秀頼(23歳)・淀君が自殺し豊臣氏滅ぶ(元和偃武) ⑥.13 一国一城令が出される 7.7 武家諸法度 7.17 禁中並公家諸法度 7.24 諸宗本山・本寺法度	支倉常長、ローマ教皇に謁見する
6.- 軍役規定を改め1万石の軍役を加える(元和軍役令) 8.8 オランダ・イギリス人の貿易を制限し、中国船以外の寄港地を平戸・長崎に制限	後金(清)が建国される ガリレオ・ガリレイ、宗教裁判で地動説の放棄を命じられる
3.- 日光東照宮が完成する 5.20 東海道諸駅の人馬宿賃を定める	
この年幕府、箱根宿を設置する	ドイツで三十年戦争が始まる(～48)
6.- 福島正則を武家諸法度違反で改易 この年菱	オランダ、ジャワ島でバタヴィア

久能山東照宮

東照大権現徳川家康を祭神とする神社。1616年(元和2)4月17日に駿府城で家康が没すると、久能山に葬られ、秀忠により直ちに社殿も造営された。家康の遺骸は遺言により一周忌を期して下野国日光山に移された。秀忠は社領3000石を寄進し榊原照久を神主とした。社殿は創建当時のもので重文。

久能山東照宮

西暦	年号	県　　　　　　史
1619	元和5	れ和歌山城に移り、府中城は番城となる　頼宣紀伊移封により、掛川藩主安藤直次、紀伊田辺へ移り、松平定綱が常陸下妻藩から3万石で掛川藩主となる　頼宣紀伊移封により浜松藩主水野重仲、紀伊新宮に移る　7.- 中野重吉中泉代官となる　8.11 大久保忠長、駿河田中城代を命じられる　9.27 近藤秀用、上野青柳藩から井伊谷に1万石で入部する　9.- 高力忠房、武蔵岩槻藩から浜松藩3万石に入る　10.5 下総関宿藩主松平(能見)重勝、2万6000石で横須賀藩に入り、駿府城代を兼ねる。また大番頭渡辺茂が駿府定番となる　11.- 北遠5領のうち奥山・西手・阿多古の3領が中泉代官中野重吉から信濃伊那代官宮崎氏に移管される　この年駿府町奉行を再置し、門奈宗勝・山田重次を任じる　北条氏重、下野富田より1万石をもって久野藩主となる　村上吉正、駿府代官となる
1620	元和6	3.15 幕府、久能山に神領を寄付する　この年井伊谷藩主近藤秀用、遠江旧領3140石余を嫡孫貞用に分与し、井伊谷藩は廃藩となる
1621	元和7	この年細井勝吉、清水船手頭に任じられる　揖斐政景、三島代官となる
1622	元和8	この年横須賀藩主松平(能見)重忠、出羽上山藩へ領地替えとなり、代わって井上正就が加増されて遠江横須賀藩主となる
1623	元和9	2.22 長谷川長勝、島田代官となる　この年掛川藩主松平定綱、山城淀藩へ転封となり、中泉代官中野重吉、掛川城を預かる　北遠幕領奥山・西手領で総検地が実施される
1624	寛永1 2.30	
1625	寛永2	1.11 徳川秀忠の次男忠長、駿河・遠江両国を加封され50万石で、甲斐より移り駿府藩主となる。これにより駿府町奉行廃止となる　5.- 高室昌重、中泉代官となる　8.27 各地関所の通関規定3カ条が定められる　9.- 徳川忠長付家老朝倉宣正、2万6000石にて掛川藩主となる
1626	寛永3	2.7 シャム国の山田長政、軍船絵馬を駿河国浅間神社に奉納する　この年小林時喬、三島代官となる

北遠幕領の「領」

　近世初期に現在の水窪町・佐久間町・春野町・龍山村・天竜市・森町にかけての北遠幕領に存在した行政単位。阿多古領・三倉領・犬居領・奥山領・西手領という5つに分かれた。中世の「郷」に相当する範囲で17世紀末～18世紀初には「組」という単位に移行していった。

徳川忠長

　1606年(慶長11)秀忠の三男。幼少より才能に秀で秀忠の世嗣とも評されたが、春日局の働きで兄家光が3代将軍となった。24年(寛永1)駿河・遠江55万石を与えられ駿府城主。しかし丸子山の猿狩など突出した行動が家光の不興をまねき、31年改易・甲府蟄居、33年自害した。

日 本 史	世 界 史
垣廻船(がきかいせん)が始まる	市を建設する
この年桂離宮造営を開始する(〜25年)	1620 メイフラワー号が北米のプリマスに着く　フランシス・ベーコン『新オルガヌム』を刊行する
7.27 徳川家光、将軍宣下　11.- イギリス、平戸商館を閉鎖して退去	モルッカ諸島で、オランダ・イギリス間でアンボイナ事件が起こる
3.24 幕府、ルソン使節の江戸来訪を拒絶、スペイン船来航を禁止する	オランダ、台湾を占領する
	オランダ、アメリカ大陸にニューアムステルダムを建設する

徳川忠長の墓＝群馬県・大信寺

駿府古絵図

西　暦	年　号	県　　　　　史
1628	寛永5	10.- 井上正利、横須賀藩主を継ぎ、弟正義5000石を分与して4万2000石を領する
1629	寛永6	
1630	寛永7	
1631	寛永8	5.18 駿府藩主徳川忠長、甲府に蟄居を命じられる
1632	寛永9	10.20 徳川忠長、上野高崎に逼塞を命じられ、駿府藩は廃藩となる　10.23 駿府町奉行再々置される。長崎元通大手組奉行、佐藤継成横内組奉行　この年下島政真・井出十三郎、駿府代官となる　掛川藩主朝倉宣正、忠長蟄居の責任により除封となる
1633	寛永10	2.3 青山幸成、2万6000石をもって常陸国より掛川藩主となる　3.- 駿河国駿東郡の一部が小田原藩領となる　8.9 松平(桜井)忠重、上総佐貫藩より2万5000石にて駿河田中藩主となり、田中藩再興される　10.22 大久保忠成、駿府城代に任じられる　12.6 徳川忠長蟄居先の高崎で自殺する　この年安藤次吉が駿府代官に、小林重定が蒲原代官に、長谷川長重が沼津代官、八木重明が伊豆代官になる
1634	寛永11	4.15 揖斐政景、駿府町奉行に任じられる　4.25 土屋勝正駿府町奉行(横内組)に任じられる　6~8月家光上洛のため、東海道の整備進む
1635	寛永12	7.28 掛川藩主青山幸成、摂津尼崎藩に転封となる　8.4 田中藩主松平(桜井)忠重、掛川藩主となり、田中藩には水野忠善が下総山川藩より4万5000石にて入る　9.- 松平親正、中泉代官となる　11.29 駿府茶町2丁目より出火し駿府城御殿・天守閣・櫓等を全焼する。幕府、年寄松平信綱を派遣して災害を視察させる　この年御前崎に灯台(燈明台)ができる
1636	寛永13	8.15 間宮忠次、蒲原代官となる

山田長政

　生年不詳~1630年(寛永7)。駿河国生まれ。12年(慶長17)頃シャムに渡り、20年(元和6)に日本町の頭目となる。日本人を率いて国王ソンタムに仕え最高官位まで昇進。シャム使節の来日を周旋するなど外交にも尽力した。後に王族に疎まれリゴールに左遷され同地で戦死した。

家光上洛と参勤交代

　1632年(寛永9)に秀忠が死ぬと、34年には家光は軍事指揮権が自分にあることを示すべく50万の軍勢を率いて上洛を決行した。これに先立ち東海道では道橋整備・人馬確保が進み大規模通行が可能と確認された。この結果、翌年の武家諸法度で大名が在府・国元1年ずつ交替する参勤交代の制度化が実現した。

日　本　史	世　界　史
	イギリス、権利の請願を発布する
7.25 沢庵・玉室らを流刑に処す(紫衣事件)　この年長崎で絵踏が始まる	
この年禁書令が出され、キリスト教関係書籍の輸入が禁止される	
6.20 外国渡航の貿易船には朱印状に加えて老中奉書を必要とし、奉書船制度が始まる	明で李自成の乱起こる
9.29 旗本の法度を定める(諸士法度)　12.- 大目付設置される	インドでタージ・マハル廟の建設が始まる
2.16 1000石より10万石までの大名・旗本の月俸制・軍役を定める(寛永軍役令)　2.28 奉書船以外の日本船の海外渡航・帰航を禁止する(鎖国令Ⅰ)	
5.28 外国人の来航、奉書船以外の渡航の厳禁を定める(鎖国令Ⅱ)	
3.- 対馬藩家臣柳川調興を流刑に処す(柳川一件)。以後「大君」号使用など朝鮮外交体制が整備される　5.28 日本人の海外渡航・帰国を全面禁止、外国船の入港を長崎に制限する(鎖国令Ⅲ)　6.21 武家諸法度を改定し、大名の参勤交代と500石積以上の大船建造禁止が規定される　11.9 寺社奉行設置される	
5.19 日本人の海外渡航を全面禁止し、外国人子孫を追放する(鎖国令Ⅳ)　6.1 江戸・近江坂本に銭座	後金、国号を清と改める

将軍御参内御行列図

西暦	年号	県　　　　　　史
1636	寛永13	
1637	寛永14	3.16 幕府、駿府宿の助馬を指定する　3.19 幕府、浜松宿の助馬を指定する
1638	寛永15	4.13 浜松藩主高力忠房、肥前島原藩に転封となる　4.25 美濃岩村藩主松平(大給)乗寿が3万6000石にて浜松藩主となる　6.9 幕府、駿府城殿舎修補のため、大島義唯・喜多見重恒を奉行に命じる　11.2 吉原・蒲原・由比宿の100疋分の伝馬屋敷地の地子を免除する　この年東海道の継立人馬数が36人36疋から100人100疋に加増
1639	寛永16	3.3 掛川藩主松平(桜井)忠倶、信濃飯山藩に転封となり、本多忠義、2万石の加増にて掛川藩主となる　6.18 山下周勝、清水船手奉行に任じられる　12.23 田中藩主水野忠善、領内に法度を出す
1640	寛永17	3.20 関氏盛・荒尾久成、久能山東照宮造営奉行に任じられる　3.- 古郡重政、富士川下流部の新田開発に着手する　9.28 久野藩主北条氏重、下総関宿藩へ転封となり、久野藩は廃藩・廃城となる　この年吉原宿流失のために伝法・依田原・今泉の地を中吉原に割く
1641	寛永18	この年加々爪直澄、掛塚藩を立藩する　蒲原代官間宮忠次、駿府代官に転任し、蒲原代官には一色直為が就任する
1642	寛永19	7.28 田中藩主水野忠善、三河吉田藩に転封となる。これを契機に長谷川長勝が島田代官に就任し、以後、島田代官領が確定する　6.4 小林重定が罷免され、伊奈忠公が三島代官に命じられる。この時伊豆代官が三島代官に統合される　9.12 松平(藤井)忠晴、益頭・志太郡内に2万石加増され、釆地も両郡内に移されて田中藩主となる　この年野村為重、沼津代官となる　この頃加島新田検地と古郡重政の代官取り立てがなされ、加島代官が成立する　松平親茂、中泉代官となる
1643	寛永20	
1644	正保1 12.16	2.28 浜松藩主松平乗寿、上野館林藩に転封となり、代わって三河西尾藩主太田資宗(康資)、浜松藩主となる　3.8 掛川藩本多忠義、越後村上藩に転封となる　3.18 田中藩主松平(藤井)忠晴、5000石

駿府城代と駿府城警衛

駿府城代は、幕府直轄である駿府城警衛のトップである。1619年(元和5)に設置され、24年(寛永1)に忠長が駿府城主となり一時廃止。32年忠長改易により再設置された。以後幕末まで42人が就任。なお駿府城警衛の役職として、城代配下に駿府定番・駿府在番・駿府加番・駿府勤番が設置された。

一加番稲荷＝静岡市

日　本　史	世　界　史
を設置し、寛永通宝の鋳造が始まる	
10.29 島原・天草の住民が蜂起し、島原の乱が始まる（～38.2.28）	朝鮮、清に服属する　デカルト『方法序説』が刊行される
11.7 土井利勝・酒井忠勝、重要な政治決定を命じられる（大老の始まり）	
7.4 ポルトガル船の来航禁止される（鎖国令Ⅴ）	
4.- 平戸のオランダ商館を長崎出島に移す（鎖国の完成）「オランダ風説書」の提出が始まる	
この年冷害凶作により全国的に飢饉となる（寛永の飢饉）	イギリスでピューリタン革命が始まる（～49）
3.- 田畑永代売買禁止令　8.- 田畑勝手作りの禁	フランスでルイ14世が即位する（～1715）
12.25 諸国の郷村高帳・国絵図・城郭図を作成させる（正保郷帳・国絵図）　この年樽廻船始まる	李自成、北京を攻略し、明が滅亡する清の中国支配始まる

助馬令

　1637年（寛永14）3月、宿駅の常備人馬不足に際して、馬を提供する村を指定した幕府法令である。35年の参勤交代制度化による東海道の通行量が増大し宿駅が過重負担を強いられたことに対する助成策の一環である。強制的な人馬徴発の色合いは薄いが、後の助郷制度の前提となるものである。

島原の乱

　1637年（寛永14）から翌年にかけて、天草四郎時貞を首領として原城跡に3万人がたてこもった、天草・島原地方のキリスト教徒を中心とする一揆。背景には飢饉の中で島原城主松倉氏、天草領主（唐津城主）寺沢氏の苛政があった。幕府軍は指揮官板倉重昌が戦死し、松平信綱がようやく鎮圧した。

西暦	年号	県　　　　史
1644	正保1 12.16	加増されて掛川藩主となり、田中藩には北条氏重が下総関宿藩より2万5000石で入る
1645	正保2	6.27 横須賀藩主井上正利、常陸笠間藩に転封となり、代わって本多利長が三河岡崎藩より5万石で横須賀藩主となる
1647	正保4	この年より駿東郡の小田原藩御厨領で検地が実施される(～57年)
1648	慶安1 2.15	1.19 掛川藩主松平(藤井)忠晴、8000石を加増されて丹後亀山藩に転封となる　1.21 田中藩主北条氏重、5000石を加増され掛川藩主となる　1.23 横須賀藩主本多利長、田中城在番を命じられる
1649	慶安2	2.11 西尾忠昭(忠照)、5000石を加増され常陸土浦藩主より田中藩主となる　10.13 駿府定番が新設され井戸直弘が就任する
1650	慶安3	この年「おかげ参り」が流行する
1651	慶安4	7.23 由井正雪の陰謀が発覚、江戸で丸橋忠弥を捕らえる(慶安の変)
1652	承応1 9.18	8.19 三毛長利、駿府町奉行に任じられる
1653	承応2	8.26 伊豆国三島神社造営が完成する
1654	承応3	12.22 田中藩領5000石を西尾主水(忠知)に分与する
1655	明暦1 4.13	
1656	明暦2	1.12 松平(滝脇)重信、駿府城代となる
1657	明暦3	10.23 渡辺久次、駿府町奉行に任じられる

慶安の変

　由井正雪・丸橋中弥・金井半兵衛らによる幕府転覆未遂事件。3代将軍家光死去直後の1651年(慶安4)7月、逮捕された丸橋の自白より久能山乗っ取り、江戸・上方での騒乱を内容とする計画が発覚。これを契機に正雪の自殺、関係者の逮捕処分が行われ、事態収拾が進められた。

由井正雪

　江戸初期の軍学者。駿河国に生まれ、江戸に出て軍学を講ずる。慶安事件の首謀者。1651年(慶安4)7月に密告者により彼の主導する幕府転覆計画が発覚したため追われる身となり、同月26日駿府で幕府の捕り手に包囲されて自殺した。

日　本　史	世　界　史
	ドイツ三十年戦争が終わる(ウェストファリア条約)
2.26 いわゆる慶安の触書が出される？　10.-「慶安軍役令」(ただし公式ではない)	イギリスでチャールズ1世が処刑され、共和政となる
7.23 由井正雪の陰謀が発覚(慶安の変)　8.18 徳川家綱、将軍宣下　12.11 50歳未満の大名・旗本の末期養子を許す	イギリス、航海法を制定する
1.- 幕府、江戸のかぶき者を取り締まる　6.- 若衆歌舞伎を禁止　9.- 戸次庄左衛門を処刑する(承応事件)　12.- 下総国印旛郡公津村の百姓、増米と小物成の金納化に反対して越訴する(佐倉惣五郎)	第1次イギリス・オランダ戦争が始まる(～54)
2.7 幕府、参勤交代の従者の数を制限する　6.27 秤座を設け、東33国は守随彦太郎、西33国は神善四郎の秤を使用するように令す	イギリス、クロムウェルが護国卿となる
7.- 中国僧隠元隆琦、長崎に来航、黄檗宗を伝える	
4.24 オランダ船の糸割符制度を廃止し、相対貿易とする	
1.18 江戸の本郷丸山本妙寺より出火し、江戸城本丸など焼失する(明暦の大火)　1.- 水戸藩主徳川光	

由井正雪首塚＝静岡市・菩提樹院

かぶき者

江戸前期、江戸や京都などの都市を中心に活動した。戦争がなくなり戦場という活躍の場を失い体制に不満を持つ武士・武家奉公人・牢人者などが中心。彼らは血判起請して団結を固めて徒党を組み、放火・殺人など社会治安を乱す行為を繰り返し幕府による統制の対象となった。

西暦	年号	県　　　　史
1657	明暦3	
1658	万治1 7.23	10.1 掛川藩主北条氏重死去(64歳)、同家は無嗣断絶となり、掛川藩領は収公される　この年浅井了意、「東海道名所記」を著す
1659	万治2	1.28 三河西尾藩主井伊直好、3万5000石にて掛川藩主となる
1660	万治3	
1661	寛文1 4.25	
1662	寛文2	この年蒲原代官一色直正死去により、蒲原代官領は大宮代官井出正祗(まさやす)と加島代官古郡重年に移管される
1663	寛文3	
1665	寛文5	3.15 黄檗宗(おうばくしゅう)の僧侶独湛性瑩(どくたんしょうえい)、近藤貞用(さだもち)の招きにより遠州初山宝林寺へ入る　9.- 安倍川・大井川に高札が立てられる
1666	寛文6	4.28 松平正周、中泉代官となる
1669	寛文9	
1670	寛文10	4.25 深良用水の箱根掘り抜きの工事が完成する　この年秋鹿氏、代官を罷免され、遠江幕領は、中泉代官・川井代官・三河赤坂代官の支配に集約される
1671	寛文11	
1672	寛文12	この年北遠幕領三倉領で総検地が実施される。以後77年まで各領ごとに順次検地が実施される　幕領沼津領で検地が実施される
1673	寛文13	
1674	延宝2	8.8〜11 天竜川洪水(寅の満水)で馬込川が決壊し、浜松宿では床

東海道名所記

　浅井了意作の絵入りの仮名草子(写真右)で、構成は6巻6冊からなる。1661年(寛文1)の刊行。内容は主人公の楽阿弥が熊野から江戸へ出て、大坂の商家の手代とともに東海道を江戸から京都へ上り、沿線各地の歴史・風俗などを紹介しており、地誌的なものとなっている。

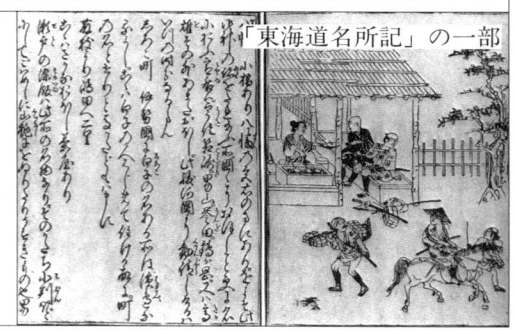

「東海道名所記」の一部

日 本 史	世 界 史
圀「大日本史」編さん開始　この年酒造株の設定	
7.19 幕府、初めて道中奉行を設置し、高木守久を任じる	
	イギリス、王政復古となる
	清、聖祖康熙帝が即位する イギリス、ボンベイを領有する
5.23 武家諸法度が改定され、殉死が禁止される　この年江戸・京都・大坂往復の飛脚が始まる(定六) 7.11 諸宗寺院・諸社禰宜神主に法度と下知状が下付される　11.- 幕府、助馬村の実態調査を行う　12.- 日蓮宗不受不施派が処罰される	1664 第2次イギリス・オランダ戦争が起こる(～67年)。イギリス、ニューアムステルダムを奪い、ニューヨークと改称する　フランス、東インド会社再建する 1665 フランス財務総監にコルベールが就任、重商主義政策を展開する
2.- 諸国山川掟が出され、畿内・近国の代官に水源・川筋の保護が命ぜられる	
4.- 日蓮宗の不受不施派の寺請を禁止　6.- 東蝦夷地シブチャリ首長シャクシャイン、松前藩と戦う　この年岡山藩主池田光政、郷学閑谷学校を開く　12.- 全国の枡を京枡に統一する	
7.- 河村瑞賢、東廻り航路を開発させる(72年に西廻り航路開発)　10.- 諸代官に宗門人別改帳作成を命じる	
6.- 有栖川宮家が創設される	フランス、ポンディシェリを領有する
6.- 分地制限令が発せられる	イギリス、審査法を制定する 清で三藩の乱が起こる(～81年)
	インドでマラータ王国が成立する

深良用水

神奈川県芦ノ湖の水を1280mの隧道により駿東郡南部にひいた用水。元締の江戸町人友野与右衛門ら、発企の深良村名主大庭源之丞らが事業の中心。1666年(寛文6)友野らが小田原藩・沼津代官に開発請負手形を提出して事業開始。70年隧道、翌71年新川普請が完成して工事は完了した。

深良用水隧道出口(穴口)

西暦	年号	県　　　　　史
1674	延宝2	上浸水、彦助堤(浜北市)が決壊する　この年古郡重年、富士川下流に総延長2000間余の堤防工事を完成する(雁堤　67年〜)
1675	延宝3	この年天竜川に彦助堤が造られる
1676	延宝4	6.3 松平勝易駿府城代となる
1677	延宝5	この年小田原藩領御厨下郷(御殿場市・裾野市・長泉町の一部)において検地が実施される
1678	延宝6	6.29 浜松藩主太田資次、大坂城代就任により領地替えとなる　8.18 前大坂城代青山宗俊、5万石にて浜松藩主となる
1679	延宝7	9.6 田中藩主西尾忠成、信濃小諸藩に移封となり、田中藩主には小諸藩主酒井忠能が1万石を加増されて就任し、駿河国益頭・志太郡、遠江国榛原・城東郡4万石を領する
1680	延宝8	3.27 駿河国駿東郡の沼津代官領・伊豆国賀茂郡の三島代官領の一部が小田原藩主稲葉正則の領知となる　8.11 三枝守俊駿府城代となる　この年本多利長、浅羽大囲堤の工事を命じる
1681	天和1 9.29	2.9 加々爪直清、領地を没収され掛塚藩廃絶　この年加島代官古郡重年、駿府代官へ転出を命じられ、加島新田以外の加島代官領は大宮代官へ移管される
1682	天和2	2.12 田中藩主酒井忠能の除封により、土屋政直、常陸土浦藩より駿河国益頭・志太郡、遠江国榛原・城東郡、上総国山辺郡、常陸国茨城郡4万5000石をもって田中藩主となる　2.22 横須賀藩主本多利長、苛政の咎により所領没収の上、出羽国村山郡のうち1万石の地に領地替えとなる　3.9 西尾忠成、2万5000石で信濃小諸藩主から横須賀藩主となる　3.12 幕府、今泉村(富士市)の五郎右衛門の親孝行を表彰する　5.- 幕府、大井川・安倍川の川越について条規を定める　11.28 野村為政、沼津代官を罷免、国領重次が後任となる
1683	天和3	8.29 土屋正敬、駿府町奉行となる　この年近山安致、中泉代官となる
1684	貞享1 2.21	この年竹内信成、三島代官となる　7.10 田中藩主土屋政直、常陸土浦藩へ転封となり、19日、太田資次が摂津国内より田中藩主に就

浅羽大囲堤

遠州灘に近い山名郡浅羽庄(現浅羽町)の村々の潮の害を防ぐために、17世紀後半の横須賀藩主であった本多利長が修復工事に着手したといわれる。しかし1682年(天和2)に利長が転封となり、以後浅羽地域の所領が入り組み状態となったため、この堤防の修復工事はなかなか進まなかった。

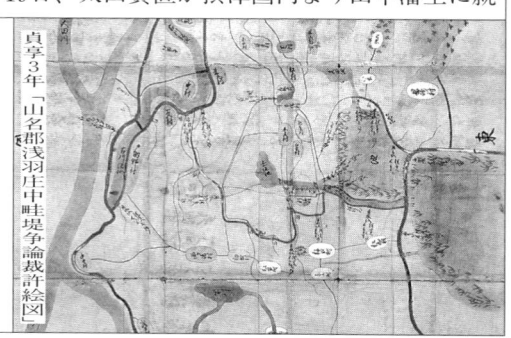

貞享3年「山名郡浅羽庄中畦堤争論裁許絵図」

日　本　史	世　界　史
3.- 幕府、五畿内・近江・丹波などの幕領検地を命じる（延宝検地）	
	イギリス、人身保護法を制定する
11.- 上野沼田の磔茂左衛門一揆により藩主真田信利、苛政を咎められ改易される	
10.- 井原西鶴「好色一代男」が刊行される	ロシア、ピョートル1世が即位する フランス、ヴェルサイユ宮殿（バロック様式）が完成し、遷都する
	清、台湾を領有する
2.1 竹本義太夫、大坂道頓堀に竹本座を創始　2.- 服忌令が出される　8.28 大老堀田正俊、若年寄	

『百姓伝記』
　天和年間（1681〜84）に成立した農書。15巻。著者不明であるが、当時の遠江横須賀藩主本多家と関係ある村役人クラスと推定される。肥料の効率的な使用方法などの農業技術のほか、横須賀湊の高波による大被害などが記され、17世紀後半の三河・遠江地域の状況を知る上でも重要な史料である。

雁堤（かりがねづつみ）
　富士川下流の現在の富士市側に築造された雁行状の堤防。富士川の急流を緩やかに変えるものとなっている。1621年（元和7）古郡重高が岩本山のふもとに一番出し・二番出し・突堤を築き、重高の孫の重年が完成させた。この堤の完成により「加島五千石」の言葉に象徴されるように現富士市の加島一帯の開発が進んだ。

西　暦	年　号	県　　　　　　史
1684	貞享 1 2.21	任する　この年小長谷正綱、沼津代官となる　五味豊法、三島代官となる
1685	貞享 2	11.-　幕府、秋葉祭りを禁止する　この年白穏が生まれる
1686	貞享 3	1.21　大久保忠朝、小田原藩主となり駿河国駿東郡・伊豆国賀茂郡等を支配する
1687	貞享 4	
1688	元禄 1	
1689	元禄 2	5.11　松平(滝脇)信孝(のぶたか)、1万石に加増される(小島藩立藩)　6.9　秋田季重(すえしげ)、駿府町奉行となる
1690	元禄 3	1.-　遠近道印(おちこちどういん)作・菱川師宣(ひしかわもろのぶ)画「東海道分間絵図」が刊行される
1691	元禄 4	この年大島義高、駿府町奉行となる
1692	元禄 5	11.15　大宮代官兼蒲原代官井出正基の死去により大宮・蒲原代官は解体され、大宮・蒲原代官領は駿府代官近山安致に移管される　この年沼津代官小長谷正綱の転出により、沼津代官領は分割され、沼津代官大草正清、原代官市野真防の支配となる　島田代官長谷川勝峯、遠江川井代官に転任となり、長谷川氏の島田代官世襲は終わる。代わって野田秀成が島田代官に就任する　駿府代官古郡重年、相模・武蔵の代官に転出となり、加島新田物成十分の一を停止され、古郡氏加島新田支配は中断する　美濃部末茂、中泉代官となる
1694	元禄 7	この年設楽正秀、三島代官となる
1696	元禄 9	1.15　青山幸豊、駿府城代となる　2.14　新居関所奉行が二人制と

東海道分間絵図

1690年(元禄3)、新大坂町板木屋七郎兵衛の刊行、遠近道印(おちこちどういん)の作、菱川師信の絵による東海道道中図。折本五帖からなる。内容は東海道を中心に景色・町並み・一里塚・橋・人馬・地名を、宿場には里程・問屋・駄賃・土産を記入している。なお作者の遠近道印は富山の藤井半知とされる。

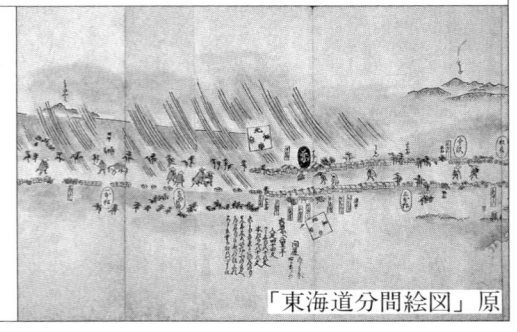

「東海道分間絵図」原

日　本　史	世　界　史
稲葉正休に刺殺される　10.- 宣明暦を貞享暦に改暦する宣下(85年施行)　12.1 天文方設置。渋川春海(安井算哲)が就任　12.- 糸割符制を再興する	
8.- 翌年からの長崎貿易の額を中国船銀6000貫、オランダ船は銀3000貫に制限する	ルイ14世がナントの勅令を廃止する
4.22 幕府、諸国に鉄砲改めを命じる　10.- 信濃松本藩水野氏の年貢増徴に対し、百姓約2000人が城下に強訴を行う(嘉助騒動)	
11.- 221年ぶりに大嘗祭が再興される	ニュートンが万有引力の法則を発見する
11.- 柳沢吉保、側用人に就任する	イギリス、名誉革命が起こる
3.27 松尾芭蕉、「奥のほそ道」の旅へ出発　11.- 渋川春海、江戸本所に天文台を設置	イギリス、権利の章典を発布する　ネルチンスク条約が結ばれる(清・露間の国境が確定)
7.- 林鳳岡(信篤)に私塾と孔子廟(聖堂)の湯島移転を命じる	イギリス、カルカッタを建設する
2.- 幕府、東海道・中山道・美濃路に対し、定助郷・大助郷を指定する　4.- 192年ぶりに賀茂葵祭が再興される　この年江戸に十組問屋成立	
4.- 荻原重秀、勘定奉行就任　11.23 奉行・大目	

「東海道分間絵図」由比　　「東海道分間絵図」島田

西　暦	年　号	県　　　　　　史
1696	元禄9	なる　2.21 清水船手奉行中川忠雄、病気免職により、清水船手奉行廃止となる　2.- 島田代官野田秀成、川庄屋を任命し大井川渡渉を管理させ、島田・金谷間駄賃銭割増の高札が立てられる（大井川渡渉制度の始まり）　4.11 下田奉行が二人制となる　4.- 内山永貞、中泉代官となる
1697	元禄10	1.28 柘植足正、駿府町奉行となる　5.11 佐久間信房、駿府町奉行となる　7.26 500俵以上の旗本を蔵米渡しより地方渡しに改め（元禄の地方直し）、駿河・遠江・伊豆でも旗本領が激増する　この頃原代官市野真防、隠居により原代官領は沼津・島田・中泉代官の預かりとなる
1698	元禄11	7.- 島田代官野田秀成、中泉代官を兼任する　この年沼津・原代官領が解体する　守屋助次郎、駿府代官となる
1699	元禄12	7.1 大風雨による大井川増水で川尻村川成、村中床上1尺5寸が浸水する　8.15 蒲原宿で高潮が発生し、旅人を含め60人溺死。由比宿でも家屋が流失。また引佐地方に大風　9.12 小田原藩の裁許により、富士山麓大野原の御厨上郷・御厨下郷の村々の入会範囲が確定する
1700	元禄13	4.27 鈴木重視、駿府町奉行となる　10.4 豆相国境相論が決着し、豆相国境が確定する　12.4 駿甲、駿遠の国境相論が決着し、国境が確定する　この年小長谷正綱、三島代官となる
1701	元禄14	7.19 新居関所・城町移転工事が始まり、10月に移転完了する
1702	元禄15	7.- 伊豆国絵図・郷帳が提出される　⑧.19 幕府、今切関所の運営を、関所奉行から三河吉田藩へ移管する　9.7 浜松藩主青山忠重、丹波亀山藩に転封となる　9.12 本庄（松平）資俊、2万石加増され、常陸笠間藩より浜松藩主となる　9.15 天野富重、駿府町奉行となる　12.- 遠江国絵図・郷帳が提出される　この年窪島長敬、中泉代官兼島田代官となる
1703	元禄16	1.15 水野守美、駿府町奉行となる　5.- 諏訪社大祝杉浦国頭、荷田春満に入門する　11.23 元禄地震、関東地方南部を中心に甚大な

元禄の地方直し

　地方直しとは蔵米取り旗本の俸禄の知行地への変更、旗本知行割りの編成替えをさす。このうち1697年（元禄10）のものは大規模で、同年7月26日に幕府が旗本に500俵以上の蔵米取りを知行地に替えることを発令した。これにより静岡県では伊豆国で大規模な領地の再編成がなされた。

国絵図・郷帳

　近世に作成された国郡単位の絵図。江戸幕府のもとでは、1596〜1615年（慶長1〜20）、44年（正保1）、97〜1702年（元禄10〜15）、1831〜34年（天保2〜5）に作成された。郷帳は国絵図と一組で作成されたもので、正しくは郷村高帳とよばれ、村名・村高を記載した帳簿である。

日　本　史	世　界　史
付に国絵図作成を命じる(元禄国絵図)　この年宮崎安貞、『農業全書』を著す	
10.-　酒造高を調査し、酒屋に運上金を賦課する	
	トルコ、ハンガリーをオーストリアに割譲する(カルロヴィッツ条約)
	バルト海支配をめぐって北方戦争が始まる(〜21年)
12.14　浅野長矩の旧臣大石良雄ら赤穂浪士、吉良義央を殺害する(赤穂事件)	プロイセン王国が建国される スペイン継承戦争(〜13年) アメリカでアン女王戦争が始まる(英・仏のアメリカでの植民地戦争)

天保郷帳

駿河国天保国絵図

西暦	年号	県　　　　史
1703	元禄16	被害。小田原藩領のうち伊豆の死者639人、駿河の死者38人
1704	宝永1	1.- 松平(滝脇)信治、駿河小島に陣屋を設立する
1705	宝永2	4.22 田中藩主太田資晴、陸奥棚倉藩へ移封となり、内藤弌信陸奥棚倉藩から駿河国益頭・志太・有渡郡、遠江国榛原・城東郡5万石をもって田中藩主となる　6.28 天竜川が氾濫する。船明村(天竜市)で89軒流失する　12.3 掛川藩主井伊直朝、失心により隠居となり、井伊直通の弟直矩を養子とし、掛川城地を収公し、1万5000石減封のうえ、越後与板藩2万石に転封する　この年「おかげ参り」流行する
1706	宝永3	1.28 松平(桜井)忠喬、信濃飯山藩より掛川藩に入り4万石を領する　この年能勢権兵衛、駿府代官となる
1707	宝永4	10.4 宝永地震が起こる　11.23 富士山が噴火し、宝永山が出現する。駿東郡(御殿場市・小山町・裾野市)の村々に大被害を及ぼす
1708	宝永5	①.3 富士山噴火による大名・旗本領降灰地の領地替えの布告があり、被災地の駿東郡の村々は一時幕領となる
1709	宝永6	この年鈴木正守、駿府代官となる
1710	宝永7	8.- 本多忠晴、5000石加増して1万5000石で三河国加茂郡伊保より相良に入り、相良藩が成立する　この年小林正府、三島代官となる
1711	正徳1　4.25	2.11 掛川藩主松平(桜井)忠喬、摂津尼崎藩に転封となり、代わって武蔵岩槻藩主小笠原長熙が6万石にて掛川藩主となる　5.- 今切関所・天竜川渡船場に高札が立てられる
1712	正徳2	5.15 田中藩主内藤弌信、大坂城代就任により領地替えとなり、代わって前大坂城代土岐頼殷が田中藩主となり、3万5000石を領する　この年窪島長敷、島田代官兼中泉代官となる
1713	正徳3	3.28 深津正国、駿府町奉行となる　7.- 大草政清、中泉代官兼島田代官となる　この年北遠幕領の大庄屋制廃止となる　この年荷田春満、浜松杉浦家に来る
1714	正徳4	この年河原正真、三島代官となる　小林正府、駿府代官となる

宝永噴火

　1707年(宝永4)11月23日に起こった富士山噴火。史料では「冨士山砂降り」「冨士焼」などといわれる。被害は富士山東方に広がり、降灰は相模国から江戸にまで及んだ。駿東郡須走村(現小山町)の被害は甚大で全戸数75のうち倒壊38、わら屋根の焼失37など一瞬にして一村全滅の惨状を呈した。

おかげ参り

　江戸時代の庶民の集団的伊勢参詣。参加者は1回で200～300万。妻や子が夫や親に無断で出かける抜け参りが多く、道中での歌い踊りや人目を引く衣装など、日常規範からの逸脱が目立つ。すなわち封建的支配や秩序に対する庶民の不満が、このような行動に表現されたといえる。

日　本　史	世　界　史
	大ブリテン王国が成立する
1.10 将軍綱吉が死去(64歳)　1.- 新井白石を登用する　この年生類憐みの令を廃止する	
2.- 新井白石、朝鮮通信使の待遇簡素化、将軍の称号を「日本国王」とする	
	ユトレヒト条約を結ぶ(スペイン継承戦争終結)
5.- 貨幣改鋳し、慶長金銀の品質に戻す(正徳金	イギリス、ハノーヴァー朝が始ま

宝永噴火被災地の復旧

　宝永噴火で積もった砂の深さは須走村で2.5m以上、その東隣の大御神村で1.5〜2.0m、そのほか、この両村に隣接する村々でも1.0〜1.5mと、被害は甚大だった。被災地域の領主小田原藩は自力復旧を命じるのみで、幕領移管後、伊那忠順が砂除川浚奉行に着任してようやく復旧が本格化したのである。

富士山宝永噴火之図

西暦	年号	県　　　　史
1714	正徳4	
1715	正徳5	
1716	享保1 6.22	
1717	享保2	8.16 大風雨で大井川で洪水が起こる。浜松地方、潮風により木綿・大豆などが枯れる
1719	享保4	
1720	享保5	
1721	享保6	12.- 島田代官が一時廃止となり、島田代官領は駿河国分が田中藩、遠江国分が掛川藩の預かりとなる
1722	享保7	
1723	享保8	11.1 韮山代官江川英勝、罷免される
1724	享保9	
1725	享保10	3.22 酒井忠英、駿府城代となる　11.- 東海道各宿に対して道中奉行の稲生正武・北条氏英の連署による助郷帳が下付される
1726	享保11	この年山田邦政、三島代官となる
1727	享保12	12.- 大草政英、中泉代官となる
1728	享保13	この年会田資刑、駿府代官となる
1729	享保14	1.- 幕府、ベトナムより渡来の象運搬（長崎から江戸）につき宿々へ申し渡しを行う　2.15 浜松藩主松平（本庄）資訓（すけのり）、三河吉田藩に転封となり、代わって三河吉田藩主松平（大河内）信祝（のぶとき）、浜松藩主となる

北遠幕領の大庄屋制

　近世初期の北遠幕領では行政単位たる「領」を支配するために、在地手代が土豪層より登用された。その後寛文・延宝検地以後、「領」を「組」に再編し、在地手代の吏僚を進める過程で過渡的に「組」支配を担うべき存在として設置された。「組」が支配単位として確定する中で名主へと移行した。

韮山代官江川家

　中世以来の系譜をもつ小土豪。もと宇野と称し大和国に居住、のち伊豆国に移り江川と称す。中世より17世紀末まで酒造を行い、江川の名は酒のブランドとして全国に知られた。16世紀末、英長が登用されて以来、1723～58年（享保8～宝暦8）に中断しつつ、幕末まで御囲地という直営地を基盤に伊豆支配を担った。

日　本　史	世　界　史
銀)	る(1917　ウインザー朝と改称)
1.11　海舶互市新令が出される　11.-　近松門左衛門「国性爺合戦」初演される　この年新井白石『西洋紀聞』を著す	
8.13　徳川吉宗、8代将軍となり、享保の改革が始まる	
2.-　大岡忠相を町奉行に登用する	
11.-　相対済し令が出される	
8.-　江戸町火消し「いろは47組」設置　この年洋書輸入の禁を緩和する	イタリアにサルディニア王国が成立する
2.-　田中丘隅「民間省要」を完成する　8.2　評定所前に目安箱設置する	イギリス、ウォルポール内閣が成立する(～42年)。責任内閣制度の始まり
7.-　上米の制を設け、参勤交代を緩和　7.26　江戸日本橋に新田開発奨励の高札出る　12.7　小石川養生所を設置する	
6.18　幕領で定免制の施行開始する　足高の制が制定	
7.-　江戸蔵前の札差組合を認可する	
6.-　全国戸口調査が実施される	
	ベーリングがベーリング海峡を発見する
この年石田梅岩、京都で心学の講義を始める	

享保の助郷改革

1725年(享保9)4月、東海道宿々に調査を実施した上で翌26年11月、道中奉行により助郷帳(写真右)を下付し、助郷制を確定した。その内容は(1)定助・大助の区別を廃止し、(2)助郷勤めの隔年化、(3)宿場呼称を「町」から「宿」とし、(4)助郷高を固定化。これにより広く薄く助郷と負担する体制ができた。。

享保の助郷帳

西暦	年号	県　　　　　　史
1730	享保15	7.11 田中藩主土岐頼稔、大坂城代就任により領地替えとなり、代わって本多正矩、上野沼田藩主より田中藩主となり、4万石を領する　12.- 幕府、古郡年庸に加島新田の物成10分の1を再給付する　この年山田邦政、駿府代官となる
1732	享保17	
1733	享保18	8.- 大草政永、中泉代官となる
1734	享保19	12.30 幕府、駿河清水・甲府城の蓄米を新たに1万石増加する　この年永井尚伯、駿府代官となる
1736	元文1 4.28	4.- 駿河国内の寺社・農民所持の今川・武田氏発給文書の調査を行う　8.- 駿府町奉行所前に目安箱設置の高札が立つ
1737	元文2	⑪.5 駿州丸子宿・江尻宿が駿府町奉行の管轄となる　この年賀茂真淵、初めて江戸に出て荷田信名のもとを頼る
1738	元文3	3.10 並河誠所、没する(71歳)　7.- 幕府、駿府和薬改会所を廃止する
1739	元文4	4.21 小笠原長庸、隠居の長熙に代わって掛川藩主となる　この年田中伯元、『熱海紀行』を著す
1740	元文5	3.- 杉浦国頭「日本書紀神代巻講義」13巻成る　6.4 杉浦国頭、没する(63歳)　9.- 青木文蔵(昆陽)を東海道に派遣し、古文書調査に当たらせる
1741	寛保1	この年大沢基朝、徳川家治の元服・官位拝受の式執行にかかわる
1744	延享1	6.4 松平(大河内)信復、遺領を襲封し浜松藩主となる　8.27 小笠原長恭、遺領を襲封し掛川藩主となる
1745	延享2	7.- 幕府、伊豆三島神社に1000両を寄進、再建の勧化を許可する
1746	延享3	2.- 賀茂真淵、田安宗武に和学御用を仰せ付けられる　9.25 掛川藩主小笠原長恭、陸奥棚倉に転封となり、かわって上野国館林藩主太田資俊、掛川に入部する　9.25 相良藩主本多忠如、陸奥国菊田郡泉へ所替えとなり、かわって板倉勝清、相良へ所替えを命じられる

並河誠所

古義学派の祖伊藤仁斎の門人で、「郷土の子弟の師匠に」との三島神社矢田部休翁の求めに応じて三島に居住することとなった。私塾「仰止館」には多くの門弟が学び、その門からは秋山文蔵(富南)や『駿州名勝志』を著した川合隣山らが出た。三島市本覚寺に誠所の墓があり、その墓碑には門人43人の名が刻まれている。

青木文蔵(昆陽)

「甘藷先生」の名で知られる青木昆陽は、救荒用食物としての甘藷(薩摩芋)に着目し、8代将軍吉宗の計らいで甘藷栽培の全国普及に尽力した。また、幕府に召し出されて関東・東海地方の古文書の調査に従事した。昆陽はオランダ語も学んだが、その知識は前野良沢に引き継がれ、『解体新書』の翻訳に結実することとなった。

日　本　史	世　界　史
8.- 米価調節のため堂島の米市場を公認する	
この年西日本一帯で、天候不順からイナゴやウンカが大発生して凶作となり、享保の飢饉が起こる	イギリス、ジョージア植民地を建設。北米に13州植民地がそろう
1.- 江戸で有力な米問屋が米価急騰の原因として打ちこわしに遭う	イギリスのジョン・ケイが飛び杼（織機の付属具）を発明する
3.28 書物奉行に『類聚国史』校訂を命じる　7.17 伊藤東涯、没する(67歳)　6.1 勘定吟味役神尾春央、勘定奉行に任じられる	
この年山城国宇治田原の永谷宗円、上質の煎茶製作に成功する　3.8 青木文蔵を召し出す　10.1 徳川吉宗、野呂元丈の物産学精励を賞する	
7.- 三奉行・道中奉行に隠売女・踊子・茶汲み女の取締強化を令する　11.18 徳川宗尹に江戸城一橋門内に宅地を与える	オーストリア継承戦争が起こる（～48年）
1.- 木村高敦、編著『武徳編年集成』を献上する	
6.- 田畑永代売買の禁を緩める　この年『御触書寛保集成』が完成する	
11.2 徳川家重、将軍宣下	
3.21 武家諸法度を頒布する　9.15 田安宗武・一橋宗尹に各10万石を与える　12.4 江戸神田佐久間町に測量所を設け、徳川吉宗自製の簡天儀を置く	1745 プロイセン王フリードリッヒ2世がポツダムにサンスーシ宮殿を建設（～47年）

役者絵日本左衛門

日本左衛門

　金谷宿の尾張藩七里役所の役人の子といわれる盗賊日本左衛門こと浜島庄兵衛は、遠江各地の村々に出没して荒らし回った。京都町奉行所に自首、江戸に送られて配下の者とともに斬首、見付宿で獄門に処せられたが、河竹黙阿弥作『青砥稿花紅彩画』に日本駄右衛門として歌舞伎に登場させ、庶民の喝采を浴びた。

西暦	年号	県　　　　　　史
1747	延享4	3.11 盗賊浜島庄兵衛(日本左衛門)、江戸で処刑、遠江国見付で獄門
1748	寛延1	
1749	寛延2	2.6 相良藩主板倉勝清、封地を上野安中に移される。代わって本多忠央、三河国挙母から相良に入部する　10.15 浜松藩主松平(大河内)信復、三河吉田に転封となり、代わって松平(本庄)資訓、三河吉田より浜松に入部する
1751	宝暦1	1.20 幕府、駿府城・大坂城の修理を命じる
1752	宝暦2	5.12 松平(本庄)資昌、遺領を継ぎ浜松藩主となる　6.14 五社明神の神官で歌人、国学者の森暉昌、没する(68歳)　この年浜松藩、遠州大念仏禁止令を出す
1753	宝暦3	3.- 駿府浅間神社神主志貴昌澄、没する(66歳)
1754	宝暦4	2.29 杉浦国頭の妻で女流歌人でもあった杉浦真崎、没する(65歳)　この年榊原長俊、駿府浅間神社の山田長政奉納戦艦図を模写する
1755	宝暦5	12.- 幕府、駿府の忠僕八助を賞する
1756	宝暦6	11.6 下田町に大火があり、300軒余が焼失する
1757	宝暦7	この年4月から10月にかけて疱瘡が流行する
1758	宝暦8	6.29 下野・陸奥代官江川英彰、韮山代官を命じられる　9.3 田沼意次、加増されて遠江・相模・下総3国に1万石の領地を賜る　10.25 相良藩主本多忠央、郡上騒動に関連して所領を没収される　11.4 江川英征、伊豆・甲斐・相模の5万石支配代官を命じられる　12.27 浜松藩主松平(本庄)資昌、丹後宮津に転封となり、代わって京都所司代井上正経、領地を遠江浜松に移され、浜松藩主となる
1759	宝暦9	この年小島藩、財政建て直しのための藩政改革に着手する。新役人を登用、年貢増徴政策・藩支出費用の農民への転嫁策を推進する
1760	宝暦10	4.26 西尾忠需、忠尚の遺領を継ぎ横須賀藩主となる　この年浜松藩、遠州大念仏を禁止する
1762	宝暦12	④.- 小島藩領浜千13カ村の村役人、藩の年貢増徴政策に反対し、新

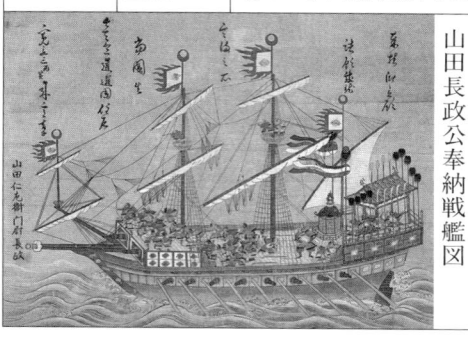

山田長政公奉納戦艦図

本坂通

　1764年(明和1)から道中奉行支配の官道となり、そのルートは東海道を浜松宿から分岐し、浜名湖の北岸を通り御油宿に至る。一般的には姫街道の名で呼ばれるが、その由来については諸説がある。本坂通気賀宿には、東海道新居関所の裏番所にあたる気賀関所が設けられており、旗本近藤氏がその管理に当たっていた。

日　本　史	世　界　史
5.30 太宰春台、没する(68歳)	
6.1 朝鮮通信使、江戸城へ登城する	モンテスキューが『法の精神』を著す
5.16 代官8人を職務怠慢により免職・差控えとする　5.- 定免制を全面的に施行する	
6.20 徳川吉宗、没する(68歳)	フランス『百科全書』刊行(～72年)
3.- 肥前国長崎での糸割符配分についての江戸糸割符商人の出願が却下される　12.5 徳川家重、琉球使節を謁見する	
8.24 米価下落につき諸物価引き下げを命じる	大英博物館が創立される
②.7 京都の官医山脇東洋、若狭国小浜藩医小杉玄適ら、刑死体を初めて解剖する	
1.6 雨森芳洲、没する(88歳)	アメリカ大陸でフレンチ・インディアン戦争起こる
8.10 諸国豊作、代官に年貢徴収の精励を令する	プロイセン・オーストリア間で七年戦争が起こる(～63年)
9.- 代官の職務規定を出し、口米永徴収を令する	
3.8 武家の諸街道通行制限を定め、規定以外の人馬徴発・賃米未払いを取り締まる　7.22 幕府、竹内式部を捕らえる(宝暦事件)　7.- 諸国豊作につき勘定奉行・同吟味役に年貢徴収の精励を令する　12.2 徳川重好に江戸城田安門内に宅地を与える	1757 インドでプラッシーの戦いが起こる　清、外国貿易を広州に限定する
1.- 山脇東洋著『蔵志』刊行　9.17 江戸浜御殿で砂糖を試作する	清、東トルキスタンを併合、新疆と命名する
9.2 徳川家治、将軍宣下	
7.12 桃園天皇、没する(22歳)	ルソーが『社会契約論』を著す

白隠慧鶴

東海道原宿の豪農沢瀉屋に生まれ、15歳の時松蔭寺で得度、その後は全国を雲水行脚した。33歳で松蔭寺住職となり、高い僧位を拒んで終生民衆への教化活動に尽力した。参禅する者が多く、道場として三島に竜沢寺を開いた。白隠は在家居士に自ら描いた自画像や達磨像を与えたが、それを渇望する人々も多く贋作も流布した。

松蔭寺＝沼津市

西暦	年号	県　　　　　史
1762	宝暦12	役人の罷免と改革の中止を求め江戸小島藩屋敷へ嘆願書を提出する　5.19 小島藩領山方9ヵ村惣代も願書を提出する
1763	宝暦13	5.- 賀茂真淵、大和への旅（2月出発）の途次、伊勢松坂において本居宣長と会う　12.19 太田資俊の嫡子資愛、遺領を継ぎ掛川藩主となる
1764	明和1 6.2	5.23 小島藩領惣代の村役人、新役人の罷免と改革以前の仕法に戻すことを求め、藩主松平昌信の父の実家松平信庸方へ門訴する　5.28 小島藩領惣代の村役人、寺社奉行松平忠順方へ駆込訴訟する　7.- 小島藩領の百姓、寺社奉行土井利里方へ再び駆込訴訟をする　9.7 本坂通（姫街道）、幕府道中奉行所支配となる
1766	明和3	7.16 井上正定（岑有）、遺領を継ぎ浜松藩主となる　この年御前崎で薩摩藩御用船が難破、甘藷の栽培法が伝わる
1767	明和4	7.1 相良藩主田沼意次、側用人となり、加増され相良築城を命じられる
1768	明和5	12.11 禅僧白隠慧鶴、没する（84歳）　12.15 興津宿で飢饉の扶持米の借用を要求して騒擾が起こる
1769	明和6	10.30 賀茂真淵、没する（73歳）
1771	明和8	8.29 松平（滝脇）信義、昌信の遺領を襲封し小島藩主となる
1772	安永1	1.15 相良藩主田沼意次、老中となり、加増されて3万石となる
1773	安永2	1.13 駿府で大火があり、浅間神社が焼失する　5.23 本多正供、病気により隠居した正珍の跡を継いで田中藩主となる
1774	安永3	この年北遠81ヵ村、郡中惣代に郡中割入用帳簿の披見を要求する
1775	安永4	1.16 内山真龍、栗田土満らと近畿旅行に出立する　2.27 漢学者で医家の渡辺蒙庵、没する（89歳）
1776	安永5	3.- 駿東郡深良村など29ヵ村の村民、箱根用水の水論を起こす

田沼意次画像

田沼意次

徳川家治の側用人となって相良に築城、老中に昇進して株仲間再編・蝦夷地開発等積極的な幕府政治を行った。その政治は賄賂政治と評されることも多かったが、近年は再評価されている。意次は、領内の殖産興業を勧め、相良の発展に努めた。嫡子意知が江戸城内で斬られ、それがもとで死亡、意次も失脚。相良城は破却された。

日　本　史	世　界　史
7.- 平賀源内、『物類品隲』を刊行する	パリ講和条約が結ばれる(七年戦争終結)
2.27 徳川家治、朝鮮通信使を引見する　11.21 琉球使節、江戸城に登城する　⑫.17 上野・下野・武蔵・信濃国の百姓数万人、増助郷役に反対して蜂起する(伝馬騒動)	
3.29 浄土真宗御蔵門徒を邪法として捕らえ処分する	
8. 3 幕府、山県大弐らを死刑に処し、竹内式部を伊豆国八丈島へ流罪とする(明和事件)	タイのアユタヤ朝が滅亡する
3.- 武蔵国百姓池上幸豊、砂糖製作法伝授を出願する	
10.12 青木文蔵(昆陽)、没する(72歳)	アークライト、紡績機の特許獲得
3. 4 前野良沢・杉田玄白ら、小塚原刑場で女屍を観臓する　3〜7月 伊勢参りが流行する(お蔭参り)	
2.29 江戸に大火、死者数千人(目黒行人坂火事)	普・墺・露で第1回ポーランド分割
5.10 多紀安元に江戸医学館(躋寿館)の再建を許可　5.22 吉益東洞、没する(72歳)	ボストン茶会事件起こる
8.- 前野良沢・杉田玄白ら、『解体新書』を刊行する	第1回大陸会議を開く
1.- 恋川春町著『金々先生栄花夢』が刊行される　5.29 道中女手形につき定める	アメリカ独立革命が始まる(〜83)
11.- 平賀源内、江戸でエレキテルを製作する	1776 アメリカ独立宣言　アダム・スミス、『諸国民の富(国富論)』を著す

流民の図(「民間備荒録」より)

御厨一揆首謀者を合祀する子ノ神社＝御殿場市

西暦	年号	県　　　　　史
1777	安永6	8.5 本多正温、正供の遺領を継ぎ田中藩主となる　11.6 水野忠友、駿河国沼津城地拝領、領地を駿河国駿東郡内に移され、三河大浜6000石と合わせて2万石で立藩する
1778	安永7	1.29 沼津藩主水野忠友、韮山代官より沼津城地を請け取る
1781	天明1	12.15 相良藩主田沼意次嫡子意知、奏者番となる
1782	天明2	9.29 横須賀藩主西尾忠需、病により隠居し、忠移が家督を相続する
1783	天明3	11.1 相良藩主田沼意次嫡子意知、若年寄に任じられる　11.17 駿東郡御厨28カ村500人の村民、凶作・飢饉・代官の非違を強訴しようとするが、藩役人らの説得により箱根宿で解散する
1784	天明4	3.24 若年寄田沼意知、江戸城内で佐野政言に斬られる(4.2死没)　6.4 田沼意知嫡子意明、嫡孫承祖となる　8.- 小田原藩、前年11月の御厨一揆に対し死罪1人、永牢5人、追放9人の処分を下す
1785	天明5	1.- 時雨窓1世山村月巣、没する(56歳)
1786	天明6	1.- 内山真龍、山下政彦ら門人を従え出雲に旅行する　5.12 井上正甫、遺領を継ぎ浜松藩主となる　8.27 相良藩主田沼意次、老中の職を辞する　9.5 沼津藩主水野忠友、養子忠徳(田沼意次次男)を離縁する　10.16 遠江国豊田郡幕領の村民、米価高騰により笠井村で打ちこわし、17日には二俣村にも波及する(二俣騒動)　この年川合長行、『駿州名勝志』を刊行する
1787	天明7	5.26 駿府で打ちこわしが起こる　5.- 安倍郡羽鳥村名主石上長隣、木枯森碑の建立を企図する。野沢昌樹らとはかり本居宣長に撰文を依頼する　9.7 大島蓼多、没する(70歳)　10.2 相良藩主田沼意次、在職中の不正により所領駿河・遠江・三河3国のうち2万7000石を収公され、隠居・蟄居を命じられる。意明、祖父意次の隠居に際して家督として陸奥国信部郡・越後国頸城郡の内において1万石を賜る　12.8 田中藩主本多正温、遠江国相良城破却の命を受ける　12.- 孝子駿府伝馬町まき、銀20枚を賜り褒賞される
1788	天明8	2.- 幕府、遠江豊田・麁玉郡など浜松近在での大念仏を禁止する　10.- 沼津藩主水野忠友、80歳以上の老人・困窮者に米銭を支給す

木枯の森・花野井有年歌碑 = 静岡市

木枯の森

　安倍川の支流藁科川の川中にある小島で、清少納言が『枕草子』に「森は木枯の森」と書いて以来、歌枕として有名になった。木立に囲まれた丘の上の八幡神社境内には、神社修築にあたって駿府の文人野沢昌樹らが建てた本居宣長撰文の木枯の森碑と、駿府の医師で国学者でもあった花野井有年の歌碑がある。

日 本 史	世 界 史
5.24 大原継正を飛驒郡代とする(飛驒郡代の創置) 9.10 幕府、一揆頻発により百姓の徒党・強訴・逃散を重ねて厳禁する	
4.10 陸奥盛岡城下で大火、2500余戸が焼失する	
12.13 伊勢国白子の船頭大黒屋光太夫、遭難する	カント、『純粋理性批判』を著す 清、『四庫全書』が完成する
1.- 工藤平助、『赤蝦夷風説考』を著す 7.6 浅間山が大噴火、死者は2万人余 12.25 与謝蕪村、没する(68歳)	パリ講和条約が結ばれる(イギリス、アメリカの独立を承認)
5.7 諸国凶荒、疫病流行により救療の薬方を頒布	
9.- 林子平、『三国通覧図説』を著す	イギリス、『ザ・タイムズ』発刊
5.5 幕府蝦夷地探検隊の最上徳内、エトロフ島に達する 5.- 林子平、『海国兵談』を著す(91年刊) 8.15 肥後国阿蘇山、噴火する 8.24 幕府、印旛沼・手賀沼開墾を水害により中止 この秋尾張藩士高力種信(猿猴庵)、江戸への途次街道の風俗を描き、のち『東街便覧図略』を作る	
4.15 徳川家斉、将軍宣下 5.20 江戸で打ちこわしが起こる。翌月にかけて東国・西国一帯で打ちこわしが頻発する(天明打ちこわし) 6.19 松平定信を老中に任じ首座とする 6.29 諸国の酒造石高を従来の三分一に制限する 9.21 武家諸法度を頒かつ 12.- 本居宣長、『秘本玉くしげ』を著す	アメリカ、合衆国憲法が制定される
1.30 京都に大火、1424町を延焼する(天明の大火) 3.4 松平定信を将軍補佐とする 7.24 田沼意次、	

清見寺

古くは『枕草子』にも記された清見ヶ関鎮護の関寺として建立されたという。清見潟を眼下に見下ろす勝景に恵まれ、多くの文人墨客がこの寺を訪れた。江戸時代には朝鮮通信使も訪れ、山門の「東海名区」をはじめとする多くの通信使の扁額を残した。また、駿府で没した琉球国王尚寧の弟具志頭王子もこの寺に葬られている。

琉球王子の墓＝清水市・清見寺

西　暦	年　号	県　　　　　史
1788	天明8	る　11.5 駿府で大火があり、浅間神社が再び類焼する
1789	寛政1 1.25	4.3 幕府、大井川渡瀬・川越についての制札を立てる　7.7 恋川春町、没する(46歳)　8.- 幕府、参勤交代の大名に東海道の通行を求める
1790	寛政2	2.- 駿東郡原宿農民権九郎夫妻、父に孝養を尽くしたことで褒賞される　8.19 20日にかけて天竜川が出水。浜松藩領で百姓家が流失、潰(つぶ)れ家963軒、損耗(そんもう)高3万8527石余となる　9.- 本居宣長、「古事記伝」初帙(しょちつ)5冊までを刊行する　この年興津・清見寺の琉球王子の墓を再建する
1792	寛政4	12.- 内山真龍、「出雲風土記解」3巻を出雲大社に奉納する　この年横須賀藩主西尾忠移、藩士潮田信助を讃岐高松藩へ派遣し、甘藷の栽培と製糖法を学ばせる
1793	寛政5	3.13 老中松平定信(さだのぶ)、伊豆の海岸を巡視する　8.8 寺社奉行、相豆両国での伊勢暦禁止・三島暦利用を申し渡す
1794	寛政6	この年島田代官所が駿府代官所に吸収され、その出張所となる　この頃田中藩主本多正温(まさはる)、紀州から温州(うんしゅう)ミカンの苗木を取り寄せる
1795	寛政7	6.- 中泉代官、若者仲間の禁止を申し渡す　10.25 沼津宿で被災家屋956棟の大火が起こる
1796	寛政8	7.5 中泉代官、大念仏の禁止を申し渡す　11.- 幕府、先手筒頭岩本正倫に愛鷹山に馬牧の開設を命じる
1797	寛政9	この年駿府一加番となった因幡新田藩主松平定常、家臣楢村惟明に命じて『駿河国志補遺』を完成させる　駿府町奉行松下保綱、『駿府巡見記』を著す
1798	寛政10	9.- 1738年(元文3)以降廃絶となっていた久能山下の薬園を再興する　この年内山真龍、『遠江国風土記伝』を著す
1799	寛政11	

中国寧波商船漂着

　1800年(寛政12)12月山名郡湊村(現浅羽町)沖合に中国商船が漂着。掛川藩・横須賀藩・中泉代官所等から派遣された役人らの厳重な警戒の中、乗組員は近隣の寺院等に収容された。この漂着騒動は、いち早く「瓦版」で広く報じられ、日ごろ目にすることがない異国人の姿を一目見ようと、多くの見物客が押し寄せた。

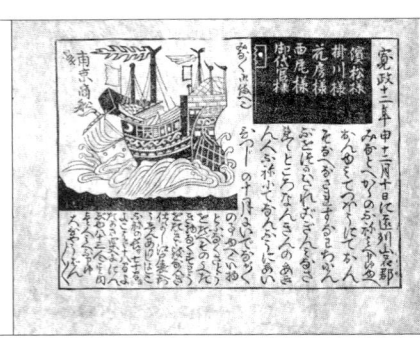

唐船漂着瓦版

日　本　史	世　界　史
没する(70歳)	
3.- 松平定信、孝行者・奇特者の記録提出を命じる　6.13 飛騨国大野郡など幕領の百姓、郡代大原正純(まさずみ)の非政を松平定信に駕籠訴(かごそ)する(大原騒動)	フランス革命が勃発、「人権宣言」を発布する　アメリカ初代大統領にワシントンが就任する
2.19 幕府、江戸石川島に人足寄場を設置する　5.24 朱子学を奨励し、湯島聖堂における異学の講説を禁じる(寛政異学の禁)　5.- 著作物の出版統制を強化し、好色本などを禁じる　11.28 江戸出稼人の帰住を奨励(旧里帰農奨励令)	
7.20 武蔵国徳丸原に砲術練習場を設置する　8.23 江戸湯島に昌平坂学問所(昌平黌(しょうへいこう))を造営する　12.27 諸大名に異国船取扱令を出す	パリ民衆、国王を幽閉し、共和政を宣言する(第一共和制の成立)
6.21 林子平(しへい)、没(58歳)　9.18 徳川家斉、漂流民大黒屋光太夫(いえなり)らを引見する	フランス、ジャコバン派の恐怖政治が始まる
8.6 高崎藩士大石久敬(ひさたか)、『地方凡例録(じかたはんれいろく)』を藩主に献本　⑪.11 大槻玄沢ら、西暦の新年を祝う(オランダ正月)	フランスでテルミドールのクーデターが起こる(ロベスピエール処刑)
1.- 職人などの講中を取り締まり、富士講を厳禁する　7.17 円山応挙(おうきょ)、没する(63歳)	フランス、総裁政府が始まる(～99)
1.- 司馬江漢、『天球図』刊行　2.18 稲村三伯(さんぱく)、『波留麻和解(ハルマわげ)』(江戸ハルマ)完成する	清で白蓮教徒の乱が起こる(～1805)
9.12 金銀貸借関係につき相対済し令を出す　11.18 明年よりの新暦(寛政暦)採用を触れる　11.- 秋里籬島(りとう)撰『東海道名所図会(とうかいどうめいしょず
ゑ)』刊行　12.1 湯島聖堂を官学とし学問所と改称する	
7.- 本多利明、『西域物語』を著す　10.- 本多利明、『経世秘策』を著す	ナポレオンがエジプトに遠征(～99)。この遠征でロゼッタ・ストーンが発見される
1.15 若年寄堀田正敦(まさあつ)に『諸家譜』の編集を命じる	ナポレオン、クーデターを起こす

『東海道人物志』

東海道各宿場とその周辺に居住する人物について、漢学・医学・外科・暦学などその得意とする分野と雅号を各宿ごとに紹介したもので、旅人への情報提供を目的としている。作者は日坂宿の大須賀鬼卵(おおすがきらん)で、1803年(享和3)年に出版された。この書には品川駅から大津駅まで631人が掲載され、遠駿豆3国では320人を数える。

大須賀鬼卵の墓＝掛川市・長松院

西暦	年号	県　　　　史
1800	寛政12	④.7 野沢昌樹、没する(79歳)　7.13 本多正意、隠居した正温の跡を継ぎ田中藩主となる　7.- 小島藩主松平(滝脇)信義、病により引退。信圭、家督を相続する　12.4 中国寧波商船萬勝号、遠江国山名郡海岸へ漂着する　この年秋山文蔵(富南)、『豆州志』成る
1801	享和1 2.5	4.26 伊能忠敬、伊豆の測量をする(~5.30)　5.12 漂着の寧波商船乗組員を長崎へ送り、長崎奉行に引き渡す　5.27 西尾忠善、忠移の遺領を相続し、横須賀藩主となる　8.22 幕命を受けて甲斐・駿河・伊豆・相模国の薬草の調査・採集を行う小野蘭山への人馬継立方に関する触書が出される　この年掛川藩主太田資愛、藩校北門書院(徳造書院)を設立する
1802	享和2	2.- 五街道分間延絵図作成のため役人を派遣する　11.5 水野忠成、遺領を継ぎ沼津藩主となる　この年掛川藩主太田資愛、儒家松崎慊堂を藩校教授に招聘する
1803	享和3	3.3 伊能忠敬、三島から白須賀までの海岸沿いを測量する(~3.27)　10.1 伊豆大島が噴火する　この年司馬江漢の『画図西遊譚(西遊旅譚)』が再版される　大須賀(栗杖亭)鬼卵、『東海道人物志』を出版する
1804	文化1 2.11	7.- 駿府町奉行牧野成傑・安倍町野崎彦左衛門らの努力で駿府に初めて心学舎(信貞舎)が設立される　12.- 幕府、輸出海産物調査のため最上徳内に関東・東海の浦々の巡視を命じる
1805	文化2	3.1 伊能忠敬、東海道(三島~新居)・浜名湖岸を測量する(~3.28)　4.6 太田資順、資愛の遺領を継ぎ掛川藩主となる　7.- 幕府、間の村の宿泊継立を禁止する
1806	文化3	6.- 駿府代官小野田信利、巴川の浚渫工事を計画する　この年賀茂真淵、『国意考』を刊行する　『掛川誌稿』編さんのため、掛川藩領の巡村調査が行われる
1807	文化4	10.23 先手鉄砲方井上正治、相模・伊豆・房総の海岸巡視を命じられる　12.20 駿府で大火が起こり、32カ町1879軒が焼失する

伊能忠敬

　伊能忠敬は、1800年(寛政12)から17年の歳月をかけて日本全国4万km近くを測量、その業績は「伊能図」と呼ばれる詳細な地図に編さんされた。第2次測量(01年)で伊豆半島、第4次測量(03年)で駿河・遠江国の海岸部、そして第5次測量(05年)で三島から東海道を西へと測量、合わせて浜名湖畔の測量も実施している。

間の村

　街道の宿と宿の間にある村を間の村というが、これらの村の中には旅人に湯茶や食膳を提供する茶屋を設けたり、旅籠等を営むところもあり、それらを「間の宿」と呼んだ。由比宿と興津宿の間の宿であった西倉沢村には本陣・脇本陣・茶屋があり、なかでも「望嶽亭」からの富士山の眺望はすばらしく、多くの文人墨客が宿泊した。

日　本　史	世　界　史
④.19 伊能忠敬、蝦夷地測量を許され江戸をたつ　9.10 伊藤若冲、没する(85歳)　12.21 伊能忠敬、蝦夷地地図を上程　この年幕府、富士山の女人登山を許可する	アメリカの首都がワシントンになる。3代アメリカ大統領にジェファーソンが当選する
3.1 大田南畝(蜀山人)、『改元紀行』を著す　3.5 幕府、尾張国熱田　伊勢国桑名間の海路(宮の渡し)の整備を行う　9.29 本居宣長、没する(72歳)　この年幽閉中の頼山陽、『日本外史』を起稿する	イギリス、大ブリテンおよびアイルランド連合王国が成立する
1.- 十返舎一九、『東海道中膝栗毛』初編刊行　9.4 幕府、江戸市中に富士講禁止を再令する　この年滝沢馬琴、『羇旅漫録』刊行	阮福映が西山朝を滅ぼし、ベトナムを統一する(阮朝の成立)
6.17 諸国郡村名の文字・呼称を調査する　7.8 アメリカ船、長崎に来航して通商を要求、幕府はこれを拒絶する　10.17 前野良沢、没する(81歳)	
5.17 幕府、喜多川歌麿を『絵本太閤記』により手鎖に処し、一枚絵・絵草紙板行について取り締まりを強化する　6.1 朝鮮通信使の応対を対馬国で行うよう命じる　9.6 ロシア使節レザノフ、漂流民を送還し長崎に来航	ナポレオン1世、皇帝に即位する。『ナポレオン法典』が編さんされる
6.- 関東取締出役の職を創設する(八州廻り)　10.13 紀伊国の医師華岡青洲(随賢)、初めて麻酔剤による乳癌手術を行う	トラファルガーの海戦でフランスが敗北する(英提督ネルソン戦死)
9.20 喜多川歌麿、没する(54歳)　この冬道中奉行所編『五海道其外分間延絵図』完成、献上される	神聖ローマ帝国が解体される。ナポレオンが大陸封鎖令(ベルリン勅令)を出す
3.23 西蝦夷地を収公して全蝦夷地を直轄地とする　10.24 箱館奉行を廃し、松前奉行を置く	プロイセンで改革が始まる

小林平兵衛画像

小林平兵衛

家の窮乏と村落荒廃の危機から村を救うため、竃村(現御殿場市)の小林平兵衛は1812年(文化9)に相続講を組織した。平兵衛を支えたのは、石田梅岩が創始した心学で、通俗道徳に基づく生活改善により村の立て直しを図ろうとした。やがて平兵衛はより具体的な実践活動として二宮尊徳の報徳仕法へと受け入れ、北駿地方に普及させた。

西暦	年号	県　　　　　史
1808	文化5	4.9 浦賀奉行岩本正倫、伊豆国下田・相模国浦賀辺に砲台設置のための下検分を命じられる　11.5 秋山文蔵(富南)、没する(86歳)　12.3 太田資言、義父資順の遺領を継ぎ掛川藩主となる
1809	文化6	8.22～23 東海道諸国に暴風雨洪水が起き、松並木が破損する
1810	文化7	8.11 太田資始、義父資言の遺領を継ぎ掛川藩主となる　10.- 北遠78カ村、浜松塩町の横暴を江戸勘定奉行所に訴える　この年遊行僧木喰五行、没する
1811	文化8	3.- 浜松宿碁師山本源吉(道佐)、『方円軌範』を著す　6.- 竹村尚規、没する(32歳)　7.8 栗田土満、没する(75歳)　この年下田須崎、相模城ケ島・浦賀、上総百首などに砲台が造られる
1812	文化9	2.- 駿東郡竃新田(御殿場市)小林平兵衛ら、相続講を創立する　4.22 内山真龍、『日本紀類聚解』を天覧に供するため京都へ旅立つ　この年駿府町奉行服部貞勝、大規模な駿河地誌の編さんを企画する
1813	文化10	11.- 桑原黙斎(藤泰)、駿河地誌編さんのため安倍郡の実地調査を行う　この年沼津藩主水野忠成、藩校明親館を設立する
1814	文化11	この年桑原黙斎(藤泰)、安倍山中の踏査を基に『安倍紀行』を著す
1815	文化12	9.12 『掛川誌稿』の編著者斎田茂先、没する(42歳)　12.6 松平(滝脇)信友、隠居した信圭の跡を継ぎ小島藩主となる
1816	文化13	11.13 志太郡11カ村の村民、減免を要求して大代川原へ屯集、掛川城下の大手門まで押し掛け強訴する　11.23 志太郡細島村名主、凶作・風害などにより免租を要求して江戸へ直訴する。次いで83カ村の百姓5000人が田中城下へ押し掛ける　11月下旬横須賀藩領の村民、減免を要求して強訴する　12.4 13年に遭難・漂流の尾張国督乗丸乗組員、賀茂郡子浦村音吉ら2人、帰国する
1817	文化14	9.14 浜松藩主井上正甫、陸奥棚倉へ転封を命じられる　水野忠邦、肥前唐津より浜松に入部する　9.- 浜松藩領民、藩主井上正甫の所

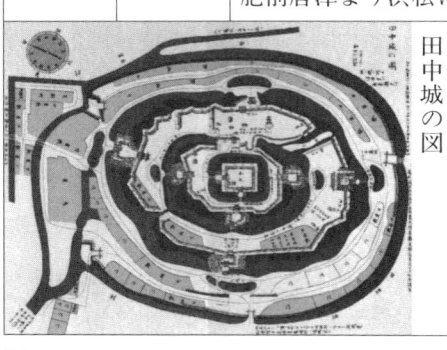

田中城の図

首切り地蔵＝藤枝市

日 本 史	世 界 史
8.15 イギリス船フェートン号、肥前国長崎港に侵入、オランダ商館書記2名を捕らえ、薪水を要求する　8.17 フェートン号、長崎を退去する。長崎奉行松平康央、引責自刃する	スペイン反ナポレオンの闘争が起こる(～14)
7.11 間宮林蔵、間宮海峡を確認する　12.24 水戸藩主徳川治紀、『大日本史』を献上する	ロシア・トルコ戦争が起こる(～12)
8.27 出羽国に大地震、家屋千数百戸が破損する　この年八隅蘆庵、『旅行用心集』刊行する	
5.22 朝鮮使節を対馬国で応対(最後の朝鮮使節)　5.- 天文方に蛮書和解御用掛(翻訳局)を設ける　6.4 松前奉行所役人、ロシア艦長ゴロウニンらをクナシリ島で捕らえる	南米でベネズエラが独立する(シモン・ボリバルの活躍)　イギリスでラダイト(機械破壊)運動起こる
8.14 ロシア船長リコルド、高田屋嘉兵衛をクナシリ島海上で捕らえ連れ去る　11.- 『寛政重修諸家譜』、完成する	米英戦争が始まる　ナポレオンのロシア遠征が始まる
5.26 リコルドと、ゴロウニン・高田屋嘉兵衛の交換交渉を始める	諸国民解放戦争が起こる(反ナポレオンの戦い)
11.- 曲亭(滝沢)馬琴、『南総里見八犬伝』第1集刊行　この年葛飾北斎、『北斎漫画』初編刊行する	ウィーン会議が始まる(～15)
3.- 司馬江漢、『西遊日記』成る　4.- 杉田玄白、『蘭学事始』できる	1815 ワーテルローの戦い(ナポレオン、セントヘレナ島へ配流)
⑧.3 東海道・江戸に風水害が起こる　9.7 山東京伝、没する(56歳)　10.- 信州中馬稼ぎ、三州中馬稼ぎの駄賃に制限を要求し紛争を起こす	神聖同盟が成立する　イギリス穀物法が公布される　1816 アルゼンチン、独立宣言をする
2.1 相模小田原城下で大火、1264軒が焼失する　4.17 杉田玄白、没する(85歳)	プロイセンでブルシェンシャフト運動が活発となる

採撰亭

駿府の豪商鉄屋(くろがねや)の養子となった柴崎直古は、はじめ江戸で北川真顔に俳諧歌を学び、のちには平田篤胤(あつたね)に入門して国学を志した。やがて家業を改めて書籍商を営むようになり、漢学者山梨稲川から採撰亭の号を与えられた。直古は木活字を用いた出版事業を行い、山梨稲川や自分の著作を出版したが、これを『採撰亭版』という。

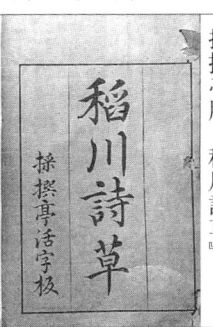

採撰亭版『稲川詩草』

西　暦	年　号	県　　　　　　史
1817	文化14	替中止を嘆願する
1818	文政 1 4.22	6.28 田中藩での百姓一揆の首謀者増田五郎右衛門、処刑される　この年遠江天宮村中村乗高、『事実証談』を著す
1819	文政 2	この年浜松宿塩町と北遠諸村との間に塩出入りがある　小国重年、没する(54歳)
1820	文政 3	この春桑原黙斎(藤泰)、『駿河記』を完成させ、田中藩主に献上する
1821	文政 4	8.22 内山真龍、没する(82歳)　この年採撰亭柴崎直古、山梨稲川『稲川詩草』を木活字で出版する
1822	文政 5	5.5 夏目甕麿、摂津国川辺郡昆陽(伊丹市)で没する(55歳)
1823	文政 6	6.13 石塚龍麿、没する(60歳)　7.8 若年寄田沼意正、陸奥下村より旧領相良に移り1万石を領する
1824	文政 7	⑧.- 駿遠両国5郡113カ村の農民、江戸茶問屋・駿府茶仲間の不正横暴を訴え、自由勝手売りの実現を要求する(文政茶一件)
1825	文政 8	9.1 浜松宿碁師山本源吉(道佐)、没する(63歳)　9.16 浜松藩主水野忠邦、藩税制改革を勝手方に令達する
1826	文政 9	1.1 中国寧波得泰船、遠江国榛原郡下吉田村沖に漂着する　7.- 山梨稲川(玄度)、没する(56歳)
1827	文政10	12.5 文政茶一件、農民側の敗訴で終わる
1828	文政11	6.30 暴風雨により天竜川・大井川・安倍川・富士川などで破堤し大きな被害が出る
1829	文政12	3.16 横須賀藩主西尾忠善、病により隠居、嫡子忠固が家督を相続する　7.15 本多正寛、正意の遺領を襲封し田中藩主となる
1830	天保 1 12.10	③.1 伊勢参りが流行し、8月にかけて東海から四国に波及する　8.- 桑原黙斎(藤泰)、蔦の細道顕彰のため碑文『羅径記』を建立する　この頃田原茂斎、『賀筵雲集録』を著す
1831	天保 2	8.7 十返舎一九、没する(67歳)　この年田中藩、藩政改革に着手する。大蔵永常を農業指南に招く
1832	天保 3	8.- 桑原黙斎(藤泰)、没する(61歳)　10.- 木村喜繁、『伊豆紀行』を著す　この年山東京山、『熱海温泉図彙』刊行する

木村喜繁

　幕府浜御殿奉行であった木村喜繁(又助)は、1832年(天保3)9月君沢郡河内(現沼津市)の幕府が管理する御林の樟木検分のため伊豆長浜村に逗留した。喜繁は、3週間余の検分旅行の感想を公務日誌とは別に書き留め、のちに『伊豆紀行』を書き上げた。『九十五年前の伊豆』は、喜繁が道すがら各地の風景を写生したものである。

内浦ノ景(「九十五年前の伊豆」より)

日　本　史	世　界　史
4.13 伊能忠敬、没する(74歳)　10.21 司馬江漢、没する(72歳)　この年塙保己一、『群書類従』を完成させる	イギリス、シンガポールを領有する
12.22 本多利明、没する(78歳)	
7.10 伊能忠敬『大日本沿海輿地全図』が完成し、幕府に献上される	ギリシアがトルコに対し独立戦争を始める
3.11 上杉治憲(鷹山)、没する(72歳)	ギリシア、独立宣言を発布する
4.6 大田南畝(蜀山人)、没する(75歳)　7.7 オランダ商館医シーボルト、長崎出島に着任	アメリカ、モンロー宣言発布する
⑧.9 江戸両国でラクダ2頭が見世物となる　この頃シーボルト、長崎郊外に鳴滝塾を開く	
2.18 異国船打払令が発布される　12.- 東海道・日光道中の食売女の定数を守らせる	ロシア、デカブリストの乱が起こる
3.25 徳川家斉、オランダ商館長を引見する。シーボルト随行する　6.- 大蔵永常、『除蝗録』刊行	
11.19 小林一茶、没する(65歳)	
8.10 長崎奉行所、帰国するシーボルトの荷物に国禁の品々を見つける(シーボルト事件)　10.10 シーボルト事件で高橋景保らを捕らえる	ロシア・トルコ戦争起こる(～29)
5.13 松平(久松)定信、没する(72歳)　7.19 菅江真澄、没する(76歳)	
1.16 常陸水戸藩主徳川斉昭、藩政改革に着手する　3.26 シーボルト事件関係の日本人を処罰する　12.- 薩摩藩の調所広郷、藩政改革に着手	1830 フランス、七月革命が起こる　ドラクロワ「民衆を導く自由な女神」を描く　ベルギーが独立。31年、ベルギー王国成立
1.6 僧良寛、没する(75歳)　8.7 十返舎一九、没する(67歳)	
3.- 為永春水、『春色梅児誉美』初・2編刊行　5.- 寺門静軒、『江戸繁盛記』刊行(36年完結)　この	イギリス、第1次選挙法改正が成る

内浦漁猟場ノ景（〃）

熱海温泉宿（〃）

西暦	年号	県　　　　史
1832	天保3	
1833	天保4	8.- 掛川郡役所、『慶安御触書』を板行する　5月からの霖雨、8月の大風により伊豆地方飢饉となる
1834	天保5	4.13 水野忠義、遺領を相続し沼津藩主となる　11.7 駿府両替町5丁目より出火、14カ町442軒が焼失する
1835	天保6	5.4 江川英龍(坦庵)、家督を相続し韮山代官となる　12.- 新庄道雄、没する(60歳)
1836	天保7	3.- 袋井宿・浜松宿の増助郷が指定される　4.21 相良藩主田沼意正、病により隠居、意留が家督を相続する　5.- 小島藩主松平(滝脇)信友、病により隠居、信賢が家督を相続する　8.13 横須賀領で大風雨により全壊279軒・半潰1178軒の被害が出る　この年凶作により下田町、駿府、島田・岡部宿で打ちこわしが起こる
1837	天保8	この年韮山代官江川英龍、伊豆国海防策を幕府に言上する　田中藩主本多正寛、藩校日知館を創立する
1838	天保9	2.30 幕府、代官羽倉簡堂(用九)に伊豆七島の巡視を命じる　6.13～19 横須賀藩領で出水のため田畑水湛、1万石余の被害が出る　12.- 老中水野忠邦、江川英龍・鳥居耀蔵に江戸湾防備の備場所の選定を命じる
1839	天保10	6.14 村松以弘、没する
1840	天保11	7.24 相良藩主田沼意留隠居し、意尊が家督を相続する　7.- 浜松藩、大念仏・小念仏・初凧の停止を命じる　11.4 田中藩儒者石井縄斎、没する(55歳)
1841	天保12	6.10 掛川藩主太田資始、隠居する。資功、家督を相続する　7.28 三島暦師河合龍節、先例のとおり相豆両国に暦売り出しを許される　11.- 韮山代官江川英龍、韮山で初めて鉄砲を鋳造する
1842	天保13	3.4 水野忠武、家督を相続し沼津藩主となる　5.2 阿部正信、『駿国雑志』を著す　12.24 下田奉行所が再置され、浦賀奉行小笠原長穀が命じられる　この年浜松藩主水野忠邦、藩校経誼館を設立

水野忠邦画像

水野忠邦

　幕政参画を意図して唐津から浜松へ移った水野忠邦は、順調に昇進して老中首座に就任した。将軍家治死後、天保改革を断行したが、強い反対にあい、2年足らずで失脚した。領内では財政再建、綿作奨励、貯穀、海防と軍制改革などを行ったが、政治資金調達のため領民から過酷な収奪を行ったため、失脚後百姓一揆が起こった。

日　本　史	世　界　史
年平田篤胤、『玉襷』刊行	この頃フランス産業革命がすすむ
9.11 本居大平、没する(78歳)　12.-『ズーフ・ハルマ(長崎ハルマ)』完成	イギリスで工場法が制定される
この年葛飾北斎、『富嶽百景』初編刊行　歌川広重、『東海道五十三次』完結	ドイツ関税同盟が発足する
この冬薩摩藩家老調所広郷、三都の商人に対し250年賦・無利子の藩債年賦償還法を申し渡す	
9.5 最上徳内、没する(82歳)　9.24 大坂で打ちこわし　11.17 諸大名に米穀の江戸廻送を命じる　この年讃岐国琴平に金毘羅大芝居(のち金丸座)が建設される	
2.19 大坂町奉行所与力大塩平八郎ら、乱を起こす　6.1 越後国柏崎で生田万ら、陣屋を襲撃する　6.28 浦賀奉行、入港のアメリカ船モリソン号を砲撃	イギリス、ヴィクトリア女王が即位する
10.21 高野長英、『戊戌夢物語』成る　10.26 中山みき、大和国で天理教をひらく　この年緒方洪庵、大坂に適々斎塾を開く	イギリス、チャーティスト運動が起こる(～48)
5.14 渡辺崋山を逮捕する(蛮社の獄)　5.18 高野長英、自首する	林則徐、アヘンを広州で没収する
9.- 高島秋帆、西洋砲術採用につき意見を上申する　12.14 谷文晁、没する(78歳)　12.30 幕府、平田篤胤に禁書と江戸退去処分	アヘン戦争が起こる(～42)
5.15 天保改革令を達する　6.6 倹約令を発し質素倹約を命じる　12.29 幕府、人情本を取り締まり、為永春水の板木を没収	
6.- 為永春水・柳亭種彦、著書のため処罰される　7.23 異国船打払令を改め、薪水給与令を出す　11.24 佐久間象山、老中信濃松代藩主真田幸貫に『海	清、イギリスと南京条約を結ぶ(香港割譲・5港の開港など)

沼津藩富戸砲台跡＝伊東市

藩校

　藩が設立経営した学校を藩校といい、県内では掛川藩が北門書院(徳造書院)を設けたのが最初である。その後沼津藩が矜式館(明親館)、横須賀藩が学問所、浜松水野氏が経誼館、水野氏に代わった井上氏は克明館、田中藩では日知館を設けた。藩校では主に朱子学を教授したが、幕末には洋学や医学を取り入れる藩校も多かった。

西暦	年号	県　　　　史
1842	天保13	する
1843	天保14	8.7 横須賀藩主西尾忠固、病により隠居、忠受が家督を相続する ⑨.13 水野忠邦、老中職を免じられる　この年伊豆国稲取村・白浜村・富戸村3カ所へ海岸防備のために台場を築き、大筒の鋳造を始める
1844	弘化1 12.2	3.- 浜松藩、農兵隊の徴募を始める　4.21 松崎慊堂、没する(74歳)　6.21 浜松藩主水野忠邦、老中首座に再任される　9.2 水野忠良、家督を相続し沼津藩主となる
1845	弘化2	2.22 浜松藩主水野忠邦、老中の職を罷免される　9.2 浜松藩主水野忠邦、減封・隠居・蟄居を命じられる。忠精、家督を相続し浜松藩主となる　11.30 浜松藩主水野忠精、出羽山形に移封となる。かわって井上正春、上野国館林から浜松に入部する　11.- 遠江国二俣村外40カ村、塩の自由購入を江戸奉行所に願い出る
1846	弘化3	2.22 韮山代官江川英龍、伊豆七島巡視を命じられる　⑤.10 浜松藩領53カ村の百姓、水野氏の転封に際し義倉米・無尽金の返済を求め強訴する　6.22 浜松藩領内で打ちこわしが再発するが、藩の説得で翌日解散する　12.14 高林方朗、没する(78歳)　この年浜松藩、藩校克明館を設立する
1847	弘化4	4.22 井上正直、正春の遺領を継ぎ浜松藩主となる　5.- 浜松藩士岡村義理(黙之助)『海防私考』を著す　7.- 浜松藩、大念仏興業を停止させる　この年神谷与平治、安居院庄七の指導で下石田報徳社を創立する
1848	嘉永1 2.28	4.15 浜松藩、領内の諸村の若者組の解散を命じる　12.- 遠江国佐野郡倉真村庄屋岡田佐平治、牛岡組報徳社を創立する
1849	嘉永2	④.15 韮山代官江川英龍、下田湾内侵入のイギリス艦を退去させる

吉田松陰寓居跡＝下田市

品川台場

日　本　史	世　界　史
防八策』を上申する	
3.26 人返しを命じる　4.- 長州藩、村田清風建策の37カ年年賦皆済仕法を施行　6.10 下総国印旛沼の開墾に着手する　8.13 上知令(あげちれい)(9.6撤回)	清、イギリスと虎門寨追加条約を締結する(不平等条約)
5.6 常陸水戸藩主徳川斉昭に謹慎を命じる　6.10 印旛沼干拓を中止する　9.6 江戸町奉行鳥居耀蔵を病免する　9.22 オランダ国王ウィレム2世の国書が到着する	清、アメリカと望厦条約、フランスと黄埔条約を締結する
3.12 アメリカ捕鯨船マンハッタン号、漂流民を護送して浦賀に来航、通商を要求する　6.1 オランダ国王に返書、鎖国継続の旨を伝える　7.5 海防掛を設置し、老中阿部正弘・同牧野忠雅、若年寄大岡忠固・同本多忠徳(ただのり)を任じる	インドで第1次シーク戦争が起こる(～46)
⑤.27 アメリカ東インド艦隊司令長官ビッドル、浦賀に来航して通商を要求する(6.5拒絶、6.7退去)　6.28 二宮尊徳、幕府の諮問によって日光仕法を作り献上する　12.28 幕府、水戸藩士藤田東湖(とうこ)らの蟄居を赦す	アメリカ・メキシコ戦争が起こる(～48) イギリス、穀物法を廃止する
2.15 幕府、江戸湾警備の強化を命じる　8.19 幕府、富士講信徒への弾圧を始める　9.1 徳川慶喜、一橋家を嗣ぐ	
11.6 曲亭(滝沢)馬琴、没する(82歳)	マルクス『共産党宣言』を発表する　フランス二月革命が起こる。第二共和制が始まる　ドイツで三月革命が起こる　アメリカのカリフォルニアで金鉱が発見される(ゴールドラッシュ)
4.18 葛飾北斎、没する(90歳)　9.26 蘭書翻訳取	1849 青年イタリア党がローマ共

韮山反射炉＝韮山町

諸国大地震大津波末代噺

西暦	年号	県　　　　　史
1849	嘉永2	8.22 沼津藩、鉄砲を鋳造し幕府に報告する　この年韮山代官江川英龍、下田警備・農兵設置等を幕府に建議する
1850	嘉永3	3.21 韮山代官江川英龍、種痘法告諭を支配地に下す　4.2 浜松藩、海防報告書『海防手当書』を幕府に提出する
1851	嘉永4	2.16 水野忠邦、没する(58歳)　4.- 小島藩主松平(滝脇)信賢、病により隠居、信進(のぶゆき)が家督を相続する　この年江戸永田南渓(可安)、『駿河安蘇備』を完成させる
1852	嘉永5	5.- 渡辺謙堂、八色刷り木板絵図『遠江小図』を板行する　6.24 ロシア船メンチコフ号、紀伊の漂流民を下田に送り来航する　12.- 沼津藩、干ばつ・大風雨により領内に1万石余の大きな被害が出る
1853	嘉永6	2.- 安倍・藁科の茶生産66カ村、茶一件第2次訴訟を起こす　7.- 中泉代官支配の80カ村、前代官手代・郡中惣代らの非違を訴える　12.6 浜松藩、海岸警備のための備場築造を周辺村々に命じる　12.18 韮山代官江川英龍、賀茂郡本郷村に反射炉築造工事を始める　12.- 沼津藩、天候不順・大風雨・洪水により損耗1万506石余
1854	安政1 11.27	3.24 幕府、下田奉行所を再置し、浦賀奉行伊沢政義を任じる　3.27 長州藩士吉田松陰(しょういん)・金子重輔(じゅうすけ)、密航を企てるが失敗する　5.25 下田了仙寺で日米和親条約付録13カ条(下田条約)を締結する　6.7 韮山代官江川英龍(ひでたつ)、田方郡中村へ反射炉を移転し築工する　11.4 安政東海地震が起こる。各地で家屋倒壊・焼失等の被害が多く出る。津波が襲来、下田湾停泊中のロシア艦ディアナ号も破損する　12.7 幕府、ディアナ号の代船を君沢郡戸田で建造することを許可する　12.21 下田長楽寺において日露和親条約・付録を締結する
1855	安政2	1.5 日米和親条約批准書を伊豆国下田長楽寺で交換する　3.10 スクーナー型帆船戸田号、進水する　1.16 韮山代官江川英龍、没する(55歳)　3.22 プチャーチンらディアナ号乗組員40人、戸田港を出帆し帰国する　6.1 橘耕斎(たちばなこうさい)、戸田に入船のアメリカ商船グレタ号でロシアに密航する
1856	安政3	4.13 榛原郡青池村(榛原町)の画家平井顕斎(けんさい)、没する(55歳)　7.21 アメリカ駐日総領事タウンゼント＝ハリス、オランダ人通訳官ヒュ

玉泉寺＝下田市

唐人お吉

アメリカ総領事ハリスの看病に派遣された吉は、その後世間の非難と奇異な目の中での生活を余儀なくされた。芸者や髪結、料亭安直楼を開くがうまくいかず、1890年(明治23)下田市河内に身を投じて49年の生涯を閉じた。吉の名は、十一谷義三郎が開国の犠牲者『唐人お吉』と雑誌に紹介してから知られるようになった。

日 本 史	世 界 史
締令 10.16 日野鼎哉、京都に種痘館を設立する　11.- 伊東玄朴、江戸で小児に種痘を実施	和国を樹立する
この年二宮尊徳、常陸・下野国真岡管内村々で尊徳仕法を開始する	清で太平天国の乱が起こる(〜64)
1.3 土佐国中浜村の万次郎ら漂流民、アメリカ船に送られて琉球に上陸する　3.9 株仲間の再興を令する	ロンドン万国博覧会
この冬薩摩藩主島津斉彬、磯別邸内において反射炉築造に着手する	フランスで皇帝ナポレオン3世が即位する
6.3 アメリカ使節ペリー、浦賀沖に来航する　6.12 ペリー艦隊、明春の再来を告知して江戸湾退去　7.18 ロシア使節プチャーチン、長崎に入港する　8.28 品川台場の築造に着手する	太平天国軍(洪秀全)、天朝田畝制度を発布する。曾国藩、湘軍を組織する　ロシア・トルコ間にクリミア戦争が起こる(〜56)
1.16 ペリー、再び来航する　1.27 ペリー艦隊、江戸湾深くに進航する　2.10 ペリーと武蔵国神奈川で条約交渉を開始する　3.2 日米和親条約(神奈川条約)に調印し、伊豆国下田・蝦夷地箱館両港を開港する　7.9 日章旗を日本国惣船印と定める　11.4 江戸・東海地方に大地震・津波が襲う　11.5 南海・山陽・山陰諸道に大地震が起こる	
1.18 勝海舟らを異国応接掛手付蘭書翻訳御用に任命、洋学所設立に着手する　5.26 村田清風、没する(73歳)　10.2 江戸を中心に大地震が起こる(安政大地震)	パリで万国博覧会が開かれる
2.11 洋学所を蕃書調所と改称する　9.18 河竹黙阿弥『蔦紅葉宇津谷峠』江戸で初演　10.20 二宮尊	アロー号戦争起こる(〜60)　パリ条約が結ばれる(ロシアの南

オールコック

イギリス初代駐日総領事(のち公使)オールコックは、1860年(万延1)外国人で初めて富士登山を行い、その後熱海にまわって今井半太夫方に逗留した。熱海大湯にはオールコックの碑と並んで、大湯の熱湯に触れて死亡した愛犬トビーの碑が建てられている。この間の経緯や感想は『大君の都』に記されている。

オールコックとトビーの碑＝熱海市

西暦	年号	県　　　　史
1856	安政3	ースケンを伴い下田に入港する(8.5下田玉泉寺に入る)　この年下岡蓮丈、ヒュースケンより写真術を伝習する
1857	安政4	2.29 北遠幕領73カ村の村民1400人、新分一税に反対し強訴する　5.26 下田御用所において下田協約(日米約定)を締結する　8.17 嘉永茶一件、江戸勘定所において生産者側の要求が認められる　8.28 本郷泰固、若年寄となって大名に列し、川成島に入封する
1858	安政5	2.4 庵原郡蒲原宿の小前348人、宿問屋の不正その他を強訴する　5.6 水野忠寛、忠良の遺領を相続し沼津藩主となる　7〜8月コレラが流行し、多数の死者を出す　9.- 駿府商人11人、漆器・茶等特産品の神奈川港での貿易を出願する　この年沼津藩士服部峯次郎・小林信近、『輿地航海図』を翻刻する　駿府学問所が創設される
1859	安政6	6.2 アメリカ公使館が江戸善福寺に開設されため、下田玉泉寺の総領事館が閉鎖される　9.4 石川依平、没する(69歳)　10.27 川成島藩主本郷泰固、除封され、川成島藩は廃藩となる　この年横須賀藩絵師大久保一丘、没する
1860	万延1 3.18	2.8 駿府学問所が町民の入学を許可する　③.15 下田奉行中村時万、普請奉行に転じる。下田奉行は廃止される　③.16 本多正訥、正寛の遺領を継ぎ田中藩主となる　7.26 イギリス公使オールコック、外国人で初めて富士山に登る　7.29 オールコック、熱海温泉に浴する　11.17 北遠犬居山中など46カ村の村民、米価高騰による困窮から城下村(森町)まで押し寄せる
1861	文久1 2.19	10.13 西尾忠篤、忠受の遺領を相続し横須賀藩主となる　12.28 駿府学問所、明新館と改称する　この年駿府浅間神社元神官新宮(中村)高平、『駿河志料』を著す
1862	文久2	3.29 太田資美、資功の遺領を相続し掛川藩主となる　⑧.20 沼津藩主水野忠寛、隠居する。忠誠、家督を相続する　⑧.- 幕府、駿府加番を廃止する　12.12 幕府、塩谷岩陰・芳野金陵・安井息軒を召し出し儒者とする　この年榛原郡金谷宿の画家永村茜山、没する

農兵

　農民を組織した兵隊を農兵といい、外国船が頻繁に日本近海に現れ、国内では百姓一揆・打ちこわしが頻発する中で弱体化した幕藩領の軍事力を補完する役割を担った。幕府では、韮山代官江川英龍が農兵取り立てを建議したが、実現したのは1863年(文久3)である。浜松藩、小島藩、美濃岩村藩でも農兵を採用する軍制改革を行っている。

農兵調練場跡の碑＝三島市

日 本 史	世 界 史
徳、没する(70歳)	下挫折)
10.21 ハリス、江戸城で徳川家定に大統領ピアースの親書を手渡す　11.1 幕府、アメリカ大統領の親書およびハリスの口上書を諸候に示し意見を求める	インドでセポイの反乱が起こる(〜59)
4.23 井伊直弼(なおすけ)、大老に任じられる　6.19 幕府、勅許を得ず日米修好通商条約に調印　6.28 孝明天皇、違勅調印に激怒、譲位の勅書　7.5 幕府、一橋慶喜を擁立する水戸前藩主徳川斉昭・水戸藩主徳川慶篤(よしくみ)・福井藩主松平慶永(よしなが)を処分　10.23 幕府、福井藩士橋本左内を拘禁する	清、ロシアとアイグン条約、英・米・仏・露と天津条約 ムガール帝国滅亡 スエズ運河会社設立
5.17 漂流民浜田彦蔵(ジョセフ＝ヒコ)、アメリカ領事館通訳として長崎に帰着する　5.28 5カ国との条約により神奈川・長崎・箱館を6月から自由貿易港として開く　10.21 備中国大谷村百姓川手文治郎、金光教を開く	ミル、『自由論』刊行 ダーウィン、『種の起源』刊行
1.13 木村喜毅(よしたけ)・勝海舟ら、アメリカ訪問のため幕府軍艦咸臨丸で品川出港。福沢諭吉・中浜万次郎ら随行　1.18 遣米使節新見正興(しんみまさおき)ら、日米修好通商条約批准書交換のためアメリカ軍艦ポーハタン号で品川出港　3.3 桜田門外の変　③.19 五品江戸廻送令(ごひんえどかいそうれい)　12.5 ヒュースケン、薩摩藩士に殺害される	清、英・仏と北京条約を結ぶ リンカーン、米16代大統領に当選する(1861年就任)
5.28 水戸浪士ら、江戸高輪東禅寺のイギリス仮公使館を襲撃し館員らを負傷させる　8.- 土佐藩士武市瑞山(たけちずいさん)ら、江戸で勤王党を結成する	ロシア、農奴解放令 イタリア王国が成立する アメリカ、南北戦争(〜65)
1.15 坂下門外の変　2.11 徳川家茂(いえもち)と皇女和宮、成婚　この春下岡蓮杖(れんじょう)、横浜野毛に写真館を開く　4.23 寺田屋騒動　8.1 会津藩主松平容保(かたもり)、京都守護職となる　8.21 生麦事件　⑧.22 参勤交代制度	ドイツ、ビスマルクの執政(〜90) 清で洋務運動が起こる

ええじゃないか

1867年(慶応3)7月、三河吉田宿(豊橋市)付近でお札降りが始まると、次第に東海道を西へ東へ広まっていった。各地で伊勢神宮や秋葉神社のお札が降り、人々は「おかげ」や「六根清浄」を口々に唱えながら乱舞した。長州再征失敗・百姓一揆の頻発など幕府権威が失墜する中、人々は世直しを期待して踊り狂ったのである。

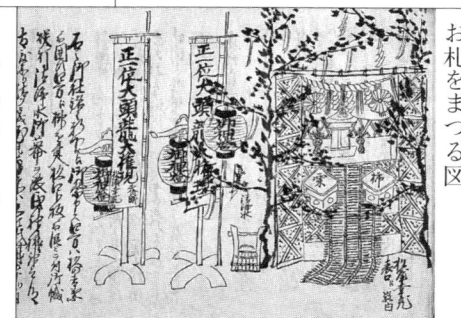

お札をまつる図

西暦	年号	県　　　　　史
1862	文久2	(42歳)
1863	文久3	3.18 松平(滝脇)信書、信進の遺領を相続し小島藩主となる　4.20 掛川藩、軍制改革を行い、町方・在方の知方組編成について触れる　5.9 沼津藩、駿府城・駿府海岸警衛を命じられる　この年韮山代官江川英武、農兵取り立てを許可され訓練を開始する
1864	元治1 2.20	5.- 金原明善ら、横浜に貿易店遠州屋を出店する　8.23 福田半香、没する(61歳)　8.- 松平(滝脇)信敏、信書の遺領を相続し小島藩主となる　12.- 浜松藩仕法掛、江戸藩邸内に問屋を設け国産品の販売にあたる　この年駿府薬園が廃止される
1865	慶応1 4.7	5.23 将軍家茂、上洛の途次原宿で韮山代官支配の農兵隊を閲兵する　9.16 沼津宿で大火、往還筋の本陣・脇本陣・旅籠等大半が焼失する　11.- 花野井有年(昌斎)、没する(67歳)
1866	慶応2	3.10 駿府呉服町より出火、19ヵ町694軒を焼失する　8.15 浜松宿とその助郷村々、浜松・舞坂間の掘割開削を願い出る　10.29 水野忠敬、忠誠の遺領を相続し沼津藩主となる　12.14 幕府、駿府定番を廃止する
1867	慶応3	1.25 沼津藩領伊豆国賀茂郡稲取村で大火、居宅238軒等が焼失する　7.19 幕府、関所の改め方を緩和する　7.- 尾張・三河・遠江各地で伊勢神宮・秋葉山などの札が降り、ええじゃないかの騒動が始まる。以後、東海道筋・甲信越へと拡大する　8.28 塩谷宕陰、没する(59歳)
1868	慶応4 明治1 9.8	2.5 浜松藩、勤王誓書を鎮撫総督に提出する。この月、駿河府中代官田上寛蔵ら、東征軍に勤皇を誓い、従来の支配地支配を命じられる　2.21 韮山代官江川英武、入京し、朝臣化の手続きを取る　2.24 慶喜恭順支持・徳川家存続要求グループにより、精鋭隊が組織される　2.- 遠州報国隊・駿州赤心隊・伊豆伊吹隊など結成、官軍に従軍する　3.5 東征大総督有栖川宮熾仁親王、駿府入り　3.9 山岡鉄舟、西郷隆盛と駿府で会談。勝海舟の書簡を持参し、慶喜助命・徳川家存続を要請する　④.29 大総督府、田安亀之助(後の徳

無禄移住の本来的意味

通常、旧幕臣の駿河移住を一括して無禄移住と呼んでいるが、本来的には寄合・小普請として非役であった旧旗本・御家人で、朝臣化もせず帰農商することも拒み、徳川家臣の身分を維持し続けるため駿河移住を決行した者だけを呼ぶべきである。

旧幕臣らにより開拓された牧之原茶園

日　本　史	世　界　史
を緩和する	
3.13 芹沢鴨・近藤勇ら京都守護職に属す(新撰組)　5.10 長州藩、アメリカ商船を砲撃する　6.1 アメリカ艦、下関砲台を報復攻撃　6.16 長州藩士高杉晋作、奇兵隊を結成　8.19 三条実美ら尊攘派公卿7人、長州藩兵と西下(七卿落)	アメリカ、奴隷解放宣言　ポーランドがロシアに対し反乱を起こす　リンカーンがゲティスバーグで演説をする
3.27 天狗党の乱　6.5 池田屋騒動　7.19 蛤御門の変　8.2 第1次長州征伐　8.5 アメリカ・イギリス・フランス・オランダ4国艦隊、長州藩と下関海峡で交戦する	第1次インターナショナル(〜76)
5.- 坂本龍馬、長崎で亀山社中(のち海援隊)結成　9.27 フランスの援助で相模国横須賀製鉄所起工式	リンカーン暗殺される
1.21 坂本龍馬の周旋で薩長連合が成立する　5.13 イギリス・フランス・アメリカ・オランダとの改税約書に調印する　6.7 第2次長州征伐　12.5 徳川慶喜、将軍宣下　12.25 孝明天皇、没する(36歳)	普墺戦争が起こる
6.12 坂本龍馬、『船中八策』を著す　10.3 土佐前藩主山内豊信、大政奉還を建白する　10.13 薩摩藩に倒幕の密勅(10.14長州藩にも)　10.14 徳川慶喜、大政奉還の勅許を奏請(10.15勅許)　12.9 王政復古の大号令が出される	北ドイツ連邦が結成される　オーストリア・ハンガリー帝国が成立する　アメリカ、ロシアからアラスカ購入　マルクス『資本論』第1巻を刊行する
1.3 鳥羽・伏見で旧幕府軍が薩長藩兵に敗退する(戊辰戦争始まる)　1.6 徳川慶喜、大坂城を脱出する(8日大坂出帆、12日江戸着)　1.7 新政府、徳川慶喜追討令を発令する　1.17 新政府、3職7科の制を定める　2.3 天皇、親征の詔を発布する　新政府、官制を改め3職8局の制を定める　2.9 総裁有栖川宮熾仁親王を東征大総督とする　2.12 徳川慶喜、江戸城を出て上野寛永寺に閉居する　3.3 東山	1.5 東捻軍が江蘇で敗北する(中国)　8.16 西捻軍が山東で敗北し捻軍の運動が終息する　10.10 キューバでスペインからの独立をめざした10年戦争が始まる　12.9 イギリスで第1次グラッドストーン内閣が成立する(〜74)

1866年頃の徳川慶喜

都風流「トコトンヤレ節」
宮さま宮さま　お馬の前の
びらびらするのハ　なんじゃいな
トコトンヤレトンヤレナ
ありゃ朝敵征伐せよとの
錦の御はたじゃ　しらないか
トコトンヤレトンヤレナ
(後略)

西暦	年号	県　　　　　　　史
1868	明治1 9.8	川家達(いえさと)を徳川家名相続人とすると通達する　5.24 大総督府、家達を駿府城主となし、70万石を下賜する(駿河国一円と遠江・陸奥)　6.29 韮山県設置。鎮台府、江川英武に韮山県管轄を命じる　7.13 田中藩主本多正訥(まさもり)が安房国長尾へ、小島藩主松平(滝脇)信敏が上総国桜井へ、沼津藩主水野忠敬(おじま)が上総国菊間へ移封される　7.14 徳川慶喜の謹慎地が水戸から駿府宝台院となり、23日清水湊に上陸し宝台院に移る　8.9 徳川家達、江戸出発。15日駿府到着　8.19 徳川家精鋭隊100人、駿府に入る。以後、旧幕臣の駿府移住続く　8.- 天竜川の治水事業を開始する(〜10月上旬)　9.4 徳川家達、陸奥国に替えて、改めて駿河国一円と遠江・三河両国70万石を与えられる　9.5 掛川藩主太田資美(すけよし)、上総国芝山へ移封される　9.8 横須賀藩主西尾忠篤、安房国花房へ移封される　駿府藩、学問所開設を通達する　9.- 相良藩主田沼意尊(おきたか)が上総国小久保へ、浜松藩主井上正直が上総国鶴舞へ移封される　10.22 陸軍学校、頭取などの役職を任命する　10.25 海軍学校、学校頭以下役員を任命する　11.7 駿府藩、駿府に病院を設立するため病院頭等を任命する　11.- 駿府藩、旧幕臣のうち朝臣・御暇・無禄移住者の各人数を調査する　12.24 駿府藩、陸軍医師頭取・病院頭以下の医官を置く　12.25 駿府藩、勤番組を置く
1869	明治2	1.8 陸軍学校および同附属小学校が沼津城内に開校する　1.13 府中・浜松・沼津・掛川など11カ所に奉行・添奉行を置く　1.16 府中紺屋町元代官屋敷に商法会所を開設する(8.27廃止)　2.21 駿府城四ツ足門外に仮病院(駿府病院)が開院する　5.- 杉亨二(こうじ)が沼津宿で全国初の近代的な戸籍調査を実施する　6.25 駿府藩、駿河府中を静岡と改称する　8.26 静岡藩が町奉行を廃止し、政事庁において事務を執行する　8.28 静岡藩が十勝国(とかち)(北海道)4郡支配の命を受ける　8.- 沼津病院が開設する　静岡藩の奉行所が廃止され、各勤番組頭が事務を継承し、地方行政は静岡・島田などの郡政役所が引き継ぐ　9.1 常平倉(じょうへいそう)を設置、渋沢栄一が会計掛・常平倉掛となる　9.28 徳川慶喜が謹慎を解かれ、10.5宝台院から静岡紺屋町

「静岡」改称の背景

他の地方にも「府中」の地名があるため、紛らわしいので改称すべきとの政府の命令によるが、政府が徳川家の支配した土地に「府中」という公的ニュアンスを好まなかったためと考えられる。候補名として静(しず)、静城(しずき)、静岡の三つを政府に提出して静岡となった。

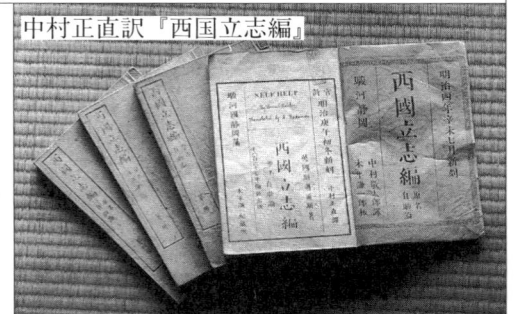

中村正直訳『西国立志編』

日　本　史	世　界　史
道先鋒総督府、先鋒嚮導隊(赤報隊)浪士相楽総三らを偽官軍として逮捕、処刑する　3.6 大総督府、15日の江戸城総攻撃を命じる　3.13 旧幕府軍総裁勝海舟、大総督府参謀西郷隆盛と会談、翌14日江戸開城に合意する　3.14 天皇、紫宸殿で五カ条を誓約する　3.15 新政府、旧幕府の高札を撤去し、新たに禁令5条を掲示する　3.28 新政府、神仏判然令を発令する(以後、廃仏毀釈運動起こる)　3.- 東征官軍、「宮さま宮さま…」(品川弥二郎作詞)に合わせ進軍、都風流「トコトンヤレ節」として流行する　4.11 江戸城開城。慶喜、水戸に謹慎する　④.21 新政府、政体書を定め、7官両局制とする　5.3 奥羽越列藩同盟が成立する　5.15 上野戦争起こる　太政官札5種を発行する　7.17 江戸を東京と改称する　8.19 榎本武揚、旧幕府軍艦8隻を率い品川を脱走する　8.23 新政府軍、会津若松城を包囲(9.22 会津藩降伏)　9.8 明治と改元、一世一元の制を定める　10.28 新政府、藩治職制を定める	
1.20 薩長土肥の4藩主が連署して版籍奉還を上奏する　箱根など諸道の関所を廃止する　2.8 新聞紙印行条例を制定する　4.8 民部官を置き、府・県事務を総管させる　5.13 議政官を廃止し、輔相・議定・参与を行政官に置く　出版条例を頒布する　5.8 榎本武揚ら降伏し、戊辰戦争終わる　6.17 公卿・諸侯の称を廃し華族とする。藩主の版籍奉還を許し、藩知事に任命する(～6.25)　6.25 藩知事家禄の制を定める　6.29 東京九段に東京招魂社を建立する　7.8 太政官制を復活させ、2官6省制とする　8.11 民部・大蔵両省を合併し、民部省を大蔵	3.8 クレタの臨時政府、トルコ軍に降伏する　3.21 スペイン議会、立憲君主制を宣言する(6.6 憲法公布)　5.10 米、最初の大陸横断鉄道が開通する　7.26 アイルランド国教会廃止法が英議会で成立する　8.9 ドイツ社会民主労働党が創立する　11.17 スエズ運河が開通される　12.8 第1回ヴァチカン公会議が開催される(～70)　12.10 米、初の婦人参政権法がワ

県会議事堂

諸藩連合政権

　維新政府は薩摩・長州を中心とした諸藩連合政権であった。この当時の武士層では、諸藩連合政権の樹立は共通する世論であった。戊辰戦争で敵側となった東北・北陸の31藩で成立した奥羽越列藩同盟や、榎本武揚らは士官以上の投票によって幹部を選出する方式を採用した。

西暦	年号	県　　　　　史
1869	明治2	の元代官屋敷に移る　9.- 尾崎弾正、慶喜の寓居生活、新番組220人余の牧之原開拓等、駿遠小巡察を政府に報告する　11.- 浜松米商の買い占めにより、遠江の豊田・長上・麁玉3郡で大一揆が起こり、浜松勤番組が鎮圧に動く
1870	明治3	1.- 静岡藩小学校掟書(新掟書)を定める　3.- 政事庁を静岡藩庁と改称する　韮山県、農兵隊を廃止する　遠州初の民営金融機関、浜松堀留会社(後の堀留運送)が設立する　5.26 静岡藩、静岡・沼津外に小学校を設置し、各身分子弟の入学を許可すると通達する　6.- 北海道の十勝郡などの4郡が静岡藩に引き渡される　8.- 掛川小病院が開設される　静岡藩、年貢取り立ての細則を定め、併せて庄屋・年寄等の名称を廃止し名主・組頭に統一する　9.15 静岡学問所構内に小学校を設立、11.8授業開始　10.- 中村正直訳『西国立志編』が静岡で刊行を開始する　静岡藩、西同笠村(浅羽町)に鍛治場を設立し、大森方綱が開鍛所総裁となる　⑩.- 静岡藩、大属以下の役職を置く　士族・卒の区分を決める　11.14 工部省鉱山少佑本間六郎が韮山県権大属に転じ、伊豆の鉱山事務を担当する
1871	明治4	3.1 郵便局御用取扱所が旧東海道の宿駅に開設される　3.- 大谷村(静岡市)大聖寺に集学所が設立される　4.15 民部省、大井川の渡船および安倍・興津・瀬戸3川の渡船・仮橋の賃銭を示し、5.1に施行を布告する(旧幕府の川越制度廃止)　7.14 廃藩置県の詔で静岡藩は静岡県、堀江藩は堀江県となる　9.30 沼津兵学校、兵部省管轄となり付属小学校は廃止される　10.- 静岡県庁、E・W・クラークと3カ年、学問所で英語・仏語・物理・化学の4科と普通学科の教師となる契約を結ぶ　11月上旬静岡県、戸長・副長(副戸長)を任命する　11.12 韮山県権知事江川英武、岩倉使節団と渡米し留学する。静岡県士族の娘永井繁子、初の女子留学生として使節団と渡米する　11.14 府県統廃合で旧小田原藩・旧荻野山中藩・韮山県が合併し足柄県となる　11.15 府県統廃合で三河国は額田県、遠江国は浜松県へ引き渡される　11.- 浜松県管内を82区に分け、各区に戸長・副戸長を配置する　12.3 堀江県知事大沢基寿、虚偽

堀江県（堀江藩）

元高家の大沢基寿は知行高4814石しかなかったが、一部新墾地となりうる荒地を含めて合計1万6石と提出して藩となることに成功した。しかし、藩内のトラブルが原因で民部省の取り調べを受けることとなり、石高水増しが明らかになった。その結果、堀江県は浜松県に合併され、大沢基寿は禁固刑となった。

クラークと生徒たち

日　本　史	世　界　史
省内に移転する　8.15 蝦夷地を北海道と改称する　12.2 中下大夫以下の称を廃して士族・卒と改め、禄制を定める	イオミング准州で成立する
1.3 大教宣布の詔を下す　1.26 山口藩諸隊脱隊兵が藩庁を囲み(長州藩脱隊騒動)、2.11木戸孝允らが鎮圧する　2.- 大学規則・中小学校規則を定める　4.23 宣教使心得書を定め、国民教化運動を開始する　4.24 教導隊を編成する　7.10 民部・大蔵両省を分離する　7.24 田方は米納、畑方は石代金納とする　9.19 平民に苗字使用を許す　10.9 新律提綱を制定する(12日施行)　⑩.20 工部省を置き、民部省から鉱山・製鉄所・燈明台・鉄道・伝信の5掛を移管する　12.8 初の日刊紙『横浜毎日新聞』創刊　12.20 新律提綱を新律綱領と改称、公布	1.- 第1次インターナショナルのロシア支部が創立する　4.4 英議会で治安維持法案通過し、アイルランド独立運動への弾圧が強化される　6.21 天津で仏領事館が焼かれ、領事らが虐殺され、22日、仏・日など清に共同抗議を行う　7.19 普仏戦争が始まる　9.2 仏のナポレオン3世がセダンの戦いで敗れ、4日、第三共和制が始まる　10.2 イタリア王国が統一を完成する
2.13 薩・長・土3藩兵で親兵編成を命じる　4.4 戸籍法を制定する(72.2.1施行、壬申戸籍)　5.10 新貨条例を制定する　6.25 西郷隆盛を参議に任じる(木戸再任、大久保利通以下各参議は辞職する)　7.9 刑部省・弾正台を廃し司法省を設置する　7.14 天皇、56藩知事を集め、廃藩置県の詔を示す　大隈重信・板垣退助を参議に任じる　7.18 文部省を設置する　7.27 民部省を廃止する　7.29 日清修好条規に調印する(73.4.30批准)　8.8 神祇官を神祇省とし、太政官のもとに置く(神祇官の格下げ)　8.9 散髪・廃刀を許可する　8.28 穢多・非人の称を廃止する　9.7 田畑勝手作を許可する　10.8 欧米各国派遣のため、岩倉具視を特命全権大使、木戸孝允・大久保利通・伊藤博文・山口尚芳を副使とする	1.8 ウィルヘルム1世が即位し、ドイツ帝国が成立する　1.28 仏、独に降伏し、休戦協定を締結する　2.26 ベルサイユの準備和訳でアルザス・ロレーヌをドイツに割譲が決まる　3.13 伊で政府と法王との関係を定めた保障法が成立する(法王は同法を否認する)　3.28 パリ・コミューン成立が宣言される(5.28消滅)　5.10 独・仏間でフランクフルト講和条約が調印される　5.28 パリ・コミューンが崩壊する　6.10 米艦隊、朝鮮の開国などを求めて江華島を襲来す

徳川慶喜が写した臨済寺

岩倉使節団の目的
　岩倉使節団では、廃藩置県を断行し、権力を掌握したばかりの重要な時期に、政府首脳の多くが出かけて行った。その目的は第一に幕末に条約を結んだ諸国に新政府の国書を持参したこと、第二に不平等条約改正の予備交渉であり、第三に近代化のために、欧米先進国の実状を直接見聞することであった。

西暦	年号	県　　　　史
1871	明治4	の高付帳で藩となった罪で華族から士族に落とされ、禁固1年の刑に処される　12.15 堀江県、浜松県に合併される　12.22 旧静岡県浜松支庁を浜松県庁と定める　12.26 浜松県中泉出張所、暁子の半刻を期して従来の12時間制を昼夜24時間制に改め、構内の撞き鐘の方法も変更する　この年廃止となった沼津兵学校附属小学校を、江原素六と旧沼津兵学校職員が私費を投じて運営継続をはかる（のちの集成舎）
1872	明治5	1.26 静岡県、静岡最寄郡方役所を城外に移し県庁とする　2.- 伊豆国に21区を設置する　3.- 中村正直訳『自由之理』、静岡で刊行する　4.15 政府が伊豆半高を静岡県につけると足柄県に通達、5.29足柄県の反対運動により、伊豆半高分割は全面撤回される　6.- 浜松県、3大区82小区を設置する　7.10 常平倉を廃止し、業務を出納掛へ引き継ぐ　8.3 学制が頒布され、足柄県と静岡県は第1大学区、浜松県は第2大学区に編入となる　静岡学問所が廃止され、伝習所は分離して存続となり人見勝太郎に引き渡される　8.18 静岡県、地券交付事業に関し告諭書を発する。19日浜松県も告諭書を発する　8.- 静岡病院廃止となる。沼津病院院長杉田玄端、病院廃止に対し徳川家に嘆願して無料拝借の許可を得、私立病院として存続させる　9.21 浜松県、村役人投票による戸長・副戸長の人選を命じる　9.- 静岡県、庄屋・名主・年寄・組頭等の名称廃止を通達する　静岡県、管内の81区を廃止し、1郡1区の7大区41小区とする　10.16. 足柄県、伊豆国地券掛付属を選挙で3人選出し、韮山出張所より正式に任命される。10月下旬、浜松県、県下有力者を地券掛付属に任命する　10.- 静岡県、1郡1区の戸長を区長、副戸長を副区長と改称する。第1区を第1大区、戸籍1の組合を1の小区と改称する　E.W.クラークら運営の私立賤機舎（私立英語学校）が発足する　11.- 足柄県に大区小区制が導入される（君沢・田方2郡が4大区、賀茂・那賀2郡が5大区）
1873	明治6	2.16 静岡の提醒社より『静岡新聞』が創刊される（『官許静岡新聞』）　2.27 浜松県下の歩兵志願者を名古屋鎮台補欠として召集す

大区・小区制

1871年4月の戸籍法で戸籍事務遂行のために区の新設、戸長・副戸長を任命したことに始まる。実態は地域によってさまざまだが、数カ町村規模を小区、数小区あるいは郡規模で大区を置き、大区に区長、小区に戸長、町村に用掛を置いた例が多い。区長・戸長は官選で府知事・県令によって任命された。

『静岡新聞』第一号

日 本 史	世 界 史
10.28 府県官制を定め、府知事・県知事を設置する 11.2 県知事を県令と改称する 11.12 岩倉使節団、横浜から出発する 11.13 全国の県を改廃する(～11.22、3府72県となる)	る 6.29 英議会で労働組合法案が通過する 8.31 仏国民議会、ティエールを共和国大統領に指名する 10.27 英、南アフリカのダイヤモンド産出地帯を併合する
1.10 東海道各駅の伝馬所・助郷を廃止する 1.29 初の全国戸籍調査を実施する 2.15 土地永代売買を解禁する 2.28 兵部省を廃し、陸・海軍省を設置する 3.9 親兵を廃し、近衛兵を設置する 3.14 神祇省を廃し、教部省を設置する 4.9 庄屋・名主・年寄などを廃し、戸長を設置する 6.19 岩倉大使、対米条約改正交渉の中止を国務長官フィシュに通告する 7.4 全国一般の土地への地券交付を布告する(壬申地券) 7.25 大蔵省租税寮に地租改正局を設置する 8.3 文部省、学制を頒布する 8.12 田畑貢租米のすべて金納化を許可する 9.13 新橋－横浜間の鉄道の営業が開始する 9.14 琉球国王尚泰を琉球藩王とし華族に列する 10.25 教部省を文部省と合併させる 10.- 官営富岡製糸場が開業する 11.9 太陰暦を廃止し太陽暦を採用するとの詔を発する(72.12.3を73.1.1とする) 11.15 国立銀行条例・同成規を定める 11.28 徴兵の詔書・太政官告諭を発する 11.- 大教宣布の組織として大教院を設立する	6.25 独帝国議会、イエズス会法を議決、イエズス会を追放する 9.2 第1次インターナショナル第5回大会(第1インター最後の大会)、ハーグで開催される 9.6 独・墺・露の3皇帝が、ベルリンで会談する(中東問題討議)
1.10 徴兵令および付録を制定する 3.30 太政官・民部省札回収のため金札引換公債証書発行条例	2.12 スペイン、共和国樹立を宣言する(第1共和国成立) 2.23

クラークの写した静岡学問所

SCHOOLHOUSE AT SHIDZ-U-O-KA.

明治5年創立の浜松尋常高等小学校

西暦	年号	県　　　　　　　史
1873	明治6	る　静岡県で初めて徴兵検査が実施され、111人が採用となる（〜28日）　2.-　浜松県、管下82の区を小区とし、大区を3つに改編、集会所を大区扱所と改称、庄屋・年寄・名主・組頭の称の廃止等を通達する（大区小区制確立）　3.8　浜松紺屋町の荻生汀、自宅において会社病院を開業する　3.19　足柄県、徴兵検査を初めて実施する（〜23日）　5.24　静岡県、7大区45小区を設け、正副大区長、正副戸長を置く　6.-　足柄県、伊豆国の地券調査が完了する　静岡浅間神社に中教院が設立される（11.10開講）　7.20　韮山生産社が開業する　7.26　富士山頂上の大日仏を撤去し浅間大神を祀る　10.15　石坂周造、菅ケ谷村（相良町）で採油に成功する（全国初の石油採掘の成功）　11.14　E.W.クラーク、文部省より開成学校教師に任ぜられ上京、伝習所は閉鎖される　12.3　浜松県、三方原開拓園長に気賀林を任命する
1874	明治7	1.1　浜松県、浜松五社小路に仮病院設立を決定する（紺屋町旧会社病院を継承）　2.27　浜松県、大区長廃止、小区長を区長と改称する　2.-　浜松県、初の徴兵検査を行う　浜松県、壬申地券交付作業が終了する　3.5　足柄県、修善寺村で徴兵検査を実施する　3.17　足柄県、伊豆国地租改正事業開始を布告する　5.-　江原素六、東熊堂村（沼津市）に牧場を開場する　6.23　静岡県、総代人廃止、小区長設置を通達する　7.-　足柄県、大小区会概則を制定する　8.18　静岡県、従来の正副戸長を廃し、公選の正副区長、正副戸長を置く　8.19　教部省、浜松五社神社境内に中教院建設を許す（75.2.16落成）　9.27　山中笑ら、マクドナルドから静岡で初めて洗礼を受ける（日本メソジスト静岡協会の基礎ができる）　11.22　足柄県第4・5連合大区会議が開催される　11.-　静岡県、庁内に地租改正掛を置く　この年沼津病院、会社病院に組織替えし、業務を開始する
1875	明治8	5.2　足柄県4・5大区連合会議、議案（旧来の陋習打破、凶荒予

地券交付事業

地租改正事業の第1段階として、土地の所有権を明確にするために行われた。1つの土地の所有関係が重層的であったりしていたものを単純明快にさせ、農民に土地を私有している意識を確立させるねらいがあった。この時交付された地券は交付開始年の干支から「壬申地券」と呼ばれる。

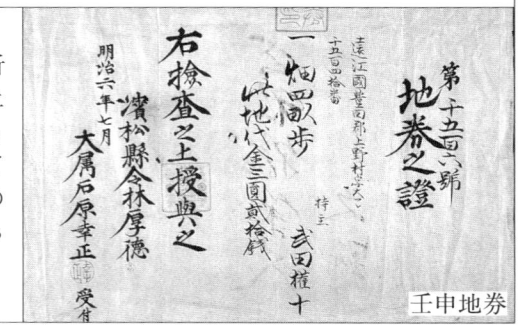

壬申地券

日　本　史	世　界　史
を制定する　5.26 北条県(鳥取県)で徴兵令および穢多・非人の称廃止に反対し蜂起する(この頃各地で徴兵反対の騒動起こる)　6.11 第一国立銀行が設立される　6.13 改定律例が頒布される　7.28 地租改正条例を制定・公布する　8.17 閣議で西郷隆盛の朝鮮派遣を決定する　10.17 木戸孝允・大久保利通・大隈重信・大木喬任の諸参議、西郷派遣を不満とし辞表提出、岩倉も辞意を表明する　10.18 三条実美太政大臣急病、20日岩倉が代行となる　10.24 天皇、岩倉の上奏を入れ、遣韓を無期延期とする(陸軍大将西郷、参議・近衛都督を辞職)　10.25 副島種臣・後藤象二郎・板垣退助・江藤新平ら参議を辞職する　11.10 内務省を設置し、29日初代内務卿に大久保利通を任命する	清朝、同治帝の親政始まる　5.6 露・独軍事協約が成立する　9.20 ニューヨーク株式取引所、閉鎖される　10.22 独・墺・露三帝同盟が成立する　11.20 仏軍、ベトナムのハノイを占領する　11.24 朝鮮、大院君失脚、王妃閔氏一族、政権を奪取する　12.- オランダ軍、スマトラ征服を開始する　この年大不況始まる
1.12 板垣退助・副島種臣・後藤象二郎ら愛国公党を結成する　1.14 右大臣岩倉具視、高知県士族武市熊吉らに襲われ負傷する(赤坂喰違の変、7.9犯人斬罪)　1.15 東京警視庁を設置する　1.17 板垣・副島ら8名が民撰議院設立建白書を左院に提出する(翌日、『日新真事誌』に公表)　2.1 佐賀の乱起こる(3.1平定、4.13江藤新平処刑)　2.6 政府、台湾征討を決定する　3.28 秩禄公債証書発行条例を制定する　4.10 板垣ら、立志社を結成する　4.19 台湾出兵中止とし、西郷従道に出発延期を命じる　5.2 地方官会議開催を勅し、議院憲法・規則定める　5.4 大久保利通・大隈重信、長崎で西郷従道と会見し、西郷の強硬論を入れ出兵実施を決定する(5.17 西郷出発、22日台湾上陸)　10.31 台湾問題で日清両国間互換条款・互換憑単に調印する	1.13 露、徴兵制を施行する　2.6 仏・ベトナム間で協定を調印、仏軍、ハノイから撤退する　3.15 仏・ベトナム間で第2次サイゴン条約調印、ベトナムがフランスの保護国となる　9.15 ベルリンで第1回万国郵便会議が開催される(10.9 万国郵便連合条約が調印)　11.24 スペインのアルフォンソ、立憲君主制を宣言、12.31アルフォンソ12世として即位を宣言する(スペイン、王政復活)　この年露でヴ・ナロード運動が起こる
1.8～2.11 大久保利通・木戸孝允・板垣退助、大	1.30 米・ハワイ間で互恵通商条

マクドナルドと「静岡バンド」の人たち

江原素六像＝沼津市

西暦	年号	県　　　　　史
1875	明治8	備方法等)を足柄県に提出する　5.13 浜松県参事石黒務、県下の区長・戸長に地方官会議議題について所見を求める(6.-正副区長層、地方民会開設を上申)　5.14 静岡県権令、各大区正副区長にあらかじめ地方官会議の案件を示し、管下人民の意見を集め、6.6の県庁会議に臨むよう通達する　6.20 第1回地方長官会議が開催される(～7.17)。静岡県参事毛利恭助、浜松県参事石黒務代理出席、地方民会を起こす件などを討議)　7.- 静岡県、大区ごとに地租改正取調所を設置する　静岡安倍川町に女紅場を開設する(貸座敷業者が芸娼の教育を目的として設置)　8.- 浜松県、地租改正事業実施のため掛川・中泉・相良・二俣・気賀に出張所を設置する　9.24静岡県、官有地と民有地の区分を定め、あいまいな土地の調査を命じる　10.30 足柄県伊豆国で公選による改租総代2人に辞令が発令される(12.28、6人増員)　10.- 静岡県下の大区区長、地租改正取調掛を兼務する
1876	明治9	1.31 足柄県県議選で伊豆から8人選出、3.21第1回県会が発会する　3.13 浜松県令、地租改正事務局が示した地租改正平均反別収穫量の見積もり案(交換米案)を、14日小区長と改租総代に示達する　4.1 浜松県令、岡田良一郎・青山宙平に交換米反対世論の収拾を依頼。4日岡田・青山、民会開会を建議する　4.18 太政官、足柄県を廃し伊豆国を静岡県に合併すると布告する　5.6『重新静岡新聞』、提醒社より創刊される　5.21 浜松県、地租改正事業が終了する　8.14 浜松県民会、浜松普済寺で開場する(～16日)　8.21 太政官、浜松県を廃し静岡県に合併すると通達する　8.27 遠江国州会議長岡田良一郎(以後旧県会は州会)、州会存続を静岡県令に提出する　9.1 遠江国州会再開する(～12日)　9.15 遠江国州会、地租改正に関する見様し方法案等審議を県令に上申する(10.10、地租改正事務局は見様し伺いに対し不許可の指令を与える)　10.29 静岡屋形町の静岡病院で開業式が行われる(マクドナルド、無料診療広告を『重新静岡新聞』に掲載)　11.4 遠江国州会臨時会、県令に交換米取消願を提出する(11.9県は却下、12.6岡田良一郎ら、交換米取

地租改正事業

地券交付の後、土地の測量(実地丈量)を行い、地価の算定作業を行う。総代人が一村限りの耕宅地の地位を詮定し、総地主の意見を問い地位を決定する。次に小区内に模範村を設定し、それに比較して小区内の各村位を決定、同様に大区内の小区位を決定して一村レベルの地価額が決定する。

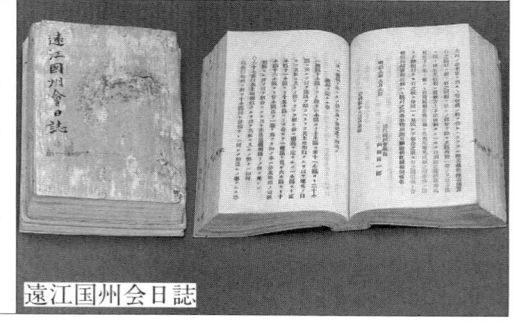

遠江国州会日誌

日　本　史	世　界　史
阪で会談する(大阪会議)。3.8木戸、12日板垣を参議に任じる　2.13 平民も必ず姓を称することを布告する　2.20 旧幕府制定の雑税を廃止する　2.22 片岡健吉ら、大阪で愛国社を結成する　3.24 地租改正事務局を設置する(内務・大蔵両省の管轄)　4.14 漸次立憲政体樹立の詔書を発布、元老院・大審院・地方官会議を設置する　5.7 樺太・千島交換条約・付属公文書をペテルブルグで調印する(8.22批准)　6.20 第1回地方官会議が開催される(〜7.17)　6.28 讒謗律(ざんぼうりつ)・新聞紙条例が制定される　9.20 江華島事件が起こる　11.27 信教の自由を口達する　11.30 県治条例を廃し、府県職制・事務章程を制定する	約を締結する　4.25 光緒帝、4歳で即位する(実権は西太后)　5.20 パリでメートル法条約が調印される　5.22〜27 独社会主義労働者党結成、ゴータ綱領が採択される　11.25 英政府、エジプト保有のスエズ運河株を購入する　12.30 墺、アンドラシー覚書を諸列強に送り、ボスニア・ヘルツェゴビナの改革をトルコに要求する
2.26 日朝修好条規が調印される　3.28 軍人・警察官・官吏制服着用等を除き帯刀を禁止する(廃刀令)　3.- 群馬県緑野郡新町駅に屑糸紡績所が設立する　4.18 足柄以下10県を廃合する　7.1 三井銀行が開業する(日本最初の私立銀行)　7.5 国家安寧(あんねい)妨害記事掲載の新聞・雑誌は発行禁止・停止すると布告する　8.5 金禄公債証書発行条例を定め、家禄・賞典禄を廃止し、公債証書発行する(77年より実施)　8.21 筑摩以下14県を廃合する(3府35県となる)　10.17 各国公使に小笠原島管治を通告する　10.24 熊本で神風連の乱起こる　10.27 神風連に呼応して秋月の乱起こる　10.28 熊本に呼応して萩の乱起こる　12.19 三重県飯野郡で農民一揆起こる(伊勢暴動　三重県下に広がり、愛知・岐阜・堺県下に波及)　12.27 大久保利通、農民一揆をかんがみ、地租軽減を建議する	4.4 エジプト、外債利払いを停止する　5.7 ヨーロッパ人債権者エジプトに債務整理委員会を設立する　5.30 トルコで青年トルコ党のクーデター起こる　6.30 セルビア、トルコに宣戦布告する(7.2モンテネグロも参戦　バルカン戦争始まる)　8.30 トルコ、ムラート5世を廃しハミト2世を擁立する　11.- メキシコでディアスの反乱が成功し実権を掌握する　12.20 トルコ、ミドハト・パシャ、大宰相となり、23日トルコ帝国憲法を公布する(ミドハト憲法)　この年露でナロードニキの地下革命組織が結成される

黒田清輝画　岡田良一郎

ロシアとの領土問題

明治前期、両国人雑居であった樺太が問題となっていた。たびたび紛争が起きており、「明治六年政変」では岩倉や大久保らが西郷遣韓問題より樺太問題先決論を主張していた。樺太・千島交換条約により、北洋漁業権を認めさせた上で樺太を放棄したが、当時は外交上の失敗の一つと批判された。

西　暦	年　号	県　　　　　史
1876	明治9	消願を地租改正事務局へ提出する）　12.1 県会議事堂が落成し、24日第1回県民会開院式が行われる
1877	明治10	1.29 地租改正事務局、交換米問題の旧県令指令無効を言い渡す。2.10 遠江国州会臨時会（～12日）、交換米取消再願を決議、22日岡田良一郎ら上京、田方収穫交換増米御取消再願を地租改正事務局へ提出する　3.26 『重新静岡新聞』、『静岡新聞』と改題する　3.- 賤機舎が廃校となる　この春内務省勧農局員内野信貴が県西部の農民に綿種子を配る　4.1 県、地位詮定事業を開始する　5.1 第2回県民会が開催する（～12日、初の本格審議）　5.22 岡田良一郎ら3人、遠江国田方貢租は交換米増米取消詮議中のため上納できないと県に上申する（6.23県、却下　7.3再上申）　5.- 岡田良一郎、冀北学舎を設立し、大江孝之が教員に招かれ英語と漢学を教える　9.5 県、岡田らを呼び出し、遠江国州会の交換米増米取消再願に対し妥協案を伝達し解決の方向へ動く　10.18 浜松第二十八国立銀行設立が許可される（78.1.10開業）　12.24 静岡第三十五国立銀行設立が認可される（78.5.15開業）
1878	明治11	1.11 政府、静岡県から東京府へ伊豆七島移管を布告　1.18 政府、静岡・神奈川県境決定を下す（伊豆国の神奈川県飛び地は静岡県に移管）　1.- 静岡師範黌附属図書館が開館し、一般の利用を許可する　2.- 岡田良一郎、掛川農学社を設立する（3月勧業演説会開催）　3.- 内務省勧農局、静岡に紅茶伝習所を設立する　7.- 遠江国州会、三新法公布により消滅する　8.- 伊豆国収穫査定を開始する　大江孝之、冀北学舎を辞し静岡新聞主幹となる　10.10 沼津第五十四国立銀行、開業式を行う　10.- 伊豆国地租収穫査定の結果額が通達されるが、住民承諾せず上申書を提出する（総代小川宗助、木村恒太郎ら）　11.10 県、県庁前物産仮展観所陳列品を公開する（～24日）　見付第百二十四国立銀行が開業する　11.16 二俣第百三十八国立銀行、設立が認可される（79.3.1開業）　12.2 伊豆国人民代表、地租収穫査定の変更を求め交渉を開始。4日「伊豆国改租収穫増附方御説ニ付願書」を提出する　この年江原素六による愛鷹山麓の牧、

「三新法」

府県の下に郡、区、町村を行政区画と認定した「郡区町村編制法」、府県議会の統一的規準を設定した「府県会規則」、府県財政の内容と範囲を明確にする「地方税規則」の三つを指す。静岡県では「郡区町村編制法」により、従前の大小区が廃止され、23郡、郡役所所在地13カ所が指定された。

静岡第三十五国立銀行本店

日　本　史	世　界　史
1.4 地租軽減の詔書出る（地価が100分の2.5）　1.11 教部省、東京警視庁を廃し、事務を内務省に移管する　2.15 西南戦争が始まる　6.1 万国郵便連合条約に加入調印する　6.12 政府、立志社の国会開設建白書を却下する　8.8 立志社社員高知県士族林有造ら、武器購入計画が発覚し東京で逮捕される　8.21 第1回内国勧業博覧会、上野公園で開場となる（～11.30）　8.- コレラが上海から長崎・横浜に伝播、全国にまん延する　9.24 西郷隆盛ら自刃、西南戦争が終結　12.28 東京株式取引所設立を許可する（78.5.4株式取引所条例により、10日再び設立出願、6.1開業）	1.1 英のビクトリア女王、デリーでインド皇帝を宣言する　2.5 トルコのハミト2世、大宰相ミドハト・パシャを罷免する　3.18 第1回トルコ議会が開催され、31日列強によりロンドン議定書が調印される　4.3 ロンドン議定書と露単独の最後通牒がトルコに渡される　4.24 露土戦争始まる　5.21 ルーマニア、トルコからの独立を宣言する　7.17 米ボルチモア・オハイオ鉄道労働者、賃下げ反対スト
5.14 大久保利通、東京紀尾井町で石川県士族島田一郎らにより暗殺される　5.15 伊藤博文の工部卿を免じ、内務卿に任じる　5.27 貿易銀の一般通用を許可する（事実上の金本位制から金銀複本位制となる）　6.8 第一国立銀行釜山支店が開業する（初の銀行海外進出）　7.22 郡区町村編制法・府県会規則・地方税規則（三新法）を定める　7.29 元老院議官井上馨を参議兼工部卿に任じる　8.23 東京竹橋の近衛砲兵隊兵卒、暴動起こす。翌日鎮圧される（竹橋事件）　8.24 全国戸籍表（76.1.1 調査）を発表する（戸数729万3110、人口3433万8404人）　9.11 愛国社再興第1回大会、大阪で開催する	1.31 露・土間でアドリアノーブル休戦協定が調印される　2.10 スペイン・キューバ間にサンホン協約が成立する（キューバ、独立に失敗する）　2.13 トルコのハミト2世、議会閉鎖、憲法停止で専制政治を復活する　3.3 露・土間にサン・ステファノ条約が調印される　6.13 独・露・墺・英・仏・伊・土参加でベルリン会議を開催する（～7.13）　8.15 エジプトでヌーバール内閣が成立し、英・仏人が蔵相・公共事業相に就任する　11.20 英・アフガニスタ

冀北学舎（現掛川西高校）

西南戦争

戦争の言葉から、最初から戦いが行われたようにイメージしがちだが、もともとは「暗殺未遂事件につき政府糾弾のため」上京する西郷の身を危ぶむ私学校党が随行したという感じであった。大隊編成の行軍隊形はとっていたが、平時の軍隊移動に等しい状況で鹿児島を出発したのである。

西暦	年号	県　　　　史
1878	明治11	廃場となる　有信社、比木村(浜岡町)に設立され、製茶直輸を開始する(81年解散)
1879	明治12	1.12 民権結社参同社結成、静岡師範学校で集会・演説会を行う(県下初の本格的演説結社)　2.27 県、榛原郡源助村外12カ村(大井川町)の志太郡組み替えと大井川中央を駿河・遠江の国境にすると通達する　3.12 県、大区小区を廃し、郡制制定を通達する(伊豆国4郡、駿河国7郡、遠江国12郡)。小区を組合町村とする戸長改選法を通達する　3.18 県、旧伊豆国の旧大小区ごとに地租改正担当人を定め、改正事務を委任すると通達する　3.- 第1回県会議員選挙、5.10第1回通常県会が開会する(～12日)　6.1『函右日報』、静岡両替町の参同社から創刊される　7.1 アメリカ前大統領グラント夫妻、コレラを避けて清水港に上陸、興津・静岡を訪れる(～2日)　10.11 伊豆国耕宅地の地租改正終了　11.21 前島豊太郎、広瀬重雄、大江孝之ら静岡に民権結社静陵社を組織する(30日演説会)　11.24 岡田良一郎、県より資産金貸付所掛川分社の設立認可を受ける(掛川信用金庫の前身)　この年駿河国耕宅地地租改正事業が終了する
1880	明治13	1.- 県、旧駿河国内の地価額を告示し、各村に請書を提出させる　『函右日報』の発行元、参同社から函右日報社となる　2.7 県、地租改正事務局に駿河国田畑宅地地租改正上申書を提出する　2.25 『静岡新聞』、提醒社より日刊紙として復刊する　4.- 静陵社、集会条例違反で解散となる　6.26 県、地租改正事務局に伊豆国山林原野地租改正上申書を提出する。28日伊豆・駿河国市街地地租改正上申書を提出する　9.15 蓮台寺村(下田市)で伊豆国町村連合会が開会する　11.5 静陵社再興演説会が開会される(～7日)　12.27 磯部物外ら県下有志1万5735人、国会開設建白書を元老院に提出する　この年石田村(静岡市)に駿河西報徳社が設立(創立者石垣治兵衛)、静岡に静岡報徳社が設立される(創立者中上喜三郎)
1881	明治14	1.20 伊豆銀行、韮山村に設立される(韮山生産会社、大場活水社、大場銀行が合併)　2.25 山梨易司ら『静岡新聞』(第3次)を復刊する　2.28 臨時県会が開会する(～3.5　備荒儲蓄規則を再議)。3.19

最初の国会開設運動

　静岡県の国会開設請願は1880年3月22、23日の蓬莱亭会議から具体化した。同じ頃、大阪で国会期成同盟が結成されたが、県下の運動はこれとは別に独自の形で進んだ。「集会条例」による衝撃の後、特に伊豆地域で活発な動きがあり、国会開設建白書提出に進んでいく。

静岡中学校の正門

日 本 史	世 界 史
	ン間に第2次アフガン戦争起こる
1.25『朝日新聞』が創刊　4.4 琉球藩を廃し沖縄県を置くと布告する　3.14 松山でコレラ発生、全国に広まる　6.4 東京招魂社を靖国神社と改称、別格官幣社とする　7.1 アメリカ前大統領グラント夫妻来日(7.3横浜着、9.3離日)　8.- 天皇、「教学聖旨」(元田永孚起草)を内示する　9.29 学制を廃し、教育令を制定する　10.- 岡山県両備作3国懇親会で国会開設建言を可決する(元老院に提出)　内務省勧農局、猪苗代湖疎水事業(安積疎水)に着工する　11.18 沼間守一、『横浜毎日新聞』を買収、『東京横浜毎日新聞』と改題する　この年コレラが大流行し、各地で消毒・患者の避難病院への強制隔離に反対の騒動が発生する(コレラ一揆)	2.18 エジプト、ヌーバール首相ら監禁され、内閣崩壊する　4.2 エジプト名士会議議員ら、祖国憲章に署名、7日ムハンマド・シャリーフ内閣が成立する(7.6内閣辞職)　5.26 英、アフガニスタンを事実上保護国とする(ガンダスク条約)　8.- 露「土地と自由」派分裂、「人民の意思」派結成される　9.4 エジプトで英仏財政共同管理が復活する　10.7 独墺同盟が成立する
2.28 参議の省卿兼任を廃し、内閣と省を分離する　3.3 太政官に法制・会計・軍事・内務・司法・外務の6部を設置し、参議の分担を定める　3.17 国会期成同盟が結成される　4.5 集会条例が制定される　4.8 区町村会法が頒布となる　5.20 地租特別修正許可の布告が出される　7.17 刑法・治罪法が布告となる(82.1.1施行)　11.10 国会期成同盟第2回大会、東京で開催され、大日本国会期成有志公会と改称する　12.28 教育令を改正する(改正教育令)　この年民権派の国会開設運動が各地で高まる	1.6 エジプト、ムカーバラ法を廃止する　4.5 エジプトのヘディーブ(副王)のタウフィーク、債務に関する国際精算委員会成立を承認する　7.- アフガニスタンの新国王アブド・アッラフマン、ガンダマク条約を再確認する　12.30 トランスバールでクリューゲルを指導者とするボーア人、英に対して共和国を宣言する
1.14 警視庁を東京に再置する　4.7 農商務省が設置される(初代卿河野敏鎌)　4.25 交詢社、「私擬憲法案」を発表する　5.- 立志社、「日本憲法見込案」	3.13 露のアレクサンドル2世、ペテルスブルグで「人民の意志」派テロにより暗殺される　3.25

静岡師範学校

民衆がつくった憲法草案

現在、私儀憲法案と言われるものは50数種類見つかっている。なかでも現憲法に近いのは、植木枝盛の「日本国国憲案」と、東京の武蔵五日市でつくられた「五日市憲法草案」がある。とくに「五日市憲法草案」は、山深い五日市の平民の民権家によるもので、大変意味のある私儀憲法案である。

西暦	年号	県史
1881	明治14	県令、内務卿認可で原案施行を通達　5月末静陵社、集会条例8条により解散する　6.24 県、地租改正事務局に駿河国山林原野地租改正上申書を提出する　9.- 岡田良一郎ら、交換米取り消しを実現する　10.8 前島豊太郎舌禍事件起こる　10.13 国会開設建言(県下有志1万9089人、総代委員磯部物外ら9人)を発表する　10.16 荒川高俊舌禍事件起こる　12.10 県改進党結成大会開催され(〜11日静岡)、党則と副党則を議決する(穏健主義改革派)　12.- 静岡近郊で小作料減免運動が活発化する
1882	明治15	1.13 土居光華、『東海暁鐘新報』に「岳南自由党団結ノ合図」を掲載する(20日過ぎ岳南自由党結成)　3.26 静岡町連合議会所で県改進党第1回大会を開催する　4.1 浜松教興寺で自由党遠陽部発会政談演説会を開催する　5.10 古郡米作・土居光華、京都の酒屋会議に県下総代で出席する　6.17 県、佐野・城東郡連合町村会を認可する　6.30 岳南自由党、集会条例改正で解党を宣言する　6.- 小池文雄が浜松立憲帝政党を結成する　7.1 自由党遠陽部、集会条例改正に伴い遠陽自由党に改組する　見付第百二十四国立銀行、静岡第三十五国立銀行へ合併される　7.3 県改進党、結社を届け出る(11.28認可)　7.30 浜松立憲帝政党、総会で党名を東海立憲帝政党と確定する　8.1『静岡新聞』、帝政党系機関紙となる　12.7 静岡第三十五国立銀行、沼津第五十四国立銀行を合併する　この年末頃伊豆で静岡県管轄離脱運動が発生する
1883	明治16	4.- 中野いと、浜松で遠陽婦女自由党を結成する　4月頃県、庚午貯穀金などの公有金の遠州人民への返付を命じる。岡田良一郎らの反対で庚午貯穀金のみ関係郡長へ移し換える　5.- 鈴木藤三郎、氷砂糖の製法を発見する　9.25 福井県の宮原廉(元静岡県官)、浜松県再置は確説であると竹山謙三(敷知・長上・浜名郡長)あて書簡で連絡。10.2 磐田・山名・豊田郡長小野田松一郎、浜松県再置の件について竹山謙三に書簡を出す(浜松県再置問題起こる)　10.10 東

伊豆・遠江の分離運動

1876年に現在の静岡県が成立した後も、伊豆・遠江に分離運動が起こった。もともと地域の実情に基づいた統一ではなく、さらに統一後の経済的変動や租税負担が重くなったことなどが原因で、伊豆では神奈川県への管轄替え、遠江では浜松県再置の運動が起きた。こうした動きは全国各地で見られた。

鈴木藤三郎

日　本　史	世　界　史
を起草する　7.26『東京横浜毎日新聞』、開拓使払い下げ問題を暴露する(開拓使官有物払い下げ事件)　8.-　植木枝盛、「日本国国憲法草案」を起草する　10.11　御前会議で開拓使官有物払い下げ中止、大隈罷免などを決定(明治14年政変)。12日「明治23年ヲ期シ議員ヲ召シ国会ヲ開ク」詔勅を発する　10.18　自由党結成会議が開会する　10.21　松方正義を参議兼大蔵卿に任じる(参議・省卿兼任制に復す)　この年民権結社設立・憲法案(私擬憲法案)草起が活発化する	朝鮮慶尚道の儒者李晩孫ら、排外主義運動を起こし、以後排日論が昂揚する　5.12　仏、チュニスを保護領にする　5.23　ルーマニア王国成立する　6.18　独・墺・露3帝同盟が成立する　6.28　墺・セビリア間で秘密条約が調印される(セルビア、墺の実質上の保護国となる)　9.9　エジプトでオラービーの革命が起こる
3.12　熊本で九州改進党が結成される　3.14　河野敏鎌「立憲改進党趣意書」を発表する(4.16結党式、大隈重信総理)　3.18　福地源一郎ら立憲帝政党を結党する　4.6　自由党総裁板垣退助、岐阜で遊説中に襲われ負傷する　5.12　福島県会、県令三島通庸の道路工事強行に反対し、地方税議案を否決する　6.3　集会条例が改正される　7.23　壬午の変(壬午事変)が起こり、日本公使館が襲撃される(8.30朝鮮と済物浦条約に調印)　12.1　福島県自由党幹部河野広中ら、政府転覆の盟約作成の容疑で逮捕される(福島事件)	2.2　エジプトで国民党内閣成立(首相マフムード・サーミー)、7日憲法を制定する　5.20　ビスマルク主導下で独・墺・伊3国同盟が成立する　7.11　英艦隊、アレクサンドリアを砲撃する　7.23　朝鮮、壬午の変(壬午軍乱)　8.10　清、軍艦を朝鮮に派遣する　9.15　英軍、カイロ占領。エジプト軍降伏する
2.2　鳩山和夫ら全国の改進党系府県会議員、日本同志者懇親会を開催する(3日、禁止命令)　2.21　郡区長の給料・旅費を83年度より国庫支弁と定める　3.20　北陸地方の自由党員赤井景韶ら26人、内乱陰謀容疑で逮捕される(高田事件)　4.16　新聞紙条例を改正する　4.23　自由党大会で改進党攻撃を決議する　5.5　国立銀行条例を改正する　5.22　各庁の	3.27　仏軍、ベトナムのナムディンを占領。30日ベトナム国王、清に派兵を要請する　6.1　仏・マダガスカル間に戦争起こる(85.12.17講和条約調印)　8.15　仏軍、安南のユエを攻撃開始、25日仏・ベトナム間にユエ条約が調印される

当時の浜松郵便局

静岡県出身の「特許王」
　鈴木藤三郎は氷砂糖製造の他にも、醬油エキス原料開発や乾燥機械など、今日の食料品工業を基礎づける技術開発を行った。数にして150件を越える特許を取っている。同じく「特許王」として有名な人物に、鈴木とほぼ同時期に生きた、織機技術の開発者である豊田佐吉がいる。

西暦	年号	県　　　　　史
1883	明治16	海立憲帝政党が解党する　11.- 伊豆地方の負債者、内浦会社、古奈会社など貸付会社へ無利息・10カ年据え置き等の強談を行う(～84.3.-)　12.16 御厨地方(御殿場市)で86カ村の貧民数百人が集会し、御厨銀行に借金無利息年賦返済の要求を決議する(～17日)　12.- 大岡村(沼津市)で小作料減額をめぐり地主と小作人対立(～翌年1・2月対立激化)　この年北伊豆で負債者組織として貯蓄社が結成される
1884	明治17	2.10 提醒社発行『静岡新聞』が『静岡大務新聞』と改題発行される　2.29 遠陽自由党解散、自由党加盟を決定する　3.- 豆州借金党1500人、元金減少・利下げ等を条件に貸付会社と和解する(この頃より借金党の名称が新聞紙上に登場)　4.5 県下3大工事(吉原石水門、社山疎水、浜松連洋運河)の起工式を行う　5月頃県改進党が解散する　6.30 県、戸長役場位置・所管町村区画を定め、戸長選挙法廃止を通達する(7.1県、官選戸長任命)　7.- 大岡村(沼津市)・長岡村(伊豆長岡町)で官選新戸長赴任に反対し、地元選出を郡役所に嘆願する(この頃官選戸長への反発高まる)　9.15 全県下で台風被害。潮風で稲が枯れ飢饉となる　11.8 湊省太郎・広瀬重雄ら、愛知・長野の民権家と挙兵盟約。12.7飯田事件関連容疑で拘引・投獄される　11.15 庄内地方(浜松市)で集会を阻止された丸山教徒が村櫛村役場用係と衝突し、気賀分署、18～9人を拘引する(この時期遠州地方で丸山講拡大)　12.- 原木村(韮山町)の貧民ら、富豪に無利息借金を要求し十数日間集会する(翌年1月妥結)　香貫村(沼津市)小作人150人余が納米5カ年賦を請求する　富士郡の貧民700余人が集会し、学校・病院の廃止、小作米4割減額を要求する
1885	明治18	1月中旬駿東・君沢両郡45カ村負債者総代、伊豆銀行無利息10カ年賦の借金を申し入れ拒絶される(～下旬)　1.31 駿東郡長、借金党をけん制し、軽挙妄動を戒める諭達を出す　2.2 駿東・君沢両郡60カ村1500人余が三島神社に集会する(3日伊豆銀行に押し掛け強談)　3.- 駿東・君沢・田方・賀茂4郡85カ村連合の負債者組織が結成す

借金党の騒擾

松方デフレによる物価の下落と増税で、窮乏する農民の動向の中で最も激しかったのが「借金党」「貧民党」などの負債者集団による貸付会社、銀行に対する借金の無利息年賦返済などを要求する動きであった。東日本各地に頻発したが、静岡県は最多発地域でかつ長期にわたった点で際立っている。

駿東郡大岡村地主・小作間で交わされた規約書

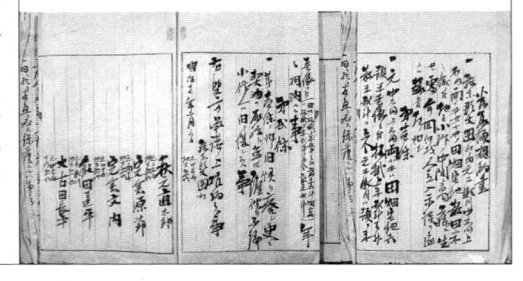

日　本　史	世　界　史
達・告示は官報登載で公式となる　6.29 改正出版条例を制定する　7.2『官報』が創刊される　9.24 立憲帝政党、解党を公告する　11.28 鹿鳴館(ろくめいかん)完成、開館式を行う　12.12 山県有朋(やまがたありとも)を内務卿に任じる　12.28 徴兵令を改正する	11.29 ベトナムでクーデター起こり、ユエ条約を破棄する　12.14 仏軍、ハノイ北のソンタイを攻撃　12.24 清軍、ベトナムに出兵する
3.15 地租改正条例を廃し、地租条例を制定する　5.13 群馬県自由党員、農民数千人集め、16日未明より高利貸・警察署等を襲撃する(群馬事件)　5.26 兌換(だかん)銀行券条例が制定される　7.7 華族令が制定される　9.23 茨城・福島の自由党員ら16人、加波山(かばさん)に集結、24日警官と衝突する(加波山事件)　10.29 大阪で自由党大会開催、解党を決議する　10.31 自由党員を含む埼玉県秩父地方の農民数千人、郡役所・高利貸などを襲撃する(秩父事件)　10.- 名古屋の自由党員、挙兵資金の強盗殺人容疑で逮捕される(名古屋事件)　12.4 甲申事変起こる(開化派とともに、竹添公使、日本軍を率いて王宮占領)。6日清軍、王宮に進み日本軍敗退、8日竹添公使、済物浦(さいもっぽ)へ退去　12.6 愛知・長野の自由党員らによる挙兵計画が発覚する(飯田事件)　12.17 立憲改進党総理大隈重信・副総理河野敏鎌(とがま)脱党する	3.27 独・墺・露3帝同盟が更新される　4.24 独、英の権利主張を排し南西アフリカのアングラ・ベキュニアに植民地開設を決定する(8.7占領、独初の植民地獲得)　5.11 清・仏間に天津条約が調印される　6.23 清・仏軍、ハノイ北方で衝突する(清仏戦争事実上始まる)　8.26 清、仏に宣戦布告する　12.4 ソウルで金玉均・朴泳孝ら開化派のクーデターが起こる(クーデター失敗)　12.6 英議会で第3次選挙法改正案が通過する(実質上の男子普選実現)
1.9 特派全権大使井上馨(かおる)、金宏集全権と甲申事変事後処理の条約(漢城条約)に調印する　1.27 ハワイへ向け第1回官約移民900余人、横浜を出発する　3.21 万国郵便為替約定に加入調印する(86.4.1実施)　4.18 全権伊藤博文、清国全権李鴻章と天津条	2.6 伊、エチオピアのマッサワに植民地を獲得する　6.9 清・仏間に天津講和条約が調印される　11.28 英、ビルマのマンダレーを占領する(第3次イギリス・ビル

当時の安倍川、静岡市にあった有料橋

困民党事件(負債騒擾)

　秩父事件をはじめとする負債騒擾事件の原因の一つは、物価の下落と増税による農村疲弊であった。もう一つはこの頃多く生まれた、資金貸付会社としての私立銀行や金貸会社による貸借、取り立てが、民衆には苛酷と意識されたためである。静岡県は負債騒擾事件が最も多い県の一つである。

西　暦	年　号	県　　　　　史
1885	明治18	る　5.31『静岡大務新聞』、『函右日報』を合併。6.2合併後最初の『静岡大務新聞』を発行する　9.- 富士川新水道会社、山梨県と蒲原との間に水運を開き静岡・山梨両県から開業許可を得る(10月開業)　10.- 金原明善、農商務省静岡山林事務所に官林借用と植林を出願して許可を得、翌年春から着手する(以後12年間事業を行う)この年末県下私立銀行34行、銀行類似会社46社。このうち遠江の私立銀行23行、銀行類似会社24社
1886	明治19	1.12 県、治安妨害を理由に『東海暁鐘新聞』を発行停止処分とする　3.17 岡田良一郎・丸尾文六ら遠州総代人4人、松方正義蔵相に石代相場改定を請願する　6.10 湊省太郎ら8人で大臣暗殺を決め、11日湊、東京で逮捕される(静岡事件　12日東京・静岡・愛知で関係者検挙、〜17日)　6.- 干害のため各地で雨乞いを行う　7.20 関口隆吉、地方官官制公布に伴い、本県初の知事に就任する　8.10 東海道鉄道線誘致を求める演説会、袋井銀行で開催する。14日静岡桜川座でも開催する　8.24 清水町(清水市)人民総代、同町への東海道鉄道停車場設置を知事に請願する　8.- 水不足により虫害となる　8月頃東海道鉄道予定路線をめぐり、宿場沿いと海岸沿いの両路線論が展開する　12.4 函南村民ら、東海道鉄道予定路線について熱海－函南への変更を求め、鉄道局長に意見書を提出する
1887	明治20	1.4 岡野喜太郎、鷹根村(沼津市)に貯蓄組合共同社を設立する(スルガ銀行の前身)　3.29 遠州地価修正が閣議決定する(9月処分終了)　4.4『絵入東海新聞』、静岡両替町の貫行社(のち東海社)から創刊される(前身は『東海暁鐘新聞』、後身は『東海日報』)　5.- 東海道鉄道工事で、浜松に水害が起きる恐れがあるとして住民が反対。江尻(清水市)で地主が駅の位置変更を嘆願する　7.2 芝川流域(富士宮市)で水論。村民800余人が集会、堤防を破壊する(11日、警察署員説諭で和解)　8.10 山葉寅楠、浜松でオルガンを製造する　10.30 県、茶業振興の講話講師として、農商務省一等技手多田元吉

静岡事件

　湊省太郎・鈴木音高ら民権運動左派に属す人々が中心となり、1884年に武装蜂起を計画したが、各地の武装蜂起が鎮圧される中で方針を転換、少数精鋭主義での政府高官暗殺を計画したが未然に発覚し、一斉検挙された。裁判ではそれぞれの被告が有期徒刑15年以下の判決を言い渡された。

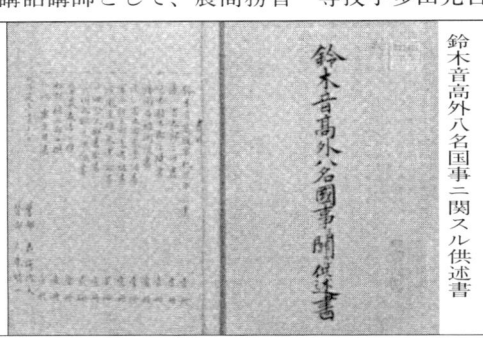

鈴木音高外八名国事ニ関スル供述書

日 本 史	世 界 史
約を調印する　8.12 教育令を再改正する　11.23 朝鮮でのクーデター計画が発覚し、大井憲太郎ら大阪で逮捕される（大阪事件）　12.22 太政官制を廃し、内閣制度を創設。第1次伊藤内閣が成立する　この年紙幣整理による不況、極みに達する（松方デフレ）	マ戦争）　11.13 セルビア、ブルガリアに宣戦布告する(86.3.3講和条約調印)　12.28 インド国民会議派の創立大会が開催される
1.26 北海道庁を設置する　1.- 政府、紙幣の兌換・償却を開始する　3.2 帝国大学令を公布する　4.10 師範学校令・中学校令・小学校令および諸学校通則を公布する　5.1 井上馨外相、各国大使と第1回条約改正会議を開き、正式に改正条約案を提出する　6.12 箱根離宮落成式襲撃計画が発覚し、静岡の在京旧自由党員が逮捕される（静岡事件）　7.13 子午線経度計算法及び標準時の件を公布する(89.1.1より東経135度を標準時と定める)　閣議、東西幹線を中山道から東海道に変更し、7.19東海道鉄道敷設工事の閣令を公布する　7.20 地方官官制を公布する　10.24 星亨・中江兆民らが発起人で、旧自由党員中心に全国有志大懇親会を東京で開催する（大同団結運動の開始）　ノルマントン号事件起こる	1.1 英、上部ビルマの併合を宣言する（ビルマ全土植民地化）　7.24 清・英間にビルマ条約が調印される（清、英のビルマ主権を承認）　11.11 リヨンで第1回フランス全国労働組合大会開催、フランス労働組合・職団体全国連合会が結成される　12.8 米国労働総同盟(AFL)が結成される　この年トランスバール南部で金鉱が発見される（9月ヨハネスブルグ建設）
1.24 地方制度編纂委員会が設置される　5.18 私設鉄道条例が公布される　6.1 伊藤博文・金子堅太郎・伊東巳代治ら、神奈川県金沢で憲法草案の検討を開始する（のちに井上毅が参加、神奈川県夏島の伊藤別荘に移動）　7.3 谷干城農商務相、条約改正反対の意見書を内閣に提出する(7.26罷免)　7.29 井上外相、各国公使に条約改正会議の無期延期を通告する　9.17 井上馨外相辞任、伊藤首相外相兼任する　10.3 後藤象二郎、丁亥倶楽部を結成し、大	1.20 米、ハワイ王国から真珠湾の使用権を獲得する　2.12 英・伊間に地中海協商が成立する　2.20 独・墺・伊三国同盟が更新される　6.18 独・露間に秘密再保障条約を調印する　10.17 仏領インドシナ連邦が成立する　12.1 清・ポルトガル間で条約調印。清、ポルトガルに最恵国待遇を認め、

松方デフレの影響

　松方デフレは、それまでのインフレに歯止めをかける政策であった。しかし、米穀・マユ・生糸などの価格は2、3年の間に一挙に半値に下落、とくに養蚕を経営する農家は、大打撃を受けた。激しい経済変動は民衆生活を翻弄し、天理教や丸山教などの民衆創唱宗教が生まれる土台となった。

その後の鈴木音高

　静岡事件の中心人物鈴木音高は、1897(明治30)年特赦で出獄した。翌年、鈴木はアメリカに渡り、シアトルに東洋貿易会社を設立し、鉄道建設請負事業に従事した。1902(明治35)年には邦字日刊新聞を発刊、シアトルの日系人社会において指導的役割を果たす。1924(大正13)年シアトルで病没した。

西暦	年号	県　　　　　　　史
1887	明治20	を招くと通知する(11.6～8講話)　11.16 県会で県庁清水移転計画提出され、賛否両論が展開する　11.23 静岡で全三州有志大懇談会が開催される。25日、3州23郡有志委員総集会開催、岳南協会への改称と同会規則を決議する　この年富岡村(豊田町)加茂西で鈴木浦八指導で区画整理工事を実施する　県下の東海道鉄道の架橋工事が開始する
1888	明治21	3.- 山葉寅楠、浜松成子町(なるこ)に山葉風琴製作所を設立する　5.12 大隊区司令部条例制定、静岡追手町に大隊区司令部が設置される　7月頃江尻(清水市)の駅設置に関し、用地買収で紛議起こる　9.1 東海道鉄道浜松－名古屋間が開通、浜松駅が開業する。見付－二俣間貨物定期便が開業する　9.- 県尋常師範学校と県尋常中学校に県下初の御真影下付される　11.1 『東海日報』、静岡の東海社から創刊される(前身は『絵入東海新聞』、後身は『この花新聞』)　11.- 駿東・富士・君沢など県東部6郡有志(自由党系)により六郡倶楽部、沼津で結成される　富士製紙会社、鷹岡村(富士市)入山瀬(いりやませ)で工場建設を開始する
1889	明治22	1.1 静岡第三十五国立銀行、浜松第二十八国立銀行を合併する　東京－熱海間に全国初の長距離公衆用市外電話が開始される　2.1 東海道鉄道東京－静岡間開通式を行う(4.16静岡－浜松間開通)　2.27 県、4.1より静岡市へ市制、他の町村へ町村制を施行すると通達、28日県、市町村区域改定で旧各町村を大字とすると通達する　2.- 資産金貸付所、普通銀行業務を開始する　4.11 丸子新田(まりこしんでん)(静岡市)の東海道鉄道で機関車衝突事故起こる(関口知事ら負傷、5.17知事死亡)　5.16 仏人カトリック宣教師テストビード、富士岡村神山(こうやま)(御殿場市)の民家に日本初のハンセン病療養所を設立する(90.6.25 復生病院として開院)　7.1 静岡市役所の事務取り扱いが開始する　8.- 静岡大同倶楽部が設立する(中心は江藤俊平、前島豊太郎ら)　条約改正中止建白、決行建白が県下からも相次ぐ(10月頃まで)　10.15 県、『東海日報』は『この花新聞』と改称すると告示する　11.23 遠陽大同倶楽部、浜松町曳馬座(ひくま)で結党式を行う　12.24 県庁

東海道鉄道

　東京と京阪神地域をつなぐ鉄道計画は、最初防衛上の観点から海岸線から遠い内陸の中山道経由だった。しかし、山地の多い中山道幹線の建設は多額の費用と7、8年の工期を要するとして東海道経由となった。なお当初は東海道鉄道と呼んだが、1909年の「国有鉄道線路名称」で東海道本線となった。

徳川慶喜が撮影した安倍川鉄橋

日 本 史	世 界 史
同団結を説く　10.-　高知県代表、「三大事件建白書」を元老院に提出する　12.15　2府18県の代表、東京で会合。三大事件建白書の処理を元老院に要求する　12.26　保安条例が公布・施行する(26日、570人に3日以内に皇居外3里への退去を命じる)　12.28　新聞紙条例を改正・公布する(発行届出制)	マカオ割譲　12.12　英・伊・墺間に第2次地中海協商が成立する
1.4　山陽鉄道会社設立免許(社長中上川彦次郎、私設鉄道条例公布後初の鉄道会社)　時事通信社、創立する(社長益田孝、初のニュース通信社)　2.1　大隈重信を外務大臣に任じる　4.25　市制・町村制が公布される(89.4.1漸次施行)　4.30　枢密院官制が公布される(議長伊藤博文)　黒田清隆内閣が成立する　6.18　枢密院で憲法草案審議が開始される　11.30　メキシコとの修好通商条約を調印する(最初の対等条約)　12.4　愛媛県から旧讃岐国分を割き、香川県を設置する(現在の府県名確立)	1.28　独・伊間に軍事協定が調印される　2.19　英軍、チベットを攻撃する　5.13　ブラジルで奴隷解放法案、議会を通過する　6.15　ドイツ皇帝にウィルヘルム2世が即位する　9.4　サモアで対独反乱起こる　10.29　スエズ運河条約が英・仏・独・伊・墺・西・蘭・露・土の参加で調印される　12.17　清に北洋海軍が成立する
1.22　改正徴兵令が公布される(戸主・嗣子の徴集猶予・免除の改廃などで国民皆兵主義を実現)　2.11　大日本帝国憲法発布、皇室典範制定、衆議院議員選挙法・議員法・貴族院令公布。大赦令公布で国事犯多数出獄する　2.12　黒田首相、超然主義の方針を訓示する　4.19『ザ＝タイムズ』、大隈外相の条約改正案を論評する。5.31～6.2新聞『日本』に訳載(反対運動激化)　5.10　大同団結派、政社系と非政社系に分裂。政社系は大同倶楽部、非政社系は大同協和会を結成する　7.1　東海道鉄道(新橋―神戸間)全通する　10.18　大隈外相、玄洋社社員来島恒喜に襲われ重傷を負う　10.24　黒田首相以下、大隈を除く各大臣辞表を提出、25日内大臣三条実美を首相兼任とする　11.1　黒田・伊藤に元勲優遇の詔	2.-　レセップスのパナマ運河会社が倒産する(パナマ運河汚職暴露の発端)　3.4　清、光緒帝の親政が開始される　4.29　サモアに関する米・英・独の第2次3国会議開催される　5.2　伊・エチオピア間にウッチャリ条約が調印される　5.6　パリ万国博覧会が開催される(フランス革命100周年記念、～11.6)　7.14　パリで国際労働者大会開催、第2次インターナショナルが成立する　10.2　第1回汎米会議を開催する　11.15　ブラジル、陸軍によるクーデターで帝政

山葉寅楠

焼失した帝国議会仮議事堂

　第1回帝国議会開院式を行った第1次帝国議会仮議事堂はその2カ月後、1891(明治24)年1月20日未明、漏電による出火で焼失した。第2次帝国議会仮議事堂は、第2議会の召集に合わせて11月に突貫工事で完成した。ちょうど民間に電灯が普及し始めたころであり、センセーションを巻き起こした。

西暦	年号	県　　　　　　史
1889	明治22	新築落成移転告示、29日移転する　12月末全県的町村合併で1市336町村となる　12.－王子製紙会社の気田(けた)工場(春野町、日本初の木材パルプ製造工場)操業が開始される　静岡駅で旅館業者加藤滝蔵が立ち売り営業を開始する
1890	明治23	5.31　県庁官制改革に伴い、県職員の大幅な人事異動が発令される　6.10　貴院多額納税議員に宮崎総五が当選する(9.25勅任)　6.18　静岡製糸会社、静岡市旧城内に開業する　7.1　第1回総選挙を行う(議員数全国300人のうち静岡県は8人。7区の選挙区で、第7区の議員数が2人の他は定員1人)　8.29　浜松町議員に対する不満から玄忠寺で町民会が開催される(91.2.20町会議員総辞職により解決する　浜松町政事件)　9.15　立憲自由党結党式が行われ、県から足立孫六(まごろく)、井上敬三郎、山岡昻三(こうぞう)、湯山秀樹、鈴木繁太郎ら7人参加する　11.16　静岡市で三州進歩主義者大懇親会、12月に三州倶楽部創立を決める　11.20　通常県会(～12.19)で町村土木補助費をめぐり、激論の末、県当局の原案が可決する　12.－前島豊太郎と鈴木善六郎が国民自由党に県常議員として参加する(県下の旧自由党系一時分裂)　この年遠州紡績会社、経営不振で竹山社長以下役員辞任、二俣第百三十八国立銀行役員が同社役員を兼ねる
1891	明治24	1.25　『静岡日報』(自由党系日刊紙)、静岡市の静岡日報社から創刊される　3.－東海道鉄道小山－沼津間、複線化される(県下複線化の最初)　6.－静岡市職員が絡む「秘密文書暴露事件」をめぐり、『静岡大務(だいむ)新聞』が『暁鐘(ぎょうしょう)新報』の報道姿勢を批判する　7.18『暁鐘新報』、治安妨害のかどで発行停止処分となる(8.9復刊、10.13廃刊)　10.10　遠州出身の県会議員、91年度地方税予算における天竜川河川改修工事費増額を求め中泉町(磐田市)友愛館で集会を開く　10.20『静岡民友(みんゆう)新聞』(日刊)、静岡市で創刊される　10.28　濃尾地震で、山名町(袋井市)の山名小学校校舎が倒壊する　11.22　前島豊太郎、格太郎父子ら、『東海暁鐘新聞』を創刊する　この年三保(みほ)村民の川口栄次郎ら、旅行免状を得て米国へ移民する

市制・町村制の施行

　市制・町村制に先立ち、県は町村合併を推進し、1市336町村に整理統合された。政府が創出しようとした地方自治制は、名望があり無給で名誉のために町村の政治・行政を分任する有産者を担い手とするべきもので、狙いはこの地方名望家支配によって明治憲法体制を支えることにあった。

静岡製糸会社の製糸場

日　本　史	世　界　史
書を下賜する　12.10 閣議、条約改正交渉延期を決定する　12.24 第1次山県有朋内閣成立する　この年日本最初の経済恐慌となる(明治23年恐慌の端緒)	倒れブラジル共和国が樹立される
1.21 自由党が再興される　1.- 足尾銅山の鉱毒汚染が社会問題化する　5.5 愛国公党組織大会を開催、14日愛国公党・自由党・大同倶楽部合同を決議する　5.17 府県制・郡制を公布する　6.10 第1回貴院多額納税議員選挙を行う(7.10第1回貴院伯子男爵議員互選選挙を実施)　7.1 第1回総選挙を行う　7.25 集会及び政社法を公布する　9.15 旧自由党・旧大同倶楽部・旧愛国公党・旧九州同志会の四派合同で立憲自由党結党式を行う　10.24 初代貴院議長に伊藤博文を任命する　10.30 「教育ニ関スル勅語」が発布される　11.25 第1回帝国議会召集(29日開会、91.3.7閉会。立憲自由党130、立憲改進党41で民党が過半数)大日本帝国憲法が施行される　この年綿糸生産高、輸入高を超過する	2.20 独帝国議会選挙で社会主義労働者党が35議席獲得し第1党となる(ドイツ社会民主党と改称)　3.17 清・英間にシッキム・チベット条約(蔵印条約)が調印され、シッキムが英国の保護下におかれ、チベット・インドの国境決まる　3.20 ビスマルク、宰相を辞任する　5.1 第2次インターナショナル創立大会の決議に基づき、初の国際的メーデー行進を行う　7.17 セシル・ローズ、ケープ植民地首相となる　12.8 ハンガリー社会民主党が成立する
2.24 立憲自由党が分裂する(植木枝盛ら土佐派29人脱党、26日板垣退助脱党)　3.19 立憲自由党大会開催、党名を自由党と改称、総理に板垣退助を選出する　5.6 第1次松方正義内閣が成立する(蔵相兼任)　5.11 大津事件起こる　9.1 日本鉄道上野－青森間全線が開通する　10.28 濃尾大地震が発生、全壊焼失14万2177戸、死者7273人　11.21 第2通常議会が召集(26日開会)　12.22 樺山資紀海相、「民力休養・政費削減」を訴える民党に反し、「蛮勇演説」を行う。25日衆院、予算大幅削減案可決、即日解散する(貴院は停会)　12.28 大隈、立憲改進党に再入党する	1.20 リディア・リリオカラニ、ハワイ王となる　3.29 アレクサンドル3世、シベリア鉄道建設勅書を発布する　5.6 独・墺・伊三国同盟、第3次更新がなされる　10.14 ドイツ社会民主党、エルフルト大会でエルフルト綱領を採択する　11.11 清の熱河で金丹道教の李国陳ら蜂起、キリスト教徒と衝突する(12.15鎮圧)

静岡女学校(現静岡英和女学院)

静岡民友新聞社本社

133

西暦	年号	県　　　　史
1892	明治25	5.20 立憲与論党、国民世論の尊重を求め藤枝町で創立総会を行う　7.8 岡田良一郎の建議により、掛川信用組合の設立を決議(全国初の信用組合)、8.19県に設立を届け出る　9.4 県中・西部で暴風雨。磐田・豊田両郡で家屋全壊1714戸、死者6人　9.22 県地価修正委員約40人、上京し首相に陳情書を提出する　9.- 天竜川荷取扱所(東海道鉄道天竜川駅の前身)、金原明善の請願により開業する(98.7.1天竜川停車場に昇格)　12.11 県下初の召集事務演習、陸軍臨時充員召集演習を駿東郡で実施する　12.14 静岡市内14カ町413戸焼失。県会議事堂・有度安倍郡役所・静岡警察署も類焼する　この年県下の小作地面積、84年の4万1683町から5万5961町に増加
1893	明治26	2.16 資産金貸付所、資産銀行と改称する。初代頭取竹山謙三　5.19 立憲改進党県支部創立式を行う(党員100人余り)　6.14 立憲改進党浜松支社の創立式が行われる　7.10 自由党静岡支部発会式が行われる(党員200人余参加)。総理板垣退助が参列する　7.23 沼津御用邸が完成し、皇太子が行啓される(～8.20)　10.27 富士川尋常小学校で天皇・皇后の御真影と国旗が盗まれる(11.29付で校長譴責処分)　11.- 五和村(金谷町)、初倉村(島田市)、吉永村(大井川町)、島田町の4カ町村、大井川修築工費国庫支出方について衆院議長に陳情書を提出する
1894	明治27	この春井上毅文相、秘書官を派遣し杉山村(清水市)報徳夜学校を視察させ、4.6知事に同校への褒状と寄付金を送付する　8.4 名古屋第3師団に動員令が出され、県下各地から豊橋歩兵第18連隊に応召する　8.22 県下初の実業補習学校として杉山農業補習学校(杉山報徳学社が前身)、知事の認可を受ける　10.10 立憲改進党県支部秋季大会で、安易な講和反対など戦争遂行に向けた5項目を決議する　11.11 立憲改進党浜松支部秋季大会、「列国の干渉を途絶し、戦捷の利を全ふする事」を決議する　11.21 通常県会(～12.20)。民党と県当局の対立弱まる　この年大井川、第1類河川に編入。治水費

信用組合の成立

　岡田良一郎による資産金貸付所の機構・経営改革の中で、資産金貸付所の一般貸付に連動しない「勧業資金」を基として、新たに組合員を募り開業したのが掛川信用組合である。掛川信用組合は、わが国最初の信用組合である。1898年の全国144組合中、42組合が県下に存在し、静岡県は信用組合活動が最も盛んな地域であった。

沼津御用邸

日　本　史	世　界　史
2.15 第2回総選挙(自由94・立憲改進38など)、品川弥二郎内相の選挙干渉で各地で騒擾発生。3.11品川、選挙干渉問題で引責辞任する(3.14品川と対立していた陸奥農商務相も辞任)　4.24 大成会所属議員ら、中央交渉部結成を決定(6.22中央交渉部・中立議員有志ら、国民協会を結党する)　6.21 鉄道敷設法が公布される　7.30 松方首相、閣内不統一のため辞表を提出する　8.3 伊藤博文、各元勲の入閣を条件に組閣を承諾、8日第2次伊藤内閣が成立する(元勲内閣)　11.25 第4通常議会が召集(11.29開会、93.2.28閉会)	4.10 ニューヨークのキューバ人集会でキューバ革命党創立を宣言する(代表委員マルティ)　8.14 ミラノでイタリア労働者党が結成される(のちのイタリア社会党)　8.17 露・仏間に軍事協約が成立する(独・墺・伊三国同盟に対抗)　9.11 ウィッテ、露蔵相に就任する　11.- 仏、パナマ運河汚職事件が発生する
1.12 衆院、軍艦建造費等を削減した93年度予算案を議決する(16日政府は不同意を表明)。2.10和衷協同の詔書出て、22日衆院、予算案修正を可決する(建艦費認め、26日貴院可決)　4.14 集会及び政社法改正を公布する　10.1 大井憲太郎ら対外硬派、大日本協会を設立する　11.25 第5通常議会が召集(11.28開会、12.30解散)　12.1 衆院、議長星亨への不信任上奏案動議を可決する(星、5日1週間出席停止、13日議員除名)　12.29 政府、大日本協会に解散を命じる　12.30 衆院が解散を命じられる	1.17 ハワイで米人支援のクーデター起こり王制が廃止される　5.5 ニューヨーク証券取引所で大暴落、経済恐慌が勃発する　9.19 ニュージーランドで世界初の女性投票法が成立する　10.3 仏・タイ間に条約が調印される(タイ、メコン川左岸の領土権放棄)
3.1 第3回総選挙が行われる(自由119、立憲改進48、国民協会26など)　5.12 第6特別議会召集(5.15開会、6.2解散)。31日衆院、内閣弾劾上奏案を可決(6.2衆院解散)　7.16 日英通商航海条約を調印する　7.23 日本軍、漢城の王宮を占領、朝鮮軍を武装解除し、大院君政権を樹立させる　7.25 豊島沖海戦　8.1 清国に宣戦布告する　9.1 第4回総選挙が行われる　10.15 井上馨内相を朝鮮駐在公使に任命する　11.22 日米通商航海条約を調印する(95.3.	1.4 露仏同盟、正式に成立する　3.25 米国失業者団体(コクシー軍)、オハイオ州からワシントンへデモ行進する(4.30鎮圧)　3.29 朝鮮の全羅道で東学党が蜂起する(甲午農民戦争)　7.4 ハワイ臨時政府、ハワイ共和国樹立を宣言する　8.1 日清戦争始まる　10.15 ドレフュス事件起こる　11.- 孫

品川内相による選挙干渉

第2回総選挙で内務大臣品川弥二郎は、民党候補者の当選を妨害すべく、地方長官に選挙干渉を命令、警官を動員して圧力を加えた。民党側も壮士を動員して対抗した。この衝突はとくに高知県で激しく死傷者が出るほどであった。

静岡歩兵第34連隊の営門

西　暦	年　号	県　　　　　史
1894	明治27	は全額県負担となる　杉山報徳社で報徳加入金の一種として柑橘貯金を開始する
1895	明治28	1.-『静岡新報』、自由党の大橋頼摸らにより創刊される　2.14 豊田佐吉(湖西市出身)の糸繰返機改良に発明特許が与えられる　6.30 日清戦争帰郷兵の歓迎式、江尻停車場(清水市)で開催される(7月にかけ県下各地で開催)　7.10 豆相人車鉄道、熱海-吉浜(神奈川県湯河原町)間が開通する　8.19 岡野喜太郎ら、根方銀行の設立請願書を提出する(10.19設立)　10.- 浜松電灯(資)設立、浜松駅前に火力発電所を設置する　12.23 静岡市会、兵営設置運動について審議。のちの歩兵第34連隊(静岡連隊)誘致運動を開始する　12.- 富田鉄之助・河瀬秀治・柿沼谷蔵ら富士紡績会社設立を農商務相に出願する(翌年認可)　この年川野村(小笠町)の三橋四郎次、第4回内国勧業博覧会で製茶で有功1等賞を受賞する
1896	明治29	3.2 進歩党県支部が結成される　3.29 県下郡廃置法が公布される。4.1施行(郡の統廃合で賀茂・田方・安倍・志太・小笠・磐田・浜名・引佐の8郡新置、既存の郡と合わせ13郡となる)　5.28 県、9.1より郡制を施行すると告示する　8.20 県農会の創立委員会が開催され、21日県が認可する　9.10 大井川、大洪水で堤防欠壊し、東海道鉄道大井川鉄橋が破損し交通が途絶する　9.30 富士郡、町村選出郡会議員選挙会が行われる。この月各郡で選挙　10.7 大地主互選の郡会議員選挙が行われる　11.10 富士郡会が開催される(～11日)。浜名郡会、議事規則・傍聴人取締規則制定する。この頃、その他の郡でも郡会開催　12月下旬『東海曙新聞』が創刊される　12.- 山岡昂三らの移民疑獄事件が発覚する(米への大量移民助長で山岡らが私文書偽造・詐欺行為に協力、知事以下官吏も関与)　この年県の収税部が廃止される　稲取処女会(東伊豆町)の設立発起(処女会の名の初見)
1897	明治30	4.1 県下に府県制を施行する(90年公布)　4.20 府県制施行後初の県議選が行われる(直接選挙制から複選制へ転換)。進歩党の圧勝

歩兵第18連隊の出征

1894年8月4日の第3師団の動員令で、歩兵第18連隊は同月末に朝鮮半島東海岸北部の元山(ウォンサン)に上陸、平壌(ピョンヤン)の清軍総攻撃に際し北方から攻撃に加わった。その後、翌年3月の休戦まで第一軍の下で戦闘に加わった。出征者3752人、うち戦死者127人、病死115人、負傷441人、疾病者1169人。

根方銀行=長泉町・スルガ銀行尚古館

日　本　史	世　界　史
24公布、99.7.17施行）　この年器械製糸生産量が初めて座繰製糸生産量を超過する	文、ハワイで興中会(こうちゅうかい)を組織する
4.17 日清講和条約(下関条約)が調印される　4.23 独・仏・露3カ国公使、清国への遼東半島返還を勧告する(三国干渉)。5.4閣議、返還を決定する　6.8 日露通商航海条約に調印する　8.6 陸軍省、台湾総督府条例を公布する(軍政を実施)　10.8 漢城で日本公使守備隊・日本人壮士、大院君を擁してクーデター、閔妃を殺害する　10.31 清国より賠償金第1回払い込み分5000万両相当の英貨822万余ポンドをロンドンで受領する　11.8 遼東半島還付条約に調印する(16日還付報償金3000万両相当の英貨493万余ポンド受領)　11.22 自由党、伊藤内閣と提携を宣言する	2.24 キューバ革命派、バイレで蜂起する(キューバ独立戦争)　7.6 朝鮮、閔妃ら露公使と結びクーデターを起こす。親日派を追放し親露派を登用する　7.20 米、ベネズエラと英領ギアナの国境紛争に際し、英に対しモンロー主義を主張する　9.- エチオピア、イタリアに宣戦布告する　12.29 英南アフリカ会社のジェームソン、兵を率いてヨハネスブルクに侵入する
3.1 立憲改進党・立憲革新党・中国進歩党などが合同し、進歩党を結成する(代議士数99名)　4.14 自由党総理板垣退助を内相に任命する　5.14 小村駐朝公使、駐朝露公使ウェーバーと朝鮮に関し覚書に調印する(小村・ウェーバー覚書)　6.9 山県特派大使、露外相ロバノフと朝鮮に関する議定書に調印する(山県・ロバノフ協定)　6.15 三陸地方で地震による大津波起こる。死者2万7122人、流失・破壊家屋1万390戸(津波による最大被害)　7.21 日清通商航海条約に調印する　8.28 伊藤博文、閣内不一致で辞表を提出する。31日黒田清隆枢密院議長、首相を臨時に兼任する　9.18 第2次松方正義内閣が成立する(大隈重信、外相として入閣。松隈内閣)　11.1 進歩党大会、松方内閣との提携を決議する	1.2 ジェームソン、ボーア軍に降伏、6日セシル・ローズ、責任を負い首相を辞任する　2.1 朝鮮国王、露公使館に移り親露政権を樹立する　4.6 第1回近代オリンピック大会、アテネで開催される(～1日、13カ国285選手参加)　6.3 清・露間に対日共同防衛の密約が締結される　7.1 英、マラヤ連邦を結成する　8.26 フィリピンでアギナルドの武装蜂起起こる　10.26 伊・エチオピア間にアジスアベバ条約が調印される(エチオピアの独立承認)
2.5 農商務省、福岡県八幡村(やはた)に製鉄所建設を決定する(6.1官営八幡製鉄所が開庁する)　3.29 貨幣法	1.15 露ウィッテ蔵相、金本位制実施に関する幣制改革を行う　2.

元城時代の浜松中学校(現浜松北高)

「臥薪嘗胆」

ロシア・ドイツ・フランスによる三国干渉は、日清戦争の戦勝祝賀ムードにいっきに水をさした。この空気を背景として流行語となった言葉が「臥薪嘗胆」であった。新聞「日本」での三宅雪嶺の論説で出てきたのが最初である。この言葉は、政府の「戦後経営」の遂行に利用されていった。

西暦	年号	県　　史
1897	明治30	5.20 臨時県会(〜23日)、正副議長・参事会員とも進歩党が独占する　7.1 静岡第三十五国立銀行、三十五銀行と改称する　8.1 清水港、開港外貿易港となる。横浜税関清水支署が開所する　8.7 浜松鉄道(浜松－二俣間)、遞信省より仮免許が下付される(9.9設立発起人総会を開催する)　8.- 県下に赤痢大流行、25日県庁内に臨時検疫部を開設する　9.9 暴風雨で県下の死者48人、全壊家屋1898戸　10.10 県4区丙申倶楽部が掛川町で発会し、板垣が記念演説をする　10.12 日本楽器製造㈱が設立する(浜松市)。社長山葉寅楠　11.3 安倍郡下の小作人1000余人、安倍川河原に集会し地主との作引き交渉を決議、4日郡役所へ陳情。20日地主宅数カ所を襲撃する　11.12 高洲村(藤枝市)の小作人、作引き要求集会。この頃、志太郡各地で作引き運動盛んとなる　12.13 静岡市電気鉄道㈱、静岡電力及鉄道㈱と改称し設立認可される(江尻－静岡間の電気鉄道経営)
1898	明治31	1.1 二俣第百三十八国立銀行、百三十八銀行に改組、開業する　1.9 静岡農工銀行開業式を行う(全国初の農工銀行)　3.20 県干城会(1年志願兵出身予後備将校団体)が発会する　5.20 豆相鉄道(伊豆箱根鉄道)の三島－南条(伊豆長岡駅)間が開通する　6.26 憲政党静岡支部、静岡市で発会式を行う(自由・進歩両党支部解散)　10.1 静岡在郷将校団体が発会する　11.13 憲政党静岡支部が解散、14日憲政本党県支部が設立される　11.22 通常県会(〜12.10)。進歩派議員と知事(自由派)が対立、12.10知事は勅令で県会を解散する　12.8 県生糸製造同業組合が発起、認可される(同業組合法による生糸同業組合結成は全国初)　12.16 江尻町(清水市)で郡会議員・町村長らが地租増徴に反対して集会。17日吉原町(富士市)・大里村(静岡市)等各地で増徴反対運動が展開される
1899	明治32	1.16 県会解散に伴う県会議員選挙が行われる(複選制による当選者、憲政本党24・憲政党12・中立2で進歩派圧勝)　1.23 御殿場馬

直接選挙制から複選制への転換

「府県制」施行により、府県会議員の選挙法が改められた。市においては市会議員、市参事会が市長の下で、郡においては郡会議員、郡参事会が郡長の下で投票する方式が複選制である。直接選挙制廃止は全国的に批判の的となり、静岡県でも大橋頼摸が94年の県会で難点を論じた。

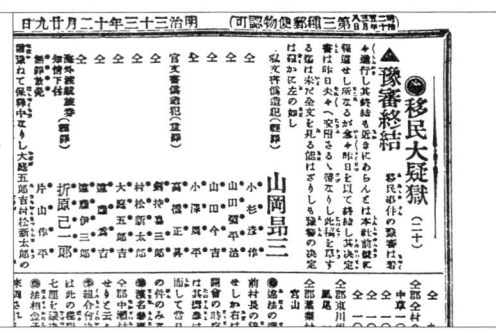

日　本　史	世　界　史
を公布する(10.1施行、金本位制成立)　7.4 職工義友会を母体する労働組合期成会、発起人会を開催する　7.- 中村太八郎、木下尚江ら、松本で普通選挙同盟会を結成する　8.- 石川県で婦女500人、米商人へ示威行動、以後北陸・東北などで同様の米騒動頻発する　11.2 進歩党出身官吏、内閣との絶縁決議採択の党総会参加を理由に懲戒免職となる　11.6 大隈外相兼農商務相が辞職する　12.21 第11通常議会召集(24日開会)。25日衆院、内閣不信任決議案を上程、解散を命じられ、松方首相・西郷海相、辞表を提出(他の閣僚は27日に提出)　この年綿糸の輸出額、輸入額を超える	4 英・清間でビルマ協定が調印される　2.28 仏マダガスカル総督、ボヴァ王朝を廃絶させる　4.17 ギリシア、トルコに宣戦布告する(5.19休戦成立)　6.16 米・ハワイ間で併合条約に調印する　8.- バーゼルで第1回シオニスト会議が開催される　10.12 朝鮮の高宗、皇帝に即位する(王を皇帝と改称)　10.16 朝鮮、国号を大韓帝国に改称する　11.14 独軍、独人宣教師殺害事件を理由に膠州湾を占領する
1.12 第3次伊藤内閣が成立する　3.15 第5回総選挙が行われる　4.25 西徳二郎外相、露公使ローゼンと韓国に関する議定書に調印する(西・ローゼン協定)　5.14 第12特別議会召集(5.19開会)　6.10 自由・進歩両党、地租増徴案を否決し、衆院解散となる　6.22 自由・進歩両党合同で憲政党が結成される　6.30 第1次大隈重信内閣が成立する(大隈、外相兼任。内相に板垣退助の「隈板内閣」。日本最初の政党内閣)　8.10 第6回総選挙が行われる(憲政260・国民協会20など)　8.21 尾崎行雄文相の共和演説事件起こる　10.29 板垣ら旧自由党系閣僚、辞表提出し内閣崩壊する　11.3 憲政党旧進歩系、憲政本党を結成する　11.8 第2次山県有朋内閣が成立する　12.30 地租条例が改正される(地租2.5%から3.3%に引き上げ)	3.6 清・独間に膠州湾租借条約が調印される　3.27 露、旅順・大連の租借権と南満鉄道敷設権を獲得する　4.22 仏軍、広州湾を占領する　4.25 米西戦争始まる　6.11 清の光緒帝、変法自強を宣布する　6.12 アギナルド、フィリピン独立を宣言、臨時政府を樹立し大統領に就任する　9.18 ファショダ事件起こる　9.21 清で戊戌の政変起こる　12.10 米西戦争が終結しパリ講和条約が調印される(キューバ独立、99.1.1米が軍政をひく)
3.2 北海道旧土人保護法を公布する　3.16 改正府県制・改正郡制を公布する(直接選挙制を採用)	1.20 フィリピン独立派、マロロス憲法を採択し、アギナルドを大

この当時熱海－小田原間を走っていた人車鉄道

工業の近代化

1898(明治31)年、三菱長崎造船所が六千トン級の常陸丸の完成させ、日本が世界の造船の第一線に参入しうるとの自信を深めさせた。1897(明治30)年に開庁した八幡製鉄所は、ドイツからプラント輸入し、一挙に先進国水準の製鉄技術に引き上げる試みであった。1901(明治34)年に火入れを行っている。

西　暦	年　号	県　　　　　　　史
1899	明治32	車鉄道㈱、全線(新橋-須走間)開業。御厨町(御殿場市)で開業式を行う　8.1　城東馬車鉄道、堀之内(菊川町)－南山(小笠町)間開通する　9.24　県会議員選挙で(改正府県制に基づく直接選挙)、知事派(自由派)の選挙干渉で勢力が逆転する(自由派24・進歩派13・中立1)　10.7　台風、伊豆半島に上陸する。田子浦村(富士市)、高潮で死者55人、流失家屋243戸　11.22　通常県会(～12.21)。1900年度予算可決県予算が初めて100万円を超える　この年東海道鉄道大井川橋、維持困難で1928年4月の鉄橋完成まで渡船に頼る
1900	明治33	1.-　静岡農工銀行役員の座をめぐり自由・進歩両派の紛争激化する　2.2　引佐郡在郷軍人懇親会が行われる　2.-　県下小学校の修身教科書審査をめぐり汚職問題起きる　3.-　伝法・島田両村(富士市)農民、水枯れ対策として富士製紙第1工場の汚水を田に放流、11日吉原町民2000人、衛生上の問題から放流阻止の実力行使、提訴する(01.1.11静岡地裁沼津支部で却下され控訴)　4.1　各地で郡視学設置を開始する　4.4　静岡御用邸が落成し、宮内庁内匠寮から主殿寮に引き渡される　4.6　「静岡県公報」第1号発行。8日『静岡新報』、同2号を付録とする　5.9　静岡民友新聞筆禍事件起こる　11.1　通常県会(～30日)。01年度当初予算を増額修正し可決する。増額修正は前例なし　11.18　立憲政友会県支部、星亨・松本君平らを招き静岡で発会式を行う　12.13　静岡警察署長、娼妓の自由廃業にかかわる収賄容疑で拘引される
1901	明治34	1.-　大谷村(静岡市)の日陰山に、3万2000坪の静岡連隊射撃場が設置される　2.6　静岡電力及鉄道㈱、農商務相より認可される　2.12　駿豆電気㈱が設立する。本店三島町　3.5　河井重蔵、県政を批判し「静岡県秕政匡正の儀に付請願」を衆院議長に提出する。20日島田三郎衆院議員が第15帝国議会で静岡県政の紊乱を指摘する　5.-　静岡市内の主要10銀行、恐慌対策を協議、日銀から融通の約束を得る　6.11　東海道鉄道小山－山北間複線化工事が完成、運転を開始する　8.24　浜松町で町費の徴収・使途法の糾明事件が起こる(町

官僚と政党の提携と抗争

　中央政界における藩閥官僚勢力と政党勢力の提携関係は地方政界にも波及し、静岡県でも政党色の強い知事が誕生した。加藤平四郎、小野田元熙、志波三九郎の各知事は、県政運営に当たり政党勢力と提携して円滑化を図ろうとし、政党勢力も自派勢力の拡大と地域利害の道を絡める「利益誘導型政治」の傾向になっていった。

秋葉馬車鉄道

日　本　史	世　界　史
4.7 官営八幡製鉄所、清国漢陽鉄政局および大冶鉄山鉄鉱石の優先買い入れ契約を締結する　4.30 横山源之助、『日本之下層社会』を刊行する　7.4 国民協会解散し、翌日帝国党を結党する　7.5 台湾銀行が設立される(9.29開業)　7.17 日英通商航海条約など改正条約を実施する(仏・墺は8.4実施)　10.2 黒沢正直、幸徳秋水ら東京に普通選挙期成同盟会を組織する　11.20 選挙法改正全国各市連合会が結成される	統領に指名する　3.- 山東で義和団が蜂起する　5.18 オランダのハーグで第1回国際平和会議が開催される(26カ国参加～7.29)　9.6 米国務長官ヘイ、清の門戸開放・機会均等を提案する　10.12 ボーア戦争が勃発する　11.16 清・仏間に広州湾租借条約が調印される
1.13 松本の普通選挙同盟会、衆院に普通選挙請願書提出する(18日東京の普通選挙期成同盟会も提出)　3.10 治安警察法が公布される　3.29 衆議院議員選挙法改正を公布する　5.10 皇太子の成婚式が行われる　6.11 北京の日本公使館書記生杉山彬、清兵に殺害される。15日閣議、清へ陸軍派兵を決定。8.14日本軍を主力とした各国連合軍、北京城内に入る　9.13 憲政党、政友会参加のため解党を宣言する　9.15 立憲政友会発会式を行う(総裁伊藤博文、代議士152人)　10.19 第4次伊藤内閣が成立する　11.15 星亨逓信相(東京市参事会員)ら東京市会汚職事件で告発される　12.8 谷干城・田口卯吉ら、政友会の市政腐敗を糾弾する(12.20星辞表提出)	2.27 英に労働代表委員会が結成される(のちの労働党)　3.14 米、通貨法を公布する(金本位制確立)　5.24 イギリス、オレンジ自由国併合を宣言する　6.20 義和団、北京の各国公使館を包囲、21日清、日・露・英・米・独・仏・墺・伊の8国に宣戦布告する　8.14 8カ国連合軍、北京占領を開始する　10.8 孫文ら興中会、恵州で挙兵する(恵州事件、22日失敗)　11.11 露、満州占領地域の独占権益を李鴻章から獲得する
4.16 第七十九銀行・難波銀行、支払い停止となり、大阪に銀行恐慌勃発、各地に波及する　5.2 伊藤首相、内閣不統一で辞表を提出する　5.18 片山潜・幸徳秋水・安部磯雄ら社会民主党を結成する(20日禁止、6.3社会平民社に改組するが即日禁止)　5.26 元老会議の推薦で桂太郎に組閣命令が下る　6.2 第1次桂内閣が成立する　6.21 星亨、東京市役所で伊庭想太郎に刺殺される　9.7 駐清公使小村寿太郎、	1.1 オーストラリア連邦が発足する　1.22 英ビクトリア女王没、エドワード7世が即位する　1.29 清朝、変法の詔勅下す　2.12 韓国、貨幣条例公布し金本位制を採用する　9.7 清、日・米をはじめ11カ国と北清事件最終議定書に(北京議定書又は辛丑和約)調印す

私立浜松図書館

農村の変化

　日清戦争による産業革命の波は、農村生活を変えつつあった。農家は穀類以外の日常品をほとんど購入するようになる。そのため現金支出は年ごとに増大し、現金収入が期待できる物を生産し、農事改良の努力が試みられた。一方で都市や工業地帯への人口の移動により、農家が減少しつつあった。

西　暦	年　号	県　　　　　史
1901	明治34	政研究会事件）　8.26 天城トンネルの貫通式が行われる　12.24 浜名郡、在郷軍人会結成を奨励する。この月、白須賀町(湖西市)で在郷軍人組織化へ動く　この年静岡市奨兵会が結成される
1902	明治35	1.- 中遠疑獄事件(伝染病隔離病舎建設に絡む不正事件)が発覚する。政友会の有力者大橋頼摸ら拘引される　3.- 大岡村・金岡村(沼津市)で小作人が作引き要求。地主拒否で対立が激化する　5.5 大宮町(富士宮市)で在郷軍人会発会式が行われる　9.1 引佐郡在郷軍人会が結成される　11.23 江間俊一(県選出衆院議員)・大橋頼摸(県会議員)など政友会系有力者が絡む電話架設疑獄事件起こる　11.25 鎮玉村(引佐町)に在郷軍人会結成。翌年にかけて各地で在郷軍人会結成が進む　12.- 笠西村(袋井市)や大里村(静岡市)等の各地の小作人、米不作で地主に作引き要求する　富丘(富士宮市)で小作人が作引きを求め集会を開く(03年1月地主が同盟して抵抗)
1903	明治36	2.10 政友会と憲政本党の連合懇親会、両党連携方針を確認する　3.20 『静岡新報』、内務省地方局調査に基づき、稲取村(東伊豆町)を「村法の模範」と紹介する　4.8 島田町公民大会、町政刷新を求め開催される(8.3町政刷新を求め全町会議員に辞職勧告。17日郡長にも陳情する)　4.12 新安倍川橋(安水橋)の開通式が行われる　9.- 葉梨村(藤枝市)、神久呂村(浜松市)等で政友会脱会者多数。10～11月も県下各地で多数が脱会する　10.1 台風による大雨(～2日)で狩野川が氾濫する　10.15 駿東郡有志、対露同志大演説会を沼津町千茂登座で開催する　10.- 静岡市在郷軍人友誼会が結成される　この秋愛国婦人会の奥村五百子、県下を遊説。県下に同会支部が結成される　11.23 静岡商業銀行、静岡貯蓄銀行を合併し披露会を開催する

県政の腐敗

　1899年の県議選で多数派となった憲政党は県会運営の実権を掌握し知事をはじめ県行政官と結託して県政を牛耳るようになり、両者の癒着による県政の腐敗が進み、数々の疑獄事件が発生。代表事例の一つは静岡農工銀行の乗っ取り、第2が土木事業をめぐるもので代表事例が中遠疑獄事件である。

静岡御用邸

日　本　史	世　界　史
北清事変最終議定書(北京議定書)に調印する　9.21 小村寿太郎を外相に任命する　10.23 田中正造、衆院議員を辞職、12.10足尾銅山鉱毒事件を天皇に直訴する	る　12.10 第1回ノーベル賞授賞式が行われる　12.- 露、社会革命党(エスエル)が結成される
1.30 日英同盟協約、ロンドンで調印される(即日発効)　4.5 衆議院議員選挙法別表改正が公布される　6.14 北京列国公使会議、講和条件付帯議定書(北清事変賠償金配等に関する議定書)に調印する　8.10 第7回総選挙が行われる　12.16 衆院、委員会で地租条例改正案(地租増徴継続)を否決、本会議に上程され審議中5日間の停会を命じられる(20日、7日間の再停会)　12.17 小学校教科書採用をめぐる、府県担当官と教科書会社との贈収賄事件発覚、一斉検挙が開始される(教科書疑獄事件、〜03.6.21)　12.28 衆院、地租条例改正案の採決直前で解散を命じられる	1.30 日英同盟調印、英の「栄光ある孤立」、終焉する　4.8 露・清間に満州撤兵に関する協定を調印する　5.20 キューバ共和国、米の保護国として成立する　6.28 独・墺・伊3国同盟延長される　11.1 伊、仏の他国との交戦に中立維持を保障する(独墺伊3国同盟の空洞化)　12.- ナイル川上流にアスワンダムが開設される
3.1 第8回総選挙が行われる　5.19 衆院、委員会で地租条例改正案を否決する(24日政友会、政府と妥協。以後離党者続出)　6.10 東京帝大7博士意見書が提出される(24日『東京朝日新聞』に対露強硬論を公表)　7.13 伊藤博文を枢密院議長に任じる(14日政友会協議員会、西園寺公望を後継総裁に決定)　8.9 頭山満ら、対露同志会を結成する　10.- 『東京朝日新聞』『二六新報』『万朝報』など対露開戦論をキャンペーン、政府系『東京日日新聞』『国民新聞』は慎重論を説く　11.15 幸徳秋水・堺利彦ら平民社を結成する　12.3 政友会・憲政本党、両党提携を決定する　12.5 第19通常議会が召集され、10日衆院開院式で奉答文事件起こる。11日衆院が解散する	5.- 露軍、韓国竜巌甫に軍事根拠地の建設を始める　7.30 第2回ロシア社会民主労働党大会開催(〜8.23)。ボリシェヴィキとメンシェヴィキに分裂する　11.3 パナマ、米の擁護下でコロンビアから独立する　11.18 米、パナマ新政府とヘイ・ビューノー・パリラ条約を調印する(米、運河地帯を永久租借)　12.17 ライト兄弟が飛行機を発明する

明治末期の岩渕駅前

田中正造の直訴

　足尾鉱毒事件は、明治30年前後から注目を浴び、『萬朝報』の幸徳秋水や内村鑑三らが精力的に事件を報道した。正造の直訴は社会に大きな衝撃を与えた。支援の輪が学生や社会主義者、キリスト教徒らに広がった。この鉱毒事件は、明治30年代の民主主義的諸運動と深くつながっていたのである。

西暦	年号	県　　　　史
1904	明治37	1.- 熱海町で県下初の特設電話の交換が開始される　3.26 静岡・豊橋両連隊が出征する　4.23 富丘村(富士宮市)で小作人による村長殴打事件が発生する　5.19 小笠郡長、郡町村長会で各町村軍事公債応募配当額を提示する　10.- 静岡市、官営もしくは特設電話仮設の要望を全国商業会議所会議で、大津・大垣・津・和歌山などの代表とともに提出する　11.15 通常県会(～12.14)。全国初の県営遠洋漁業船富士丸の建造費を可決する　12.14 ロシア兵捕虜収容所を静岡市西草深の葵ホテルに設ける。21日捕虜120人、松山収容所より到着する　この年県の調査で、新聞売り上げが前年比45%増となる
1905	明治38	2.- 稲取村(東伊豆町)、全国3大模範村として自治協会から表彰される　8.- 静岡市物産陳列館が完成する。11.16開館式を行う　9.9 講和反対の県民大会、静岡浅間神社で開催する。県下各地で反対集会・運動が展開され、長野県と並び最大件数を記録する　10.12 静岡市、凱旋軍隊歓迎協議開始。各郡、市町村でも歓迎準備始まる　11.3 沼津町有志、新設連隊誘致集会を開催する。浜松町でも兵営期成同盟会が結成される　11.17 巴川改修をめぐり賛否が対立、巴川暴動事件起こる　この年県財政支出予算が経常部と臨時部に区分される。一戸当たりの諸税負担額は23.3円で前年より3円増え、国税はほぼ倍増する　県水産試験場、漁労部を新設、富士丸の建造に着手する　庵原村(清水市)に庵原農産物販売組合設立。翌年からミカンの関東・東北方面への共同販売を開始する
1906	明治39	1.18 静岡連隊、帰還する(～20日)　5.8 県水産試験場のカツオ漁船富士丸、東京で試運転。6.1伊豆諸島へ初漁に出発する　6.8 県、内相の巴川改修工事認可を発表する　6.15『静岡民友新聞』、逓信省の静岡駅拡張整備方針決定を機に、静岡市側が駅周辺の整備に本格的に取り組むべきと要請する　8.16 星野鉄太郎、貧困家庭を対象とした私立特殊尋常小学校設立を県に出願、10月静岡市に設立する　9.22 富士瓦斯紡績労働者1000余人、六合村(小山町)六合座で

在郷軍人団体の形成

日清戦争後、第34連隊の編成完結と時を同じくして、在郷軍人自身による結集が始まり、1901年末以後在郷軍人会という名称の郡・町村レベルの組織化が広がった。1902～3年に組織化が進み、日露開戦直後まで続いたが、その後一部地域では在郷兵出征により休眠あるいは消滅した。

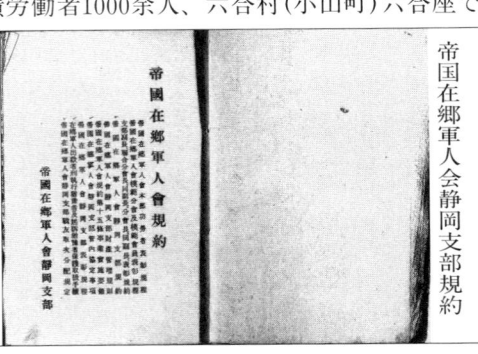

帝国在郷軍人会静岡支部規約

日 本 史	世 界 史
2.4 御前会議でロシアとの交渉打ち切り、軍事行動開始を決定し、6日ロシア政府に通告　2.8 日本陸軍、韓国仁川上陸。連合艦隊、旅順のロシア艦隊を攻撃する　2.10 ロシアに宣戦布告する(日露戦争開始)　2.23 日韓議定書に調印する　2.- 高橋是清日銀副総裁、外債募集のため渡米、次いで渡欧。金子堅太郎、米セオドア＝ルーズベルト大統領に日露講和仲介打診のため渡米する　3.1 第9回総選挙が行われる　4.- 全国の小学校で国定教科書使用が開始する　9.29 徴兵令改正が公布される　11.16 社会主義協会に結社禁止を命じる	1.23 韓国、2.12 清が日露戦争に中立を宣言する　4.23 米、仏のパナマ運河会社の資産を4000万ドルで買収する　5.15 チベット、英ヤングハズバンド軍に宣戦、8.3 英ヤングハズバンド軍、ラサに侵入する　9.7 英・チベット間にラサ条約が調印される　この年オーストラリアに世界最初の労働党内閣が成立する
6.9 米大統領ルーズベルト、正式に日露両国に講和を勧告する(10日日本、12日ロシア受諾)　7.1 第一銀行京城支店開業する(韓国の中央銀行)　7.29 桂太郎首相、米陸軍長官タフトと会談、桂・タフト覚書が成立する　8.12 第2回日英同盟協約が調印される(即日実施、9.27公布)　8.25 文部省、対露強硬論者の東京帝大教授戸水寛人を休職処分とする(戸水事件)　9.5 日露講和条約に調印する(ポーツマス条約、10.16公布、11.25批准)　日比谷焼き打ち事件が起こる　11.17 第2次日韓協約に調印。韓国各地で暴動　12.23 大同倶楽部が結成される(帝国党・甲辰倶楽部の所属議員が合同)	1.22 露で血の日曜日事件が起こる　3.31 第1次モロッコ事件が起こる　6.7 ノルウェー議会、スウェーデンとの同君連合解消を宣言する(10.26 分離条約調印)　8.20 孫文ら、東京で中国革命同盟会を結成する　9.2 清、科挙制を廃止する　10.26 ペテルスブルグに初の労働者代表ソビエトが成立する　10.30 ニコライ2世、立法権を持つ議会(ドゥーマ)召集を宣言する
1.7 第1次西園寺公望内閣が成立する　2.1 韓国統監府および理事庁、事務を開始する(3.2 伊藤博文が統監に着任)　2.24 日本平民党・日本社会党が合同し、日本社会党第1回大会を開催する　3.11 東京市電値上げ反対市民大会が開催される(3.15 市庁に反対デモ、電車を襲い軍隊が鎮圧)　3.31 鉄道国有法が公布される　9.1 大連を自由港として開放す	5.6 露、国家基本法発布。10日第1国会開設される(～7.21)　9.1 清朝、立憲準備を上諭する　9.25 キューバのパルマ大統領辞任。米、臨時政府を樹立しキューバを占領する　12.16 上海で預備立憲公会設立、立憲促進運動を開始す

当時の清水市・巴川

八甲田山の悲劇

1902(明治35)年1月、青森歩兵第5連隊と弘前第31連隊は、対露戦を想定した対寒雪中訓練を実施した。青森第5連隊は記録的な寒波による吹雪の中で遭難、199名の犠牲者を出した。この事件は、のちに映画にもなり、現在青森市には遭難資料館が建てられている。

西暦	年号	県　　　　　　　　史
1906	明治39	集会、26日労働大会開催を決議する。県警、大会を禁止させる　10.15 荒畑寒村、富士瓦斯紡績労働問題を取材し、「殺されつゝある同胞」を『光』に掲載する　11.- 静岡市会、静岡市常設土木委員設置規定を制定する　静岡捕虜収容所捕虜の帰還が始まり、07.1.8収容所が閉鎖される
1907	明治40	1.1『静岡民友新聞』に徳田秋声「華族の娘」の連載が始まる　2.11 佐倉尋常高等小学校(浜岡町)で御真影紛失。校長自ら謹慎する　2.25 静岡・江尻(清水市)・清水の各郵便局の電話交換開始する。5月浜松も開始。12.25静岡市で電話増設開通式。この年県下電話熱　2.- 静岡市、電灯事業市営化の市会建議に基づき、静岡電灯会社と交渉する。3月交渉が決裂する　5.8 浜松軽便鉄道の発起人総会、東京で開催。08年8月大日本軌道浜松支社に改組される　6.20 浜名郡、町村合併を発表。この頃、各郡で町村合併を発表する　7.29 大井川沿岸町村代表、青島村(藤枝市)に集会。日英水力電気発電所建設反対を協議、8.16知事に陳情。12.5内務省、事業認可する　8.17 宇佐美村(伊東市)代表、県に町村合併反対陳情書を提出する。10.16神久呂村(浜松市)民も合併反対陳情各地で反対運動続く　11.3 私立丁未図書館、静岡市で開設される
1908	明治41	1.29 掛塚町(竜洋町)への久根銅山精錬所設立計画をめぐり周辺9カ村が反対陳情書を知事へ提出(以後、運動拡大。11月古河鉱業、精錬所設立を断念)　1.- 社会主義同志会県支部、静岡市に設立される　5.- 富士製紙会社汚水の潤井川放流問題、富士郡長の仲裁で解決。9月会社と伝法・島田両村、吉原町が協定書に調印　6.16 焼津なまり節が京阪へ冷蔵貨車で輸送される(全国初の試み)　6.17 大日本軌道㈱が設立される(静岡軽便鉄道・浜松軽便鉄道等8会社合同)　8.1 久能山東照宮社殿、国の重要文化財指定を受ける　8.2 沼津町の千本松原公園が開園する
1909	明治42	1.19 静岡市長、電灯事業市営化を目指し、ひそかに電気瓦斯市営化調査委員を嘱託する　2.20 庵原郡処女会が発足する(のち内務省より模範処女会として紹介される)　4.- 県、耕地整理および土地

模範村稲取村

日露戦後、疲弊する地域社会を立て直すため地方改良運動が展開され、相対的に停滞気味であった農村地域の振興策は重要視された。そこでかつて「伊豆の三難村」の一つと称された稲取村の事績が賞揚され、指導者田又吉が藍綬褒章を受け、『静岡県賀茂郡稲取村事績』が全国に配布された。

内浦湾に浮かぶ富士丸

日　本　史	世　界　史
る　11.26 南満州鉄道㈱(満鉄)が設立される(政府が半額出資、初代総裁後藤新平)　この年米カリフォルニア州中心に日本人排斥運動高まる	る　12.28 インド国民会議派大会が開催される　12.30 全インド・ムスリム連盟設立準備大会が開催される
1.20 憲政本党、党則改正。大隈、総理を辞任する　1.21 東京株式相場暴落する(日露戦後恐慌開始)　2.17 日本社会党第2回大会開催、議会政策派と直接行動派が対立する(22日結社禁止)　6.10 日仏協約および仏領インドシナに関する宣言書に調印する　7.19 ハーグ密使事件の責任をとらされ、韓国皇帝、譲位の詔勅を発す(各地で反日暴動起こる)　7.24 第3次日韓協約および秘密覚書を調印する　7.30 第1回日露協約に調印する　8.1 韓国軍解散式で日韓両軍の衝突事件起こる(以後、全土に拡大。義兵運動が続く)　8.1 片山潜ら社会主義同志会を結成する。12.23平民協会を結成する(25日結社禁止)	2.8 ルーマニアで農民の大暴動起こる(3月軍隊により鎮圧)　6.15 第2回ハーグ平和会議が開催(韓国皇帝、密使を派遣し日本の現状を訴える。～10.18)　8.31 英仏露三国協商が成立する　9.26 ニュージーランド、英帝国内の自治領となる　12.28 インド国民会議派大会が開催される　12.29 全インド・ムスリム連盟第1回大会が開催される　12.- オランダ、スマトラを平定する
1.14 阪谷芳郎蔵相、山県伊三郎逓信相を鉄道予算問題で免任にする　5.15 第10回総選挙が行われる　7.4 第1次西園寺内閣総辞職する　7.14 第2次桂内閣が成立する　7.25 中野武営・片岡直温ら実業派代議士を中心に戊申倶楽部が結成される　10.13 戊申詔書が発布される　11.30 太平洋に関する日米交換公文調印(高平・ルート協定)　12.21 河野広中・尾崎行雄ら、又新会の創立総会を開催する	6.23 ペルシア国王、露の援助で反革命クーデターに成功する　7.23 青年トルコ党の革命が起こる(ミドハト憲法の復活)　10.6 墺、ボスニア・ヘルツェゴビナ2州併合を宣言する　12.2 清朝の溥儀、宣統帝として即位する　12.17 トルコ第1回国会が開催される
1.29 政府と政友会の妥協が成立する　4.11 日糖疑獄事件の検挙が開始される　5.6 新聞紙法が公布される　6.14 伊藤韓国統監を枢密院議長に任じる	1.9 米・コロンビア間で協定調印され、パナマ独立を承認する　1.12 トルコ、墺のボスニア・ヘ

浜松市停車場前

日露戦争が残した物

　日露戦争では、日清戦争の4～5倍の動員がなされ、膨大な戦費は増税などばかりではなく、内外債でまかなわれたため、戦後社会に大きなツケを残した。農村は労働力を奪われ、馬匹徴発で耕作力を失い、疲弊の極に達していた。都市では、失業者が流入し、「時代閉塞」の状況に置かれた。

西　暦	年　号	県　　　　史
1909	明治42	改良奨励費規則を制定する　7.1 静岡五二会(五二会静岡本部)、市内の商工業者により静岡物産陳列館で発会式を行う　8月下旬富士山頂に公衆電話が開設される　10.4 静岡市会、電気供給事業市営化を決議。6日市民3000人が宝台院で反対大集会を開く。以後反対集会盛んになる　12.6 浜松－鹿島(かじま)(天竜市)間に日本軌道㈱の軽便鉄道が開通する　この年駿河湾汽船㈱、松崎町に設立。松崎－沼津間に松丸が就航する　県耕地整理研究会、県庁内に設立される
1910	明治43	1.- 静岡美術館、静岡物産陳列館内に開館する　3.6 東海道本線富士川鉄橋が落成・開通する　5.17 浜松中学校(現浜松北高)生、剣道を正科に編入する校長の方針に反発し同盟休校を行う(～22日、9.20校長辞職する)　7.17 大宮町(富士宮市)の製糸女工115人、待遇改善の要求スト　8.30 静岡市官民合同の日韓併合祝賀会を静岡浅間神社で開催する　9.- 県下各地で日韓併合の祝賀会が行われる　10.- 東海紙料㈱(東海パルプ)地名(じな)発電所(中川根町)が完成する　11.24 加島村(かじまむら)(富士市)高島区民が富士製紙会社に汚水放流停止を要求して押し掛ける
1911	明治44	3.19 全国自転車大会(双輪競争会)を浜松練兵場で開催する　4.1 全国茶業大会、静岡市宝台院で開催。着色茶問題等が論議　4.27 印野村(いんのむら)(御殿場市)北畑地区演習場移転交渉、陸軍省との協定が成立する　5.15 松本君平(くんぺい)、青年機関誌『霊嶽』を創刊。8.5静岡青年教団を結成　7.1 浜松市制が施行される(人口3万308人)　9.24 県会議員選挙を実施する　9.30 県下で郡会議員選挙を行う　11.17 遠江国報徳社、社名を大日本報徳社と改める
1912	明治45 大正1 7.30	2.19 県立農業補習学校教員養成所を創設する　5.15 第11回総選挙を実施する(政友7・国民1・中正1・同志1)　5.- 日英水電㈱小山発電所(本川根町)が竣工する　10.1 浜松軽便鉄道㈱創立総会を開催する　11.3 県会、浜松師範学校の設置を決める　11.29 県内務部、『地方改良実例』を発表する　12.25 佐久間村久根鉱山鉱夫800人、賃上げ問題でストライキを決行する(27日警官隊出動、31

市制施行時の浜松市役所

日英水電㈱小山発電所(跡地産業遺跡)

　大井川水系には多くの水力発電所が建設されているが、小山発電所は水系最初の発電所と見なされてきた。ところが、最近『静岡民友新聞』『榛原郡時報』などによって、その竣工時期が明らかになり、水力による最初の発電所は地名発電所であり、小山発電所はそれに次ぐものであることが分かった。

日　本　史	世　界　史
7.6 閣議、韓国併合方針を決定、同日裁可される　7.12 内務省、第1回地方改良事業講習会を東京で開催する　8.14 滋賀・岐阜県で大地震起こる(71人死亡、家屋全壊1653戸)　10.26 伊藤枢密院議長、ハルビン駅で韓国人安重根に射殺される　11.17 山県有朋を枢密院議長に任じる　この年生糸の輸出量、中国を上回り世界第1位となる。綿布の輸出額、輸入額を上回る	ルツェゴビナの併合を承認する(2.26墺土協定に調印)　2.1 米、キューバの軍政を解除し占領軍を撤退させる　12.16 ニカラグア大統領セラヤ、米の圧力と保守派の反乱で辞任する　12.- 上海に国会期成同志会結成。各省に国会即時開設要求起こる
1.23 逗子開成中学生徒ら、13人七里ケ浜で遭難する　3.13 立憲国民党が結成される　4.- 武者小路実篤ら、『白樺』を創刊する　5.25 大逆事件の大検挙を開始する　8.22 韓国併合に関する条約を調印する　8.29 韓国の国号を朝鮮と改称し、朝鮮総督府を置く旨を公布する　10.13 内務・農商務両省、部落有林野の市町村統一帰属を通達　11.3 帝国在郷軍人会が発会式を行う	5.19 ハレー彗星が地球に大接近世界中で流言・不安を呼ぶ　5.31 南アフリカ連邦、英国自治領として発足する　8.22 日本、韓国を併合する
1.18 大審院、大逆事件被告24人に死刑判決(24〜25日幸徳秋水ら12人の死刑を執行)　1.- 鈴木梅太郎ら、オリザニン(ビタミンB1)を抽出する　3.1 帝国劇場が開場する　3.29 工場法を公布する(16.9.1施行)　6.1 平塚雷鳥ら、青鞜社発起人会を開催する(9.1『青鞜』創刊)　8.21 警視庁、特別高等課を設置する	3.- 米カリフォルニア州議会、日本人の土地所有禁止法を可決する　9.- 伊・土間にトリポリ戦争開始　10.10 辛亥革命が始まる　12.6 アムンゼン、南極点到達に成功する
5.15 第11回総選挙を実施する　7.6 第5回ストックホルム五輪、日本選手初めて参加する　7.30 明治天皇没、皇太子嘉仁践祚、年号を大正と改める　8.1 鈴木文治ら、友愛会を結成する　12.2 上原陸相、陸軍増師問題で単独辞表を提出。5日、陸相の後任を得られず西園寺内閣総辞職　12.19 東京で憲	1.1 南京臨時政府が成立する。孫文が臨時大総統に就任　2.12 宣統帝退位し、清朝が滅亡する　10.17 第1次バルカン戦争が起こる

鈴木梅太郎

浜松市内を走ったラッキョウ軽便

西　暦	年　号	県　　　　　史
1912	大正 1 7.30	日調停成立)
1913	大正 2	1.14 静岡市若竹座で憲政擁護県民大会を開催。会長に江原素六を選出し、閥族打破・憲政擁護を決議する　3.- 茶業組合中央会議所出張所を静岡市に設置する　3.25 南上村(南伊豆町)青野奥山銅山で鉱毒問題が深刻化し、村民有志が大会を開く　7.11 友愛会小山支部発会式、女子組合員数では全国最大支部となる　7.20 富士身延鉄道、富士－大宮(富士宮)間が開通する　7.25 第 1 回富士登山競争を実施する(この夏富士登山ブーム)　8.1 東海道本線天竜川鉄橋が竣工し、全線が複線となる　12.- 県仏教慈善連合会が設立される
1914	大正 3	1.5 駿河湾汽船愛鷹丸、土肥沖で沈没し113人が死亡する　3.15 田沢義鋪、蓮永寺(静岡市)で青年宿泊講習会を始める　4.- 日本楽器㈱、ハーモニカ製造を開始する　8.2 深尾韶、ボーイスカウト隊員118人で入隊式を行う　10.4 静岡・浜松両連隊、対ドイツ青島戦に向け出兵する　11.7 静岡・浜松両市で青島陥落を祝う提灯行列が行われる　11.8 県下各学校で青島陥落祝賀会を行う　12.10 ドイツ兵捕虜107人が静岡市内 2 カ所の収容所に収容される
1915	大正 4	1.6 県下各町村で凱旋軍人歓迎祝賀会、招魂祭を開く　3.- 摩訶耶寺(三ケ日町)木造千手観音立像、国宝に指定される　4.12 浜松師範学校が開校する　8.31 沼津少年団、結団式を挙げる。翌年11月岳陽少年団と改称する　9.18 藤相鉄道㈱、藤枝大手－川崎(榛原町)間が開通する　9.24 県会議員選挙を実施する　10.7 三浦環(浜岡町出身)、ロンドンで「蝶々夫人」を初演する　11.10 県下各地で天皇の即位礼奉祝行事が行われる
1916	大正 5	1.13 森鷗外、浜松市で取材した『渋江抽斎』を新聞に発表する　2.20 私立静岡女子薬学校の設立が認可され、5月開校する　4.20 静岡市で立憲同志会県支部発会式(加藤高明総理ら出席)　6.- 日楽のピアノ・ハーモニカ等、大戦により輸出好調　8.29 県、工場法施行細則を制定する　11.8 憲政会県支部、静岡市で発会式を挙

藤相鉄道藤枝駅

岳陽少年団

日　本　史	世　界　史
政擁護第1回大会を開催する	
1.17 全国記者大会、憲政擁護・閥族打破の宣言をする　2.5 政友・国民両党、桂内閣不信任案を提出　2.11 桂内閣が総辞職する　2.20 第1次山本権兵衛内閣が成立する　3.10 柳田国男ら『郷土研究』を創刊する　6.13 陸海軍省官制を改正し、軍部大臣現役規定を削除する　10.6 政府、中華民国を承認する　12.23 立憲同志会、結党式を挙げる	1.1 中華民国(首都南京)が成立する　3.4 ウィルソン、米28代大統領に就任する　5.29 カリフォルニア州議会、排日土地法を制定する　6.29 第2次バルカン戦争起こる
1.23 海軍の汚職事件が発覚(シーメンス事件)　2.10 日比谷で内閣弾劾国民大会が開かれる　3.24 山本内閣が総辞職する　4.16 第2次大隈重信内閣が成立する　8.23 日本、ドイツに宣戦布告をする　10.15 大杉栄ら、月刊『平民新聞』を創刊する　11.7 日本軍、青島を占領する　12.18 東京駅の開業式が行われる	6.28 墺皇太子、サラエボで暗殺される(サラエボ事件)　7.28 第1次世界大戦が始まる　8.15 パナマ運河が開通する　8.30 独軍の飛行機、パリに爆弾投下する(世界初の空襲)
1.18 日本、中国総統袁世凱に対華21ヵ条の要求を提出する　3.25 第12回総選挙を実施する　5.7 対華21ヵ条につき袁政府に最後通達をなす　8.18 大阪朝日新聞社主催第1回全国中等学校野球大会を開催する　11.10 大正天皇、京都御所で即位礼を挙行する　12.4 東京株式市場が暴騰する(大戦景気の開始)	7.- フサイン・マクマホン協定(〜16.1)の締結　10.28 日・英・露3国、袁世凱に帝政延期を勧告する
1.- 吉野作造「憲政の本義を説いて其有終の美を済すの途を論ず」を『中央公論』に掲載する(民本主義の提唱)　9.1 工場法が施行される　10.9 寺内正毅内閣が成立する　10.10 立憲同志会・中正会などが合同して憲政会を結成する(総裁加藤高明)	5.9 英・仏・露、オスマン朝の領土分割に関するサイクス・ピコ秘密協定を結ぶ　9.15 英軍、ソンムの戦いで戦車を使用する

フサイン・マクマホン協定とロレンス

ドイツの側に立つトルコの支配下、アラビア半島ではメッカの大守フサインが独立運動を起こしていた。この動きをみたイギリスのカイロ駐在弁務官マクマホンは、対トルコ戦参加の代償としてアラブの独立を約した。このような事情の中で映画でも知られる「アラビアのロレンス」の活躍があったのである。

バルフォア宣言とシオニズム運動

英外相バルフォアが、第1次大戦を有利にするためにユダヤ人のシオニズム運動(民族的ホーム建設運動)に協力を約束したものがバルフォア宣言である。これは、アラブの独立を約束したフサイン・マクマホン協定とは真っ向から対立するものであって、今日まで続いているパレスチナ問題の原因の1つに数えられている。

西暦	年号	県　　　　　史
1916	大正5	げ、閥族打破・憲政擁護を決議する
1917	大正6	1.6 伝法村(富士市)の富士製紙会社汚水問題で、会社、郡長、加島・伝法両村住民の三者が協定を結ぶ　4.20 第13回総選挙を実施する(政友6・憲政3・無所属1)　7.6 県、発電用水利利用規程を制定する　5.1 大村幸太郎・杉山理助ら、静岡市で普通選挙期成同盟会を結成する。以後、県下各地で政談演説会を開く　8.26『静岡民友新聞』、物価騰貴の一因として商人の不正掛け引きを指摘する
1918	大正7	3.18 大井川沿岸6カ村、川狩り制限と通船運賃の5割増撤廃を県に要請する。4.14県令により川狩り制限が決まる　4.13 県知事、物価・米価騰貴につき諭告する　4.13 天野藤男(清水市出身)、吉岡弥生らと処女会中央部を結成する　6.16 藤相鉄道の藤枝大手－相良間全線が開通する　8.10 大池村(掛川市)で県下最初の米騒動が起こり、8.11新居、森でも。12日以後、各地に波及(2市22町14村)　8.14 県知事、米騒動鎮圧のため静岡・浜松両連隊に出動を要請する(軍隊、14日静岡市に、15日浜松市に出動)　8.15 県知事、米騒動につき、物情静穏を県民に諭告する　9.2 朝日新聞主催県第1回野球大会で浜松中学校が優勝する　10.10 田子浦農民、小作米軽減要求の運動を開始する
1919	大正8	3.4 県知事、民力涵養につき各郡市長・警察署長に訓令を発する　4.7 静岡市札の辻町に㈱キネマ館が設置される　6.13 ㈱三保造船所、三保村(清水市)に設立する　6.15 第1回小笠郡女教員大会を開き、女子教員の服装、産前産後の休暇の問題などを討議する　10.1 県立沼津病院が開院する　11.4 重砲兵旅団第二連隊、三島町に移転が完了する　11.30 青年改造連盟、静岡市で普選政談演説会を開く　12.6 清水築港期成同盟会、発会式を行う
1920	大正9	1.5 静岡市で東海十一州普選大会を開催する　1.17 県知事、大戦終結につき、民力涵養へ一層の努力をと訓令する　1.23 県、女

大井川の川狩り

静岡市の映画館・キネマ館

日 本 史	世 界 史
1.25 憲政・国民両党、内閣不信任案を提出、衆議院が解散される 3.10 日本工業倶楽部が設立される 4.20 第13回総選挙を実施する 6.18 三菱長崎造船所の職工1万人、賃上げを要求してストライキを行う 7.14 活動写真興行取締規則を公布する 11.2 日米両国、中国の利権に関する協定を結ぶ(石井・ランシング協定)	3.12 ロシア三月革命(ロシア暦2月) 3.15 ロマノフ王朝滅亡 4.6 米国、対独宣戦布告 11.2 バルフォア宣言 11.7 ロシア十一月革命(ロシア暦10月)。ソビエト政権の成立。布告「平和について」「土地について」を採択する
3.27 市町村義務教育費国庫負担法を公布する 4.1 丹那トンネル工事が始まる 5.5 第1回全国青年団連合大会を開催する 7.23 富山県魚津町の漁民の妻ら、米の県外への船積み中止を要求して海岸に集合する(米騒動の始まり) 7.31 米価大暴騰のため期米市場が大混乱となる 7.- 鈴木三重吉、『赤い鳥』創刊する 8.2 政府、シベリア出兵を宣言する 8.14 内相、米騒動記事の差し止めを命じる 9.29 原敬内閣が成立する 12.6 大学令公布、新たな公私立大学の設置許可	1.8 米大統領ウィルソン、14カ条の綱領を発表する 3.3 ソビエト、独・墺側とブレスト・リトフスク講和条約を締結する 11.3 オーストリア・ハンガリー、休戦協定に調印 11.9 ドイツ革命が起こる。皇帝が退位し共和制となる 11.11 独、休戦協定に調印する
2.9 東京で普選期成大会、名古屋で普選市民大会が開催される 3.1 京城(ソウル)で朝鮮独立宣言を発表、独立運動は朝鮮全土に拡大する(三・一運動) 4.10 地方鉄道法を公布する 4.11 道路法を公布する 4.12 関東庁官制を公布、関東軍司令部条例を公示する 5.23 衆議院議員選挙法を改正する(小選挙区制、納税資格3円以上に) 9.1 足尾銅山で大日本鉱山労働同盟会発会式	1.18 パリ講和会議が始まる 3.2 コミンテルンが創立される 3.18 インド政庁、ローラット法を制定しインドの民族解放運動を弾圧する 5.4 北京の学生、山東の返還などを求めて示威運動を起こす(五四運動) 6.28 ベルサイユ講和条約を結ぶ 7.31 独、ワイマル憲法が成立する
1.10 森戸事件起こる 2.11 東京で数万人が普選を要求し示威行進をする 3.15 株式市場、株価暴	1.10 国際連盟が発足する 8.10 トルコ、セーヴル条約に調印する

当時の蒸気消防ポンプ車

国際連盟の成立

　国際連盟の提唱者はアメリカ大統領ウィルソンである。第1次大戦末期に彼が提案した14カ条の原則の中の1つが国際平和機構の設立である。国際平和の確立、人類文化の向上などを目的として貢献はしたが、大国の利害、提案国のアメリカの参加がなく、また当初ソ連、ドイツも加入ができず限界もあった。

西暦	年号	県史
1920	大正9	子教員の産前産後7週間休養許可を通達する　2.10 県青年団連合会が創立される　5.10 第14回総選挙を実施する（政友7・憲政4・その他2）　9.11 内務省、清水港を重要港湾に指定する　10.1 県下第1回国勢調査実施（～14日、県人口155万387人）　11.22 県製糸業者大会、操業停止を決議する
1921	大正10	1.- 県下の僧侶、参政権獲得運動を展開する　3.3 新居関所跡、国史跡の指定を受ける　5.1 県教育会・県青年団連合会、県下中等学校共催による第1回県体育大会を開く　5.5 大井川改修期成同盟会を結成する　5.21 狩野川改修期成同盟会を結成する　8.28 第1回浜名湾全国水泳大会を開催する（～29日）　10.1 県消防組合連合会を結成する　11.- 少年団静岡県連盟を結成する
1922	大正11	4.13 全国少年団大会を静岡で開催する（～14日）　4.23 駿府鉄道㈱、会社名を大井川鉄道㈱と改める　5.27 伊東・下田2港、国指定港湾となる　6.14 新婦人協会主催で婦人政治座談会・大演説会を開く（静岡市）　8.25 静岡高等学校（現静岡大学人文学部・理学部）を設立する　9.13 被差別部落民30余人、三島町役場勤務の青年への差別に抗議して役場に押し掛ける　9.- ㈱福長飛行機製作所、日本初の旅客機を製作する　10.20 浜松高等工業学校（現静岡大学工学部）を設置する
1923	大正12	4.24 浜松市に県水平社本部を設置する（加入者約1万人）　5.1 沼津で県下最初のメーデーを行う　7.1 沼津市制が施行される　8.21 富士瓦斯紡績小山工場の労働争議、数千人の衝突事件が起こる　9.1 関東大震災、小山・御殿場など県東部に被害多数　9.2 県、清水港に救済事務所設置、震災被災地救援に当たる　9.4 被災者見舞いの静岡市民ら、横浜港船上で朝鮮人を殺害する　9.19 県の発表で、大震災による県下への避難民数7万8047人（清水港から5万7203人、陸路徒歩1万3005人、陸路鉄道7840）　10.14 県会議員選挙を実施、政友会が圧勝する（政友29・その他14）　11.29 静岡連合基督教会等が公娼廃止期成同盟を結成する

浜松高等工業学校

女性飛行士・雲井龍子(左)

日　本　史	世　界　史
落で混乱(戦後恐慌開始)　3.28 平塚雷鳥ら、新婦人協会を結成する　5.2 日本最初のメーデーが上野公園で行われる　5.10 第14回総選挙を実施する(政友会が大勝)　10.1 第1回国勢調査を実施する(内地人口5596万3053人、外地人口2102万5326人)	8.14 第7回オリンピック、アントワープで開催される
2.12 大本教幹部、不敬罪・新聞紙法違反で一斉検挙される　4.12 郡制廃止法を公布する　4.12 度量衡法を改正する(メートル法を基本)　6.23 文部省、通俗教育を社会教育と改称する　10.1 岩波書店『思想』を創刊する　11.4 原敬首相、東京駅で刺殺される　12.23 太平洋地域に関する4カ国条約を調印(日英同盟の破棄)	3.8 ロシア共産党大会、新経済政策(ネップ)を採択する　7.1 中国共産党、上海で創立大会を開く　11.12 ワシントン会議を開催する(〜22.2.26)
3.3 全国水平社創立大会を開く　4.9 日本農民組合を創立する　4.14 少年団日本連盟を結成する　6.12 加藤友三郎内閣が成立する　6.24 政府、シベリア派遣軍撤退を表明する　7.15 日本共産党、非合法に結成する　11.8 犬養毅・尾崎行雄ら、革新倶楽部を結成する　この年造船業界、海軍軍縮実施により大打撃を受ける	2.6 中国に関する9カ国条約・海軍軍縮条約を調印する　4.16 独・ソ、ラッパロ条約を結び国交を回復する　10.31 イタリアにファッシズム政権が成立する　11.1 オスマン・トルコが滅亡　12.30 ソビエト社会主義共和国連邦(ソ連邦)が成立する
2.23 東京で普選即行大示威運動が起こる　4.- マキノ映画製作所が創立される　6.5 堺利彦ら共産党員が検挙される　9.1 関東大震災。9.2京浜地区に戒厳令、朝鮮人暴動の流言が広がり朝鮮人虐殺が始まる　9.2 第2次山本権兵衛内閣が成立する　9.4 労働運動家が軍隊に殺された亀戸事件が起こる　9.16 憲兵大尉甘粕正彦ら、大杉栄・伊藤野枝を殺害する　11.10 国民精神作興に関する詔書を公布する　12.27 虎の門事件が起こる　12.29 山本内閣総辞職	4.14 日・米、石井・ランシング協定を破棄する　8.- ドイツ、マルク紙幣が大暴落となる　10.29 トルコ共和国が成立する　11.8 ヒトラー、ミュンヘン一揆を起こす(失敗)

西　暦	年　号	県　　　　　　　　史
1924	大正13	1.15 静岡市で普選即行・憲政擁護県民大会を開催する　2.11 清水市制を施行する　4.2 県東部中心に朝鮮人1000人、融和団体労働友和会を結成する　5.10 第15回総選挙を実施する(憲政6・政本4・政友2・革新1)　8.1 県蹴球協会を創立する　8.29 小坂きみ(天城湯ケ島町出身)、運転手乙種免許を取得(県下初の女性運転手)　10.1 文芸誌『黒船』、下田町の黒船社により創刊される　11.22 焼津漁業組合、民間初の無線電信海岸局を開設する
1925	大正14	3.28 県立葵文庫開館式を挙げる　4.3 静岡市で普選祝賀民衆大会を開く　4.- 県下中等学校に軍事教育将校60人が派遣される　5.1 浜松連隊が廃止される(豊橋連隊の一大隊が浜松に駐屯)　7.7 静浦遊泳協会を創立する　9.6 県道伊東－熱海線が完成する
1926	大正15 昭和1 12.25	3.7 浜松市で県下朝鮮人260余人が参加し県相愛会発会式を挙げる　5.1 浜松地方第1回メーデーを行う　5.27 浜松合同労働組合14工場1500人、日楽争議を支援し大会を開く　7.1 各郡役所で廃庁式を行う　9.4 浜松市、全国初の普選による全国初の普通市議選挙を行う　10.9 三方ヶ原へ飛行第7連隊の移転が完了する　11.6 県、朝鮮人も公民権を有し選挙人名簿に登載するよう通達する　12.5 労働農民党県支部連合会を創立する
1927	昭和2	2.7 県下各地で大正天皇の大喪行事を施行する(～8日)　4.22 県下の銀行が休業となる(～24日、休業明けは平静)　4.29 県女子青年団、1600余人参加して発団式を行う　7.21 富士山頂測候所、気象観測を開始する　8.9 河合小市、河合楽器研究所を設立する(29.6.3同製作所と改称)　8.31 緑茶を清水港よりロシアへ初めて輸出する　9.18 若槻礼次郎ら出席し民政党県支部発会式を行う　12.30 静岡市唯一の劇場、静岡歌舞伎座が活動写真館に変わる
1928	昭和3	2.20 第16回総選挙を施行する(政友8・民政5)　3.11 静岡先駆芸術連盟(のちのナップ静岡支部)を結成する　3.20 高射砲連隊、

静岡県女子青年団の成立

　それまでは処女会という集団があり、大正期には集団数約200、会員数2万余人を有した。主なる目的は女子の徳操を養い良妻賢母の素地をつくることにあった。それらの集団を統合し、ここに成立した女子青年団は、忠孝の本義、健全なる国民、公共の精神などが主要事となり組織の質的な変化となっている。

日　本　史	世　界　史
1.7 清浦奎吾内閣が成立する　1.10 政友会・憲政会・革新倶楽部の3派、内閣打倒運動を開始する（第2次護憲運動始まる）　5.10 第15回総選挙、護憲3派が大勝する　6.11 第1次加藤高明内閣の成立（護憲3派内閣）　6.13 小山内薫らの築地小劇場が開場する　7.22 小作調停法を公布する　8.1 甲子園野球場が完成する　12.13 婦人参政権獲得期成同盟が結成される	1.20 中国で第1次国共合作が成立する　1.22 イギリスで第1次マクドナルド労働党内閣が成立する　5.15 米議会、新移民法を可決（7.1施行、排日条項を含む）
4.22 治安維持法を公布する（5.12施行）　5.5 普通選挙法を公布する（28.2.20施行）　7.31 加藤護憲3派内閣、閣内不統一で総辞職　8.2 第2次加藤高明内閣の成立（憲政会単独）　9.20 東京6大学野球リーグ戦開始　12.1 農民労働党が結成される（即日禁止）	1.20 日ソ基本条約を調印する（2.27公布　日ソ国交回復）　5.30 中国上海で5・30事件起こる　12.1 ロカルノ条約が締結される
1.28 加藤首相没、30日第1次若槻礼次郎内閣が成立する　1.- 川端康成、「伊豆の踊子」を『文芸時代』に連載する　3.5 労働農民党が結成される　4.20 青年訓練所令を公布する　5.5 新潟県木崎村の4年越しの小作争議が激化。農民と警官隊が衝突し28人が検挙される　12.25 大正天皇が崩御。摂政宮裕仁親王践祚し、昭和と改元する	7.9 中国の国民政府、北伐を開始する　9.8 独、国際連盟に加入する
2.7 大正天皇の大喪に服す　4.1 兵役法を公布する（徴兵令廃止）　4.18 台湾銀行全支店・近江銀行（大阪）など休業、全国に取り付け起こる（金融恐慌）　4.20 田中義一内閣が成立する　5.28 政府、山東出兵の声明を出す（第1次出兵）　6.1 立憲民政党を結成する（総裁浜口雄幸）　7.10 岩波文庫の刊行が始まる	4.12 蔣介石、上海で反共クーデターを起こす　5.20 リンドバーグ、大西洋無着陸横断飛行に成功する（～21日）　この年北京近郊の周口店で北京原人の本格的発掘を開始
2.20 第16回総選挙を実施する（最初の普選）　3.15 共産党員、一斉に検挙される（3・15事件）　4.19	5.3 済南事件起こる　6.9 北伐軍、北京に入城する　8.27 パリ

富士山頂観測所

旧制静岡高校（現静岡大学）開校

西　暦	年　号	県　　　　　　史
1928	昭和3	浜松連隊跡地に転営する　3.30 富士身延鉄道、富士－甲府間が全通する　5.13 静岡連隊、山東出兵のため静岡を出発する　6.19 県廃娼期成同盟会を創立する　10.24 県体育協会を結成する　11.10 県下各地で昭和天皇御大典祝賀行事を実施する　12.25 全協静岡地方協議会が確立される
1929	昭和4	1.26 静岡民友新聞社『静岡年鑑(29年版)』(創刊号)を発刊する　4.16 無産党員松田辰雄ら、一斉検挙される(4・16事件)　5.1 沼津市のメーデーに350人の女子労働者が参加する　6.13 興農学園、久連(沼津市)に農村教育機関として開校する　7.7 初の県連合婦人大会を開く　8.24 民政党県議13人、県官僚人事に反発し知事更迭を求めて脱党をする(9月、脱党者、民政クラブを結成)　9.12 県、公私経済緊縮県地方委員会を設置する　11.17 日本飛行学校、東京－下田間の定期飛行を開始する
1930	昭和5	1.19 労農党静岡支部を結成する(支部長福島義一)　3.- 『静岡県史第1巻』を刊行する　4.6 社会民衆党県連合会を結成する　5.21 日本共産党・全協関係の100余人、県下で一斉に検挙される　5.28 天皇、県下を巡行する(～6.3)　7.20 草薙球場開場式を行う　10.1 第2回国勢調査。県の総人口は180万2000余人、失業者数は7409人　11.26 北伊豆地震、死者255人、家屋全壊2073軒等の被害となる
1931	昭和6	3.21 静岡放送局(ＪＯＰＫ、現ＮＨＫ静岡放送局)が開局する　4.1 東京航空輸送社の東京－清水間の旅客1番機が三保に着水する　6.14 社会民衆婦人同盟沼津支部(県下初の無産党系女性組織)が岳南労働会館で発会式を挙げる　9.22 日中交戦映画を静岡市・清水市で公開する　10.14 県会議員選挙を実施する(政友23・民政21・中立3)　11.1 県社会課調査、県下失業者数は男3529人、女1530人と報告する　11.17 浜松飛行連隊、満州へ出動する　12.1 大井川鉄道、金谷－千頭間全線が開通する

北伊豆地震＝修善寺町

大井川鉄道開通式＝本川根町千頭

日　本　史	世　界　史
閣議、第2次山東出兵を決める　6.4 張作霖、関東軍の謀略で爆殺される　6.29 治安維持法を改正する(死刑・無期刑追加)　7.22 無産大衆党を結成する　8.8 織田幹雄、アムステルダム五輪で日本選手初の金メダルを獲得する　11.10 昭和天皇即位礼を行う	で不戦条約を調印する(ケロッグ・ブリアン協定)　10.1 ソ連、第1次5カ年計画を開始する
1.17 労農大衆党結成される　3.5 衆院議員山本宣治、刺殺される　4.16 共産党員一斉検挙され、党組織壊滅的打撃を受ける(4・16事件)　6.10 拓務省官制を公布する　7.2 田中内閣総辞職、浜口雄幸民政党内閣が成立　7.29 浜口内閣、緊縮実行予算を発表する　11.1 労農党が結成される(中央執行委員長大山郁夫)　11.21 大蔵省、金解禁に関する省令を公布する	8.8 飛行船ツェッペリン伯号、世界一周に成功する(～29日)　10.24 ニューヨークの株式が大暴落し世界恐慌が始まる(暗黒の木曜日)
1.11 金輸出解禁、金本位制に復帰する　2.20 第17回総選挙を実施、民政党が圧勝する　4.25 政友会の犬養毅・鳩山一郎ら、海軍軍縮条約は統帥権の干犯であると浜口内閣を攻撃する　10.27 台湾霧社の高山族、抗日の蜂起を起こす　11.14 浜口首相、東京駅で狙撃され重傷を負う。外相幣原喜重郎、首相臨時代理　この年世界恐慌が日本に波及。企業の操業短縮が盛ん	1.21 ロンドン海軍軍縮条約会議開催(～4.22)　4.22 海軍軍縮条約に調印する　10.12 第1回英印円卓会議をロンドンで開催する(国民会議派不参加)
3.- 陸軍青年将校らによるクーデター計画、未遂に終わる(3月事件)　4.14 第2次若槻内閣が成立する　9.18 関東軍参謀ら、満州占領を企てて柳条湖の満鉄線路を爆破する(満州事変)　10.17 橋本欣五郎中佐ら、軍部内閣樹立のクーデター計画、未遂に終わる(10月事件)　12.13 犬養毅内閣成立、初会議で金輸出再禁止を決める	4.14 スペインに革命が起こり、第2共和国が成立する　6.20 米大統領フーバー、1年間のモラトリアムを提案する　10.24 国際連盟理事会、日本への期限付き満州からの撤退を勧告　11.27 中華ソビエト共和国臨時政府が瑞金に樹立される

開局当時の静岡放送局＝静岡市

西暦	年号	県　　　　史
1932	昭和7	2.20 第18回総選挙を実施する(政友8・民政5)　3.4 焼津銀行・三十五銀行等で取り付けが起こり、日銀特融を受ける　8.20 内務省、清水市を失業救済都市に指定、救済資金を下付する　10.30 熱海町で日本共産党全国代表者会議を開催、11人が検挙される(熱海事件)　11.11 県図書館協会を設立する　11.20 松坂屋百貨店、静岡駅前に開店する　12.2 静岡市田中屋百貨店で火災が発生する(死者2人・負傷13人)　12.28 商業組合法による全国初の遠州織物商業組合を設立する
1933	昭和8	3.20 県、内務部産業組合課を新設する　3.23 戸塚廉・村松元ら新興教育同盟準備会静岡支部関係者10人が検挙される　4.30 富士国立公園観光協会を設立する　7.3 県農山漁村経済更生委員会、33年度経済更生指導町村160カ町村を決定する　9.18 県下の共産党・全協等の関係者が多数検挙される(9・18事件)　この年県下6万の養蚕家、繭価格低落で生活が困窮する
1934	昭和9	3.28 県仏教会を創立する(県下各宗派2817寺)　4.20 下田港開港80周年記念第1回黒船祭を実施する(〜5.3)　5.29 沼津繭市場再開、繭暴落し翌日休場とする　6.28 熱海線を東海道本線とし、沼津−国府津間を御殿場線と改称する　10.17 昭和神聖会静岡地方本部(大本教関係)が創立される。翌年2月までに県下各支部創立　11.20 ベーブルースら来日、草薙球場で全日本チームと試合をする　12.1 丹那トンネル開通に伴い三島駅が開業する
1935	昭和10	1.19 県内務部を総務部に改組、経済部を新設、知事官房を縮小する　3.10 日本絹織島田工場の女工600余人、国防婦人部を結成する　3.22 天皇機関説排撃県民大会を開催する　6.28 大井川電力発電所上川根村(本川根町)工事現場の朝鮮人工夫148人の解雇に反対し、工夫300人がストライキを起こす　7.4 熱海電信電話局、県下で初めて自動式となる　9.21 県教育会、満鮮学事視察兼皇軍慰問団を組織する　10.14 県会議員選挙を実施する　11.24 文部省・県共催、

松坂屋百貨店

ベルリン五輪での県水泳選手の活躍

　この大会水泳において、日本の優勝者は県内の3人を含め7人であったが、さらに県内選手として400・1500自由形で2・3位となった鵜藤俊平選手、この4年前のロス大会で活躍した牧野正蔵、小池礼三らも3位に入っている。静岡県は水泳選手団45人中11人を派遣し、その活躍で「水泳王国静岡」の名声をとどろかせた。

日　本　史	世　界　史
1.28 日本海軍、上海で中国軍と交戦する(上海事変)　2.20 第18回総選挙を実施する　3.5 団琢磨、血盟団員に射殺される　5.15 海軍将校ら、首相官邸などを襲撃、犬養毅首相を射殺する(5・15事件)　5.20 『日本資本主義発達史講座』刊行が始まる　5.26 斎藤実内閣が成立する　9.5 内務省、国民自力更生運動の開始を命じる　9.15 日満議定書に調印する	3.1 「満州国」建国宣言をする　7.21 英、オタワで経済会議を開きブロック経済を決める　7.30 第10回オリンピックがロサンゼルスで開幕する(日本選手大会で金メダル7個を獲得)
2.20 小林多喜二、検挙され築地署で虐殺される　3.3 三陸地震が起こる(死者約3000人)　3.27 日本、国際連盟脱退を通告する　3.29 米穀統制法を公布する(11.1施行)　4.22 京大滝川事件が起こる　6.7 共産党幹部佐野学・鍋山貞親、獄中で転向声明を出す　12.23 皇太子明仁誕生、祝賀の旗・提灯行列が行われる	1.30 ヒトラー、独首相に就任、ナチス政権が成立する　2.24 国際連盟、日本軍の満州撤退勧告案を可決する　3.4 F・ルーズベルト、米32代大統領に就任。ニューディール政策を推進する　11.17 米、ソ連を承認する
1.29 製鉄大合同により日本製鉄㈱を設立する　4.18 帝国人絹会社株式買い受けをめぐり汚職事件起こる(帝人事件)　7.3 斎藤内閣、帝人事件で総辞職をする　7.8 岡田啓介内閣が成立する　12.1 丹那トンネルが開通する(全長7840m)　12.26 職業野球団大日本東京野球倶楽部を創立　この年東北地方大凶作で借金累積、娘の身売り、欠食児童、行き倒れ、自殺など惨状極まる	1.29 「満州国」、帝政となる(皇帝溥儀)　9.18 ソ連、国際連盟に加入する　12.3 日本、ワシントン海軍軍縮条約破棄を決定し、29日米国に通告する
2.18 美濃部達吉の天皇機関説問題起こる　4.1 青年学校令を公布する　5.1 第16回メーデー、戦前最後のメーデーとなる　6.18 選挙粛正中央連盟が発足する　11.8 大日本映画協会が設立される　11.12 高柳健次郎(浜松高工)、テレビの撮像管試作に成功する　12.8 大本教出口王仁三郎ら幹部30余人が逮捕される(第2次大本教事件)	3.16 ドイツ、再軍備宣言をする　7.25 コミンテルン第7回大会(～8.20)で人民戦線戦術の採用を決定する　8.1 中国共産党、抗日救国統一戦線を提唱する(8・1宣言)　10.3 イタリア、エチオピア侵略を開始する

丹那トンネル完成(営業前)

ケインズ『雇用・利子および貨幣の一般理論』と近代経済学

　この書物は、彼の経済思想の中核をなすものである。世界恐慌の不況を理論的に解明し、それまでの自由放任主義経済の欠陥を指摘し、修正資本主義への道を開いた。「ケインズ革命」という言葉もある。A.スミスらの経済学を古典経済学というのに対して近代経済学といわれる。

西暦	年号	県　　　　　史
1935	昭和10	国民精神文化講習会を開催する(〜12.21)
1936	昭和11	2.20 第19回総選挙を実施する(政友6・民政5・昭和会1・社大1)　2.- 県下最初の満州移民8人、浜江省密山県に入植する　4.16 浜松警察署、大本教信者240余人の家宅捜査をし、2人を検束拘留する　7.11 県、ハルビン・天津に物産取引斡旋所を設置する　8.1 ベルリン五輪(〜16日)で県下水泳選手が活躍する。杉浦重雄と新井茂雄(800mリレー)、寺田登(1500m自由形)らが優勝する　8.- 東海文学社が創立される(人民戦線運動を企図)　12.4 上井出村(富士宮市)で県営養鱒場落成式を行う
1937	昭和12	4.10 熱海市制を施行する　4.30 第20回総選挙を実施する(政友6・民政5・昭和会1・社大1)　7.17 県知事、日中開戦に伴う県民の心構えにつき諭告する　8.26 静岡連隊、中国に向け静岡市を出発する　10.12 県庁舎新築、落成式を挙げる　12.10 県下の漁船30隻に初の徴用命令が出る　12.14 県下各地で南京陥落祝賀行事を行う　12.15 人民戦線事件で太田重太郎・崔崢南守・厚木嘉一ら検挙される　12.19 今泉村(富士市)に県製紙工業試験場が完成する
1938	昭和13	1.- 鎌倉静枝、『東海文学』復活号に反戦詩「どよめきの中に」を発表する　2.12 戦時農村問題の協議機関として県農村同盟結成協議会を開く　6.17 大平村(沼津市)の小作争議が4年ぶりに解決する　7.- 田子浦村(富士市)と富士町で、王子製紙等4工場の排水汚水問題が起こる　9.18 賀茂郡青年団員約40人、ヒトラー・ユーゲント派遣団一行と三原山頂で交歓会を開催する　12.15 伊東線全線が開通する
1939	昭和14	2.25 県経済警察協議会の発会式を行う　4.1 県招魂社を県護国神社と改称する　5.9 県経済部と学務部、集団的勤労奉仕計画を樹立する　9.1 第1回興亜奉公日。神社参拝・労働奉仕・報国貯金等を行う　10.21 県茶業連合会、政府の統制方針に反対の決議をする　10.5 大嶽康子、従軍看護婦体験『病院船』を著す　10.18 県主催

ベルリン五輪で活躍の寺田登

市制施行時の熱海市役所(庁舎上棟式)

日　本　史	世　界　史
2.20 第19回総選挙を実施する　2.26 皇道派青年将校、下士官兵1400余人を率い、斎藤内大臣・高橋蔵相らを殺害する(2・26事件)　2.27 東京市に戒厳令を布告する　3.9 広田弘毅内閣が成立する　8.7 5相会議、国策の基準を決定する　10.20 閣議、電力国家管理要綱を決定する　11.25 日独防共協定調印する　11.- インフレ物価騰貴による賃上げ争議激増する	2.16 スペイン総選挙で人民戦線派勝利。19日、アサーニャ内閣成立　7.17 スペイン内戦が始まる　12.5 スターリン憲法採択される　12.12 蔣介石、張学良らに監禁される(西安事件)　この年ケインズ『雇用・利子および貨幣の一般理論』を発表
1.23 陸相と政党出身閣僚対立で広田内閣総辞職　2.2 林銑十郎内閣が成立　4.30 第20回総選挙を実施する　5.31 林内閣総辞職　6.4 第1次近衛文麿内閣が成立する　7.7 盧溝橋事件が起こり、日中戦争が始まる　8.24 政府、国民精神総動員実施要綱を決定　10.6 国際連盟総会、日本の中国での行動を非難する決議を採択する　12.13 日本軍、南京を占領。大虐殺事件を起こす　この年千人針と慰問袋づくり盛ん	4.26 ドイツ空軍、ゲルニカを無差別に爆撃する　8.13 上海で日中両軍、戦争を開始する　11.6 イタリア、日独防共協定に参加(日独伊3国防共協定成立)　この年ピカソ、「ゲルニカ」をパリ万博へ出展
1.16 政府、中国に和平交渉打ち切りを通告、「国民政府を相手にせず」と声明する　4.1 国家総動員法を公布する　4.10 灯火管制規則を実施する　6.9 勤労動員が始まる　7.29 張鼓峰で日ソ両軍衝突する　8.10 日ソ停戦協定が成立する　10.27 日本軍、武漢三鎮を占領する　11.3 近衛首相、東亜新秩序建設の声明を出す	3.13 ドイツ、オーストリアを併合する　5.26 毛沢東、延安で「持久戦論」を説く　9.30 英・仏・伊・独、ミュンヘン協定に調印する　11.9 ドイツ全土でユダヤ人の迫害が激化する(クリスタル・ナハト)
1.5 平沼騏一郎内閣が成立する　4.26 青年学校を義務制とする　5.12 ノモンハンで満・外蒙両軍の衝突が起こる(日ソ両軍の戦闘に発展。ノモンハン事件)　7.8 国民徴用令を公布する(15日施行)　8.28 平沼内閣の総辞職。30日、阿部信行内閣が成	7.26 米国、日米通商航海条約廃棄を通告する(40.1.26失効)　8.23 独ソ不可侵条約調印される　9.1 独軍がポーランドを侵攻、第2次世界大戦が始まる　9.17 ソ

盧溝橋付近にある中国抗日戦争記念館

西　暦	年　号	県　　　　　史
1939	昭和14	第1回満蒙女子拓植訓練講習会を開催する(～21日)　12.1 県協和会を創立。13日、協和事業打ち合わせ会を開く(～18日)
1940	昭和15	1.15 静岡市で大火災が起こる(全焼5035戸)　2.- 朝鮮からの集団移民訓練所が中川根村に開所する　3.30 満蒙開拓青少年義勇軍植松中隊、全国初の単独郷土部隊を編成　6.1 二俣線全線(掛川－新所原)が開通する　8.1 軍司令部新設、本県は中部軍の管轄となる　11.10 紀元2600年記念祝賀行事、全県下で開催する(～14日)　12.12 大政翼賛会県支部を結成する
1941	昭和16	2.11 満州開拓富士郡芝川村等9ヵ町村、現地で分村鍬入れ式を行う　3.3 県青少年団結成式を挙げる　4.29 三島市制が施行される　5.1 米の配給統制実施、1日2合3勺となる　5.15 県、県下の中学校の学友会・校友会を学徒報国隊に改租する旨通達する　6.27 米穀統制機関である県食糧協会、発会式を行う　12.1 新聞統制により、県下6新聞を『静岡新聞』1紙に統合、創刊号発刊される　12.8 県知事、対米英開戦につき論告する　12.12 各地で米英戦必勝大会行う
1942	昭和17	2.5 一般家庭から鉄・銅回収、熱海市を皮切りに開始される　2.18 シンガポール占領祝賀会を県下各地で行う　3.16 県翼賛壮年団、結団式を行う　4.1 大井海軍航空隊が開隊される　4.21 インド独立運動家チャンドラ・ボースの一行が来静する　5.- 竜山(ロンシャン)開拓女塾第1期生21人が渡満する　6.1 富士宮市制が施行される　8.1 上井出村(富士宮市)に陸軍少年戦車兵学校が創設される　10.8 県護国神社、静岡市柚木に落成する　12.8 航空科学専門学校(現清水市の東海大学)設立が認可される
1943	昭和18	2.21 皇道産業焼津実践団の第1次南方派遣船団、焼津港を出帆する　3.14 『静岡新聞』に「叩き壊せ、青い目のお人形」が掲載される　3.15 県女子拓殖訓練所落成式を挙げる　5.15 静岡電気鉄道・藤相(とうそう)鉄道・中遠鉄道・静岡乗合自動車・静岡交通自動車の5社が合併し、静岡鉄道㈱となる　6.- 登呂遺跡、静岡市の軍需工場建設工事場で発見される　7.1 地方行政協議会令制定、静岡県は東海地方

満蒙開拓義勇軍、国内での訓練

静高生の学徒出陣

日　本　史	世　界　史
立　12.26 朝鮮総督府、朝鮮人に日本式の氏名に変えるよう強制（創氏改名）	連軍、東部ポーランドに侵攻開始する
1.14 阿部内閣の総辞職。16日、米内光政内閣が成立　2.2 民政党の斎藤隆夫、衆院で戦争政策を批判し問題となる　7.22 第2次近衛内閣が成立する　7.26 閣議、基本国策要綱を決定する（大東亜新秩序、国防国家建設方針等）　10.12 大政翼賛会発会式を挙げる	3.30 汪精衛（王兆銘）、南京に中華民国政府を樹立する　5.27 英仏軍、ダンケルク撤退を開始する　9.27 日独伊3国同盟が成立する　10.15 米国映画、チャップリンの「独裁者」が封切られる
3.1 国民学校令が公布される（4.1施行）　4.16 日米交渉が開始される　7.1 全国の隣組、一斉に常会を開催する　8.1 米国、日本に対し石油を全面禁輸とする　10.15 ゾルゲ事件起こる　10.18 東条英機内閣が成立する　12.1 御前会議、対米英蘭に対し開戦を決定する　12.8 日本軍、ハワイ真珠湾を攻撃、対米英に宣戦布告をする　12.10 日本軍、マレー沖海戦で英戦艦2隻を撃沈	4.13 日ソ中立条約が調印される　6.22 独軍がソ連に侵攻、独ソ戦を開始する　8.14 米・英、大西洋憲章を発表　12.9 中国国民政府、対日独伊に宣戦布告する　12.11 独・伊、対米宣戦布告をする
1.16 大日本翼賛壮年団、結団式を挙げる　2.2 愛国婦人会・国防婦人会等を統合し大日本婦人会を結成する　2.15 シンガポールの英軍、日本軍に降伏する　4.1 配電統制令に基づき関東・中部など9配電会社が開業する　4.18 東京・名古屋等、米陸軍機に初空襲を受ける　4.30 第21回総選挙を実施、翼賛選挙なる　6.11 関門トンネルが竣工する　11.1 大東亜省を設置する（拓務省・興亜院等廃止）	6.5 ミッドウェー海戦で日本軍が敗北する（戦局の転換）　8.7 米軍ガダルカナル島に上陸する　9.13 独軍、ソ連のスターリングラードを包囲する　11.19 ソ連軍、反撃を開始する（戦局の展開）
2.1 日本軍、ガダルカナル島撤退を開始する　3.2 兵役法改正を公布する（朝鮮に徴兵制）　3.18 戦時行政職権特例法を公布する（首相権限の強化）　5.29 アッツ島の日本守備隊が全滅する　6.25 政府、学徒戦時動員体制要綱確立を決定　9.4 上野動物園、空襲に備えライオン等の猛獣を毒殺する　10.21 神	4.13 ドイツ、ソ連軍がカチンの森でポーランド人多数を虐殺していたと発表　7.25 イタリアでムッソリーニ首相が失脚する　9.8 イタリア、無条件降伏　11.22 カイロ会談が開催される（～26日）

学童疎開風景

護国神社造営に勤労奉仕

西暦	年号	県　　　　　史
1943	昭和18	行政協議会に編入される　11.19 県郷土部隊ガダルカナル島戦没者氏名が一斉に発表される　11.20 静岡高等学校学徒出陣壮行会、同校で開催する
1944	昭和19	3.3 県、官公庁の日曜休日廃止を通達する　6.5 歩兵第118連隊、サイパン島へ移動中に輸送船が攻撃され、2240人が海没、残る1000人も上陸後全滅する　6.25 米軍機、白羽村(御前崎町)を空襲する(県下最初の空襲)　7.11 県、農地統制令により、甘蔗・綿などの不急作物の作付制限を指示　7.- 各地で防空壕の建設始まる　9.1 県下53市町村への学童疎開1万8000人、一斉に始業式を行う　9.29 中国人264人、陸軍田子浦飛行場建設のために強制連行される(10.8到着、途中2人死亡)。12月飛行場が完成する　11.2 陸軍重爆撃機8機、浜松飛行場からサイパン島奇襲攻撃を開始　12.7 東南海地震が起こり、県下の死者・行方不明者295、家屋全壊6970に及ぶ
1945	昭和20	1.6 強制連行中国人182人、日本鉱業峰之沢鉱山(龍山村)に到着する(途中15人死亡)　4.20 沼津市江ノ浦に海軍特別攻撃隊震洋隊を設置する　5.31 県下市町村に地域国民義勇隊を結成する　6.4 県、緊急主要食料等確保労務対策を通達する　6.18 浜松市、大空襲を受ける(死者推定2900〜3500)　6.19 静岡市、大空襲を受ける(20日、死者推定1700〜2000)　7.26 米、島田町に原爆投下訓練として1万ポンド爆弾を投下する　7.29 米英海軍、浜松市を艦砲射撃　7.31 米海軍、清水市を艦砲射撃する　8.13 満蒙開拓植松中隊残留団員、ソ連軍に追われ団員と家族全滅　8.18 県知事菊池盛登、県職員を静岡浅間神社に集め、敗戦につき訓示をする。21日、県民に対し同様の訓示をする　9.10 米先遣隊、富士岡村(御殿場市)に進駐する　9.29 県、戦災復興第1回対策協議会を開催する　11.6 占領軍、静岡市に進駐　11.13 米軍ラーセン大佐、堀田健男知事に「やみ」根絶、簡易住宅整備促進などを指示する　11.19 日本軽金属蒲原工場に戦後県下初の労働組合が結成される　12.4 庶民大学三島教室が開講する(東大若手教授ら多数来講義)
1946	昭和21	1.25 小林武治、知事就任　2.1 県、行政機構改革を実施する　2.

峰之沢鉱山跡地＝龍山村

東南海地震の被害＝袋井市

日 本 史	世 界 史
宮外苑競技場で学徒壮行会を開催する　12.24 徴兵適齢臨時特例を公布する(適齢1年引き下げ)	12.1 米・英・中、カイロ宣言を発表する
1.26 東京・名古屋に改正防空法による初の疎開命令が出る　2.25 閣議、決戦非常措置要綱を決定する　3.8 大本営、インパール作戦を開始する(敗北)　6.15 米軍サイパン島に上陸、7.7日本軍全滅する　6.30 閣議、都市の学童集団疎開を決定する　7.18 東条内閣総辞職。22日、小磯国昭内閣が成立する　8.4 国民総武装決定で竹槍訓練を開始する　10.24 日本海軍、レイテ沖海戦で連合艦隊の主力を失う　10.25 海軍神風特攻隊、初めて米艦を攻撃する　11.24 米空軍機B29、東京を初めて爆撃する	1.- ソ連、東部戦線で大攻勢開始　6.6 連合軍、ノルマンディーに上陸する　8.21 国際連合設立のため、ダンバートンオークス会議が開催される(〜10.7)　9.9 パリにド・ゴールの臨時政府が成立する
3.6 国民勤労動員令を公布する　4.1 米軍が沖縄本島に上陸、攻防戦展開(6.23守備隊全滅)　4.5 小磯内閣総辞職。7日、鈴木貫太郎内閣成立　6.8 最高戦争指導会議、本土決戦方針を採択　7.1 花岡鉱山事件(強制連行中国人脱走)起こる　8.6 広島に原爆投下。9日、長崎にも投下　8.14 御前会議、ポツダム宣言受諾を決定　8.15 天皇、戦争終結詔書を放送する　鈴木内閣総辞職　8.17 東久邇宮稔彦内閣成立　9.2 米艦ミズーリ号で、降伏文書に調印する　9.11 GHQ、東条ら戦犯39人の容疑者逮捕を指令　10.4 GHQ、政治犯釈放、特高警察全廃等を指令　10.5 東久邇宮内閣総辞職。9日、幣原喜重郎内閣成立　11.6 GHQ、財閥解体を指令する　11.- 日本社会党・日本自由党・日本進歩党が成立　12.17 選挙法の改正により女性参政権実現　12.22 労働組合法を公布する	2.- 米・英・ソ、ヤルタ協定を結ぶ　5.7 ドイツ、無条件降伏する　7.26 米・英・中、ポツダム宣言を発表する　8.6 米、広島に史上最初の原子爆弾を投下する　8.8 ソ連、対日宣戦布告　8.14 中ソ友好同盟が調印される　8.15 第2次世界大戦が終結する　10.3 世界労働組合連盟創立　10.24 国際連合、正式に成立　11.16 UNESCO憲章が調印される　11.20 ニュルンベルク国際軍事裁判が開かれる(〜46.10.1)
1.1 天皇、神格否定の人間宣言をする　1.4 GH	3.5 チャーチル、米国で「鉄の

静岡大空襲

広島へ原爆投下

西暦	年号	県　　　　　　史
1946	昭和21	7 日本農民組合県連が結成される　3.2 県労働組合協議会(県労連)が結成される　3.- 静岡軍政部が設置される　4.10 第22回総選挙実施(戦後初)、女性候補者山崎(藤原)道子が最高得票(19万余)で当選する　5.17 食糧危機突破県人民大会を開催する　6.9 県教職員組合(県教組)が結成される　6.17 天皇、県下の復興状況を視察する(～18日)　10.- 県婦人連盟が発足する(49年7月県婦人団体連絡会と改称)
1947	昭和22	3.8 川井章知(あきとも)、県知事に就任する(官選最後の知事)　4.1 県下の新制中学校、準備不足のため開校を延期する　4.5 小林武治、知事に当選する(公選最初の知事)　4.30 県議選を実施する(自由24・民主9・社会9・国協7・新政会13・中立1)　5.1 県立静岡農林専門学校(現静大農学部)、開校式を挙げる　5.20 全県下でやみ市撲滅、値下げ運動を開始する　7.10 登呂遺跡の発掘を始める　8.10 伊東市、市制を施行する　10.1 国勢調査を実施、県総人口は235万1630人
1948	昭和23	1.1 島田市、市制施行　2.15 県下初の農協、美和村(静岡市)に設立される　4.1 吉原市・磐田市、市制施行　県青年団体連絡協議会を結成する　中等学校再編、新制公立高校65校、私立29校が開校となる　8.1 静岡軍政部、経済調査会地方事務所を開設する　8.13 県信用農業協同組合(県信連)が設立される　9.1 県下43公立高校に夜間定時制を併設開校する　11.1 県教育委員会(県教委)事務局、同教育事務所(12カ所)発足　12.3 幸浦村(きちうら)(浅羽町)で一家4人殺害事件が起こる(幸浦事件)　県、示威運動取締に関する条令(県公安条令)を制定する
1949	昭和24	1.- 沼津・富士宮・吉原3市の村々、自治を求め分離・独立の運動が盛んとなる。2.8吉原市議、分離問題で全員が辞職する　5.29 東海道本線沼津―浜松間が電化し開通式を行う　7.1 静岡軍政部、

登呂遺跡を発掘

戦後の闇市

日　本　史	世　界　史
Q、軍国主義者の公職追放を指令する　2.19 部落解放全国委員会を結成する　3.3 物価統制令を公布する　4.10 第22回総選挙実施、女性議員39人が当選する　4.22 幣原内閣総辞職　5.22 第1次吉田茂内閣成立　8.1 日本労働組合総同盟(総同盟)が結成される　8.16 経済団体連合会(経団連の結成)　9.9 生活保護法を公布する　11.3 日本国憲法を公布する(47.5.3施行)	カーテン」演説をする　4.5 連合国対日理事会第1回会合が開かれる　5.3 極東国際軍事裁判開廷　10.1 ニュルンベルク国際軍事裁判判決が出る(12人絞首刑)　12.- 第1次インドシナ戦争が始まる(～54年7月)
1.28 吉田内閣打倒・危機突破国民大会開催。宮城前広場に30万人が集まる　1.31 マッカーサー、2・1ゼネスト中止を命令する　3.31 第1回農地買収が行われる　教育基本法・学校教育法を公布する(4.1、6・3・3・4制教育開始)　4.7 労働基準法を公布する(9.1施行)　4.14 独占禁止法を公布する　4.25 第23回総選挙、社会党が議席143を獲得する　6.1 片山哲社会党首班連立内閣が成立する　12.22 民法を改正する(家族制度廃止)	3.12 米国、「トルーマン・ドクトリン」を発表(冷戦の本格化)　4.28 パレスチナ問題で第1回国連特別総会を開催する。11.29 パレスチナ分割決議採択　6.5 マーシャル・プラン発表　8.- パキスタン・インドが独立　10.5 欧州共産党情報局(コミンフォルム)の設置が公表される
1.26 帝銀椎名町支店で12人が毒殺される　2.10 片山内閣総辞職　3.10 芦田均内閣成立　3.15 民主自由党が結成される(総裁吉田茂)　4.1 新制高等学校(全日制・定時制)が発足　6.23 昭和電工事件(贈収賄汚職)起こる　7.20 国民の祝日に関する法律を公布する　10.7 芦田内閣総辞職。19日第2次吉田茂内閣成立　11.30 国家公務員法を改正(争議行為禁止など)　12.18 GHQ、経済安定原則を発表　12.- 相沢忠洋、岩宿(群馬県)で先土器時代の石器を発見	1.30 インドのガンジーが暗殺される　4.1 ソ連のベルリン封鎖始まる　8.- 大韓民国成立　9.9 朝鮮民主主義人民共和国成立　11.12 極東国際軍事裁判、戦犯25被告に有罪判決をする　12.10 国連総会、世界人権宣言を採択する
1.23 第24回総選挙を実施する　3.7 ドッジ公使、経済安定9原則に関し、超均衡財政(ドッジライン)を強調する　4.23 GHQ、1ドル360円の単一為替	4.4 北大西洋条約機構(NATO)が発足する　7.1 国際労働機関(ILO)総会、労働者の団結

昭和電工事件

　復興金融公庫、興銀から化学肥料会社昭和電工への25億円融資をめぐる大贈収賄事件である。贈賄の容疑で日野原節三社長、さらに収賄容疑で西尾末広副総理が逮捕されたために芦田内閣は瓦解した。後に、無罪ではあったが、芦田均自身も逮捕されている。その背景にはGHQ内部の対立もあったという説がある。

古橋広之進の力泳

西　暦	年　号	県　　　　　史
1949	昭和24	静岡民事部と改称。12.1 ＧＨＱ、静岡民事部を閉鎖　7.2 国鉄静岡管理局、第1次人員整理案389人を発表する。14日1652人の整理を通告、国労側撤回闘争を展開する　9.20 静岡民主生活協同組合を静岡市に設立する(静岡生協の誕生)　10.17 日産吉原工場、従業員348人に解雇通告(組合側波状スト)　10.13 テレビジョンの実演展、静岡市の田中屋百貨店で開く　11.- 沼津市の朝鮮人学校強制閉鎖に対し、反対闘争が展開される
1950	昭和25	1.1 東富士演習場が農耕禁止・立ち入り禁止となる　3.29 県立臨時教員養成所設置条例を制定。4月県立臨時教員養成所を三島市に開設する　4.8 韮山高校、全国選抜高校野球大会に初出場で初優勝をする　4.13 熱海市に大火災が起こり、1050戸が焼失する　4.- 茶の新種「富士1号」を発見、日本一早い新茶となる　7.15 湘南型電車、静岡まで乗り入れる　7.17 県下の共産党系機関誌『解放』等に発行停止の命令が出る　10.1 国勢調査実施、県総人口247万1472人となる　12.8 第1回県下漁業協同組合大会を開催する
1951	昭和26	3.1 焼津市、市制を施行する　3.21 木下恵介監督(浜松市出身)「カルメン故郷に帰る」が日本最初のカラー劇映画として封切りとなる　4.30 県議選、自由党が48議席(無所属12・その他7)を獲得する　6.12 県、県人事委員会設置条令を制定する　8.22 県平和推進国民会議結成大会を開催する　11.10 生活危機突破・労働法規改悪反対労働者大会を開催する(15団体1315人の参加)　12.19 県教委、高校小学区制を来年度から中学区制にすると決定
1952	昭和27	1.19 東富士演習場対策協議会を結成する　2.11 県、機構改革を決定。9部1室46課を9部1局40課にする　3.18 製紙業者と漁民、駿河湾水質汚濁問題協議会を開催する　6.7 破壊活動防止法(破防法)反対第3波ストの決起大会、県下3万8000人が参加する　6.- 高校生石川皐月の『朝日新聞』への選挙違反投書をきっかけとして上野村(富士宮市)での村八分事件が全国的に問題となる　9.19 静岡放送㈱が設立される(11.1ラジオ放送開始)　10.15 保安隊航空学

東海道の電化

静岡大学の開学

日　本　史	世　界　史
レートを設定する(4.25実施)　6.1 日本国有鉄道・日本専売公社が発足する　7.6 国鉄総裁が常磐線路上で轢死体で発見される(下山事件)。15日三鷹事件、8.17松川事件　9.15 シャウプ勧告案全文が発表される　11.3 湯川秀樹のノーベル物理学賞受賞が発表	権・団体交渉権条約を採択　8.16 古橋広之進、ロサンゼルスの全米水上選手権大会で1500・800・400m自由形で世界新記録を出す　10.1 中華人民共和国が成立する
1.7 千円札(聖徳太子像)が発行される　2.10 GHQ、沖縄への恒久的基地建設工事開始を発表　4.28 学術会議、戦争目的とする科学研究に従事しないことを決議する　5.26 国土総合開発法を公布する　6.6 マッカーサー、共産党中央委員24人の公職追放を指令する　7.11 日本労働組合総評議会(総評)が結成される　8.10 警察予備隊令を公布する　9.1 閣議、公務員のレッドパージ方針を正式決定	6.25 朝鮮戦争始まる　7.7 国連安保理事会、国連軍の韓国派遣を決議する(ソ連欠席中)　9.15 国連軍、仁川に上陸する　10.15 中国人民義勇軍、朝鮮戦争に出動する
3.10 総評第2回大会、平和4原則を採択する　4.11 マッカーサー、連合国軍最高司令官を解職される(後任リッジウェイ)　5.1 電気事業再編成令により全国に中部電力㈱など9電力株式会社が発足する　7.31 日本航空㈱設立(戦後初の国内民間航空)　9.1 中部日本放送・新日本放送2局の放送開始　9.8 サンフランシスコ対日講和条約・日米安全保障条約に調印する　10.24 社会党、講和条約をめぐって分裂	4.18 西欧6カ国、欧州石炭鉄鋼共同体条約を調印する　6.21 国際労働機構(ILO)・国連教育科学文化機関(UNESCO)が日本の加盟を承認する　9.4 対日講和会議、サンフランシスコで開催する(〜8日)
2.28 日米行政協定を調印する　4.1 琉球政府が発足する　4.28 対日平和条約・日米安保条約が発効となる。極東委員会・対日理事会・GHQが廃止となる　5.1 第23回メーデーでデモ隊6000人が警官隊と激突2人の死者が出る(血のメーデー事件)　6.1 日中民間貿易協定を結ぶ　7.21 破防法・公安調査庁設置法各を公布する　7.31 保安庁法公布(警察予	2.15 トルコ、北大西洋条約機構(NATO)に加盟する　2.18 韓国、李承晩ラインを設定する　7.19 ヘルシンキで第15回オリンピックが開催される　10.3 英国、初の原爆実験を行う　11.1 米国、水爆実験に成功する

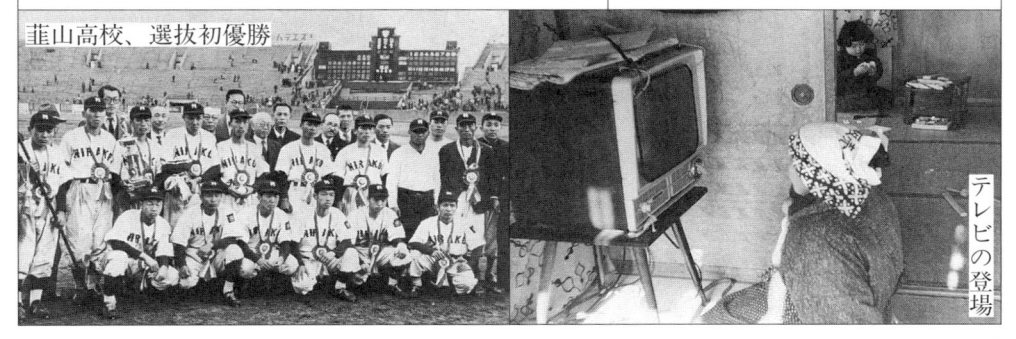

韮山高校、選抜初優勝

テレビの登場

西　暦	年　号	県　　　　　史
1952	昭和27	校が浜松市に開校する　11.1 県下全市町村に任命制教育委員を設置する　11.4 遠江地区試射場化絶対反対対策協議会を結成する
1953	昭和28	1.13 日米文化センター(旧CIE図書館)を静岡市に設置する　2.11 県信連、県下農協貯金100億円突破で祝賀記念式を行う　3.17 村八分事件の石川皐月、ウィーン世界平和会議に全国高校生代表として出発する　4.1 県、残されていた6地方事務所をすべて廃止する　4.- 県高等学校教職員組合(高教組)が県教組から分離・独立する　9.8 県中国人捕虜殉難者慰霊実行委員会を結成し、14日、慰霊祭を浜松市で開催。10月殉難中国人慰霊県東部実行委員会を結成する　12.- 知事、中部電力㈱の井川ダム建設問題で全国初の土地収用法を発動する
1954	昭和29	1.10 国鉄労組沼津支部、沼津駅の馘首(かくしゅ)に反対して順法闘争を展開する　2.20 県教組・高教組、各地で教育2法反対・教育防衛の大会を開く　3.1 焼津港所属の第五福竜丸、南太平洋ビキニ環礁で米国水爆実験により被ばくする。14日同船帰港、乗組員全員原爆症と判明する　3.31 富士市・藤枝市・掛川市、市制を施行する　5.17 中国人強制連行捕虜50余人の遺骨を田子浦共同墓地で発掘　6.6 県世界平和集会(焼津高)開催、原水爆禁止等を決議する　7.1 自治体警察廃止、県警察発足。県下に31の警察署を設置する　9.23 第五福竜丸の無線長久保山愛吉没。10.9県漁民葬を行う　9.30 県議会定例会(～10.5)。原水爆実験中止の決議案を可決する
1955	昭和30	1.26 神奈川県、熱海市泉区の同県編入を要請。静岡県は拒否する　2.11 御殿場市、市制を施行する　2.15 焼津市の諸団体、ビキニ水爆実験損害補償配分につき、関係大臣・長官に要求書を提出　4.28 閣議、ビキニ被ばく補償配分を決定する　4.7 第1回鈴木梅太郎賞授賞式が行われる　4.30 県下5市長、9市議会議員選挙を実施する(3市長新人が当選)　5.29 第1回県母親大会(静岡市)を開催。参加者600人、ビキニ被ばくにつき久保山すずが報告をする　7.20 ㈱鈴木自動車工業開発の自動車3種(セダン、ライトバン、ピックアップ)が国産初の軽自動車として正式に認可される　10.17 県教

第五福竜丸

漁民葬に参列する久保山未亡人

日 本 史	世 界 史
備隊を保安隊に改編) 10.1 第25回総選挙を実施する 10.30 第4次吉田内閣が成立する	
2.1 NHK、テレビ本放送を開始する 2.28 吉田首相、衆院予算委員会で「バカヤロー」と暴言。3.14 内閣不信任案可決、解散となる 4.19 第26回総選挙を実施する 5.21 第5次吉田内閣が成立する 8.5 スト規制法公布(電気・石炭業の争議制限) 8.28 民間テレビ、本放送を開始する 10.2 池田・ロバートソン会談が開始される 12.24 奄美群島返還日米協定に調印する	3.5 ソ連首相スターリン没 5.29 英ヒラリー、エベレスト初登頂に成功する 7.27 朝鮮休戦協定が調印される(朝鮮戦争終結) 8.8 ソ連、水爆保有を発表する 10.1 米韓相互防衛条約に正式調印をする
3.1 米国のビキニ環礁での水爆実験で第五福竜丸が被災する 4.21 犬養健法相、造船疑獄事件で佐藤栄作自由党幹事長の逮捕につき指揮権を発動する 6.2 近江絹糸の人権争議が始まる 6.9 防衛庁設置法・自衛隊法各公布する(7.1施行) 9.26 青函連絡船洞爺丸転覆、死者・行方不明1155人を出す 12.7 吉田内閣総辞職。10日、第1次鳩山一郎内閣が成立する	3.8 日米相互防衛援助協定(MSA)に調印する 6.28 周恩来・ネルー、平和5原則を共同確認する 7.21 インドシナ休戦協定が調印される(ジュネーブ協定) 10.23 パリ協定調印、西ドイツの主権回復を承認する 11.1 アルジェリア解放戦争が始まる
1.28 春季賃上げ共闘会議総決起大会を開催する(春闘共闘方式の端) 2.14 ㈶日本生産性本部を設立する 2.27 第27回総選挙を実施する(民主185・自由112・左社89・右社67など) 3.19 第2次鳩山内閣が成立する 6.7 第1回日本母親大会(東京)が開催される 9.19 原水爆禁止日本協議会(原水協)を結成する 11.15 保守合同し、自由民主党を結成する 11.22 第3次鳩山内閣が成立する 12.19 原子力基本法を公布する	4.18 アジア・アフリカ会議(バンドン会議)を開催(～24日)。平和10原則を発表 5.5 パリ協定が発効し西独が主権を回復する 5.14 ソ連・東欧7カ国ワルシャワ条約に調印する 7.18 米・英・仏・ソ4国巨頭会談 8.6 第1回原水爆禁止世界大会(広島市)を開催する

熱海市泉区分離問題

焼津で原水禁日本大会

西暦	年号	県　　　　史
1955	昭和30	委、56年度から高校入試に英語の選択科目導入を決定する
1956	昭和31	2.29 県議会定例会（～3.20）、原水爆実験禁止要望を決議する　4.14 原水爆実験反対静岡漁民大会を焼津市で開催する　5.18 県教組と高教組、県各地で教育2法案反対の抗議行動を起こす　6.28 世界救世教会の尾形光琳筆「紅白梅図屛風」が国宝指定となる　7.24 県知事、東洋レーヨン石油化学工場を三島市に建設する協定を会社側と結ぶ　10.15 佐久間ダムの完工式が行れる(最大出力35万kW)　10.22 県営草薙総合運動場陸上競技場が完成する　12.28 防衛庁、竜洋町民の反対で駒場海岸の射撃場計画を撤回する
1957	昭和32	1.2 世界救世教熱海美術館(現MOA美術館)が開館する　3.18 県議会、日中友好の促進を政府に求める意見書を採択する　4.9 県売春防止対策本部を設置する　4.20 クリスマス島水爆実験阻止・米英ソ3国核実験禁止協定即時締結を要求する県民大会を開催する　7.2 国鉄静岡管理局、春闘処分撤回闘争参加者2051人を処分する　9.19 伊豆横断道路、松崎－天城湯ヶ島間が全通、バス往復運行開始する　10.15 井川ダム完工式が行われる　10.- 静岡県で国民体育大会が開催される　12.26 久保山すず、アジア・アフリカ人民連帯会議に母親代表として出席し、平和を訴える
1958	昭和33	1.25 県議会臨時会、遠州灘射撃場設置反対の意見書を採択する　2.28 熱海市・伊東市等の特飲街の転廃業完了し、赤線が消える　3.1 東富士入会農民、米軍撤退後の東富士演習場の自衛隊継続使用に反対し大会を開く　3.8 御殿場市議会、条件付きで自衛隊誘致推進を決議する　4.14 県教組、勤務評定(勤評)反対闘争を展開する(～19日)　5.1 県、公立学校教職員の勤務成績の評定に関する規則を制定　7.15 米兵と米軍関係者、御殿場市滝ヶ原キャンプを去る　秋葉ダム完工式を挙げる　9.26 狩野川台風(～27日)、大雨で死者701人、行方不明339人、全壊353戸、流失722戸を出す　10.25 警職法に反対し生活と権利を守り、日中関係を打開する県民集会を開催する(県庁前、13団体1300人参加)　12.24 県知事、政府に自衛隊の東富士演習場の継続使用を条件付で約束する(青年の家建設、土地

佐久間ダムの建設工事

静岡国体開会式

日　本　史	世　界　史
2.9 衆院、原水爆実験禁止要望案を可決する　4.16 日本道路公団が発足する　4.21 水俣病が正式に発見される　5.14 日ソ漁業条約を調印する　5.24 売春禁止法を公布する　6.30 新市町村建設促進法を公布する　7.17 経済白書「もはや戦後ではない」と規定する　11.19 東海道本線の全線電化が完了する　12.20 鳩山内閣総辞職。23日、石橋湛山内閣が成立する	2.24 フルシチョフ第1書記、スターリン批判の演説をする　7.26 エジプトのナセル大統領、スエズ運河国有化宣言する　10.19 日ソ国交回復に関する共同宣言を調印する　10.29 第2次中東戦争が始まる　12.18 国連総会、日本の国連加盟案を可決する
1.16 労農党解党、社会党へ合流を決定する　2.23 石橋湛山内閣総辞職。25日岸信介(のぶすけ)内閣成立　3.9 政府、ソ連に核実験中止を要請する　4.26 学術会議、全世界の科学者に原水爆実験禁止を訴える　8.12 朝日茂、現行生活保護は違憲と提訴する　8.27 茨城県東海村の原子力研究所で第1号原子炉実験に成功する　9.20 国産ロケット1号機発射に成功する　12.22 日教組、勤評反対闘争のため非常事態宣言	3.25 欧州経済共同体(EEC)が成立する　8.26 ソ連、大陸間弾道弾(ECB)の実験に成功する　10.4 ソ連、人工衛星スプートニク1号打ち上げに成功する　12.6 日ソ通商条約に調印する　12.26 第1回アジア・アフリカ人民連帯会議開催(～58.1.1)
3.18 文部省、4月から小中学校の道徳授業実施を通達する　4.23 都教組、勤評反対10割休暇闘争実施する　5.2 長崎で中国国旗引き下げ事件起こる　5.16 テレビ受信契約数100万を突破する　5.22 第28回総選挙実施(自民287・社会166など)　6.12 第2次岸内閣が成立する　6.20 原水爆禁止を訴える広島－東京間1000キロ平和行進、広島を出発する　7.18 王子製紙労組、無期限スト突入(12.9妥結)　10.13社会党・総評等、警職法改悪反対国民会議を結成する　11.1 特急こだま号が東京－神戸間を運転開始する　12.1 1万円札が発行される　12.23 東京タワー完工式を行う	1.1 欧州経済共同体(EEC)が発足する　1.13 世界の著名科学者44カ国の9236人署名の核実験停止誓願書を国連に提出する　2.1 エジプト・シリア、アラブ連合共和国を結成する　10.5 フランス、新憲法を公布、第5共和制となる。12.21大統領選挙でド・ゴールが当選する

狩野川台風の被害＝大仁町

井川ダム完成

西　暦	年　号	県　　　　史
1958	昭和33	改良推進などが条件)
1959	昭和34	4.7 安保改定阻止県民共闘会議を結成。15日、阻止県民大会を開く　4.23 県議選を施行する(自民52・社会10・無所属7)　5.13 蜆塚遺跡(浜松市)、縄文時代集落遺跡として県下初の国史跡の指定を受ける　6.17 久能山が国史跡、日本平が国名勝に指定される　6.24 東富士演習場自衛隊使用協定が調印される　7.- 県原水爆被害者の会を結成する　10.3 社会党県議団、県事業場公害防止条例案を県議会に上程する　10.11 日本茶輸出100年祭式典を挙げる(関係者約7000人参列)　11.27 安保改定阻止第8次統一行動。21ヵ所、4～5万人が参加する　12.2 東京高裁、清水市の小島事件(50.5.10)被告に無罪判決　12.8 県、公害処理要綱を制定、公害調査委員会を設置する
1960	昭和35	1.15 日米新安保条約阻止・岸首相渡米反対県民総決起大会を開く　1.29 県教委、公立小学校の1学級児童数を58人から56人に改正する　2.23 県、公文書の左横書き実施を訓令する　5.1 浜松市の人口、県下1位となる　5.26 安保阻止全国統一行動、県下17ヵ所で4万6000人が参加する　6.15 安保阻止全国統一行動、県下22ヵ所で約6万人が参加する　6.17 樺美智子追悼会が母校の沼津第3小学校で開かれる　6.22 安保阻止・国会解散を要求する統一行動、県下で7万人参加　6.25 三島・沼津石油工業地帯整備協議会を結成する　7.20 最高裁、県公安条例違反事件(51.5.1発生)につき高裁の違憲無罪判決を破棄する判決を出す　9.8 県と県茶連、10ヵ年計画でやぶきた種への改植を決定する　10.17 静岡・山梨・神奈川の3県、富士箱根伊豆地域総合開発促進協議会を結成する(会長静岡県知事)
1961	昭和36	1.21 三島市長に革新系の長谷川泰三が当選する　4.3 県知事、アラビア石油沼津進出につき地元住民の理解を求める　5.1 石油工業誘致反対漁民大会が沼津市で開かれる　8.4 田子の浦港開港祝賀式を挙げる　8.31 東富士演習場内で農民3000人が生活防衛農民総決

蜆塚遺跡の発掘

安保反対県民大会＝静岡市駿府公園

日　本　史	世　界　史
1.10 NHK教育テレビが開局となる　3.30 東京地裁、米軍駐留は違憲、砂川事件は無罪と判決(伊達判決)。4.3 検察側、最高裁に跳躍上告　4.10 皇太子明仁と正田美智子さんが結婚式　4.15 安保改定阻止国民会議第1次統一行動を行う　4.16 国民年金法を公布する　6.10 国立西洋美術館が開館する　8.10 最高裁、松川事件の原判決破棄・差し戻し判決　9.26 台風15号が中部地方を襲う(伊勢湾台風、死者5000余)　11.27 安保改定阻止第8次統一行動。国会請願のデモ隊約2万人が国会構内に入る	1.1 キューバ革命が起こり、バチスタ政権が崩壊する　1.15 チトー・ネルー会談、平和への決意を表明する　6.20 ソ連、中・ソ間の国防技術協定を破棄する　9.25 米ソ首脳、キャンプ・デービッドで会談を開く　9.30 フルシチョフが北京を訪問。中・ソの意見対立が激化する
1.19 日米新安保条約・日米行政協定各調印する　5.20 自民党、新安保条約を衆院で強行採決する　5.24 太平洋岸にチリ津波来襲、北海道南岸と三陸海岸で大被害を受ける　6.4 安保改定阻止第1次スト、560万人が参加　6.10 米大統領秘書ハガチー、羽田でデモ隊に包囲される(ハガチー事件)　6.15 安保改定阻止統一行動、全学連主流派が国会に突入し警官隊と衝突、東大生樺美智子が死亡　6.19 午前零時、新安保条約が自然承認となる　7.15 岸内閣総辞職。19日、第1次池田勇人内閣が成立　9.10 NHKなど、カラーテレビ本放送を開始する　10.12 浅沼稲次郎社会党委員長が刺殺される　11.20 第29回総選挙を実施する(自民296・社会145・民社17・共産3など)	2.13 フランス、第1回原爆実験を行う　5.1 米偵察機U2型機がソ連領に侵入し撃墜される　12.14 西側20カ国、欧州経済協力開発機構(OECD)条約に調印する　12.20 南ベトナム解放民族戦線が結成される　この年サハラ以南のアフリカ諸国が相次ぎ独立する
2.19 日本医師会と日本歯科医師会、医療費値上げ要求で全国一斉に休診とする　3.9 全日赤、賃上げ要求で無期限スト(5.16妥結)　6.12 農業基本法を公布する　6.22 池田・ケネディ共同声明(日米貿易	4.12 ソ連、初の有人人工衛星ボストーク1号打ち上げに成功　5.1 カストロ、キューバ社会主義共和国を宣言する　7.- 韓国に朴正

伊豆急行が開通

チトーの社会主義・中立外交

　第2次大戦中のチトーは、ドイツ軍の侵略に対しパルチザンを組織し抗戦。戦後は多民族国家ユーゴの政治指導者として独自の民族主義的な社会主義をとった。対外的には、48年コミンフォルムから除名されてはいるが、インドのネールらとともに積極的な中立外交を展開した。彼の死後、紛争が多く国家は分裂している。

西　暦	年　号	県　　　　　史
1961	昭和36	起大会を開く　9.20 県議会定例会(～10.2)、集団示威運動等に関する条例案で混乱する　10.4 県、集団示威運動等に関する条例(県公安条例)を制定する　10.- 県社会福祉会館・県婦人会館の両館、落成式を挙げる　10.20 伊豆急行㈱の伊東－下田間全線が開通する(12.9発車式)
1962	昭和37	2.1 天竜川・大井川・富士川の砂利採土ダンプの事故防止策として背番号制を導入、一斉に導入する　3.8 県公安条例廃止署名14万余、県下一斉に各市町村に提出　3.31 県、公害防止条例施行規則を制定、騒音基準を定める　5.11 田子浦漁協組員、汚水補償を求め大昭和製紙㈱と直接交渉行う　8.24 三宅島が大爆発する。29日島民、東海汽船で下田へ避難する　8.28 東伊豆有料道路開通式を行う　9.4 県東部17市町村長、沼津・三島・岳南工業地区新産業都市区域指定促進会を結成する　11.26 県教組、教職員増員・高校増設等を求める15万人署名簿を県会に提出する
1963	昭和38	2.5 伊豆箱根鉄道の沼津－三島間の路面電車がバス運行に切り換えられる　4.17 県議選実施(定数3増で全71議席、自民47・社会16・その他8)　7.1 浜北市、市制を施行する　7.9 幸浦事件(48.12.3)再上告審、上告棄却判決となり被告の無罪が確定する　7.12 閣議、東駿河湾地区を国の工業整備特別地域に指定する　7.15 県、県迷惑防止条例を制定する　8.- 藤枝市に静岡市内の家具製造業者による県初の木工団地の建設開始　11.3 全国初の老人福祉センターが清水市で落成式を行う　12.10 県、自転車の2人乗り禁止を決める(64.2.1施行)
1964	昭和39	1.22 清水町長がコンビナート問題で辞表提出。4.29新町長も辞職　2.29 県議会定例会(～3.19)、石油コンビナート問題や庁内管理規則等で激論　3.21 清水町議会、石油コンビナート進出に反対を決議。6.16沼津市会、6.18三島市会も反対の決議をする　3.30 厚生省、沼津・三島地区を公害防止特別調査モデル地区に指定　4.1 県、企画調整部に公害課を設置する　田子の浦港、重要港湾に指定。66

伊豆スカイラインの一部が開通

東海道新幹線がスタート

日　本　史	世　界　史
経済合同・教育文化・科学の3委員会設置等について）　8.8 仙台高裁、松川事件差し戻し審で全員無罪判決　10.26 文部省、中学2・3年生に全国一斉学力テスト　11.15 災害対策基本法を公布する	煕軍事政権成立　8.- 東独、東西ベルリン間に壁を構築する（ベルリンの壁）　9.- ベオグラードで第1回非同盟諸国会議を開催（26カ国）
1.17 創価学会政治連盟、名称を公明政治連盟と改称する（7.11参院所属議員、公明会を結成）　2.1 東京都の常住人口が1000万人を突破する　4.26 全日本労働総同盟組合会議が結成される　4.- 鉄鋼生産10％余の減産、各産業に不況が拡大　5.10 新産業都市建設促進法を公布する　8.3 ボーイスカウト・アジアジャンボリーが開催される（〜7日、御殿場市）　8.12 堀江謙一、小型ヨットで太平洋を横断する　8.30 日本航空機製造㈱、YS11の初飛行に成功	3.18 フランス、アルジェリア臨時政府と停戦協定を結ぶ　10.17 中・印国境紛争が再燃す　10.22 米、ソ連のミサイル基地建設に対し、対キューバ海上封鎖を宣言（キューバ危機）。28日、ソ連、キューバのミサイル基地撤去を回答（危機回避）
1.26 米国務省、原子力潜水艦の日本寄港希望を通告する　2.20 日本、ガット理事会で11条国移行を通告　5.1 狭山事件（女高生誘拐殺人）が起こる　6.5 黒部川第4ダムが完成する　8.5 第9回原水禁世界大会、社会党系のボイコットで分裂する　8.15 政府主催第1回戦没者追悼式を行う　9.1 横須賀・佐世保で米原潜寄港反対集会を開催　9.12 松川事件、最高裁が被告全員を無罪とする　11.21 第30回総選挙を実施する	8.5 米・英・ソ、部分的核実験停止条約を調印する　8.28 人種差別反対のワシントン大行進が行われる　11.22 ケネディ米大統領、ダラスで暗殺される
4.1 日本、IMF8条国に移行する　4.28 日本、経済協力開発機構（OECD）に加盟　5.15 衆院、部分的核実験停止条約批准。25日、参院も　8.10 社・共・総評等137団体、ベトナム戦争反対の集会を開く　8.28 政府、米原潜寄港の受諾を通告する　10.1 東海道新幹線が開業する　11.8 パラリンピッ	1.27 フランス、中国を承認する　5.28 パレスチナ解放機構（PLO）が設立される　8.2 トンキン湾事件起こる　10.10 オリンピック東京大会が開幕する（〜24日）。参加94カ国　10.16 中国、初の核

石油コンビナート進出と住民運動

　三島・沼津地区への石油コンビナート建設は、進出企業の意向と国の政策に沿ったものである。黒川調査団の報告は、国の意向に沿うものであった。これらの動きに対し、住民は四日市公害の研修、研究者とともに実証的な反論をし運動を高めていった。この運動は、未然に公害を防止したものと高く評価されている。

三島ー沼津間の路面電車が廃止

西暦	年号	県史
1964	昭和39	年国際貿易港に指定される　6.8 東海道新幹線、県下全線が開通する　9.24 県知事、県議会で石油コンビナート誘致を断念する旨表明する　12.- 静岡大学の全面移転・統合が決定される　この年東駿河湾石油コンビナート進出をめぐって、地域の住民・市町村は、幾度となく会合・研究会、反対の集会を開く
1965	昭和40	3.31 久能山東照宮博物館が開館する　4.1 県経済農業協同連合会の結成(県販購連と県畜連の合併)　6.3 静岡・愛知・三重3県の11養鰻漁協、日本養鰻漁協連合会を結成　7.10 県戦没者追悼式を駿府会館で行う(7万8000人余を慰霊)　7.28 狩野川放水路の完工式を挙げる　7.- 田子の浦港の悪臭問題で地元民が保健所に調査を依頼する　9.21 日韓条約批准阻止・ベトナム侵略反対・経済危機突破県集会　12.6 富士地区公害対策協議会を結成する
1966	昭和41	3.3 浜松市暴力追放市民協力会を結成する　4.1 静岡英和女学院短大・常葉学園女子短大が開学する　4.30 県出身の沖縄戦没者慰霊塔「静岡の塔」除幕式を沖縄で行う　5.29 全国統一行動、ベトナム侵略戦争反対・東富士ミサイル基地化反対・平和憲法を守る県民集会を開催する　9.25 暴風雨、梅ケ島で旅館9軒が山津波で埋没、26人の死者を出す　11.1 吉原市・富士市・鷹岡町が合併し、県下初の広域合併都市として富士市が誕生する　11.10 三島市の佐野美術館が開館となる　12.12 県木をモクセイと決定する
1967	昭和42	1.7 藤枝東高、全国サッカー選手権大会で優勝する(前年の高校総体・国体と合わせ全国初の3冠)　2.4 県、医療白書を発表。人口10万当たり医師数全国40位、ベッド数45位等で総合医療水準45位　4.1 県立静岡女子大学が開学する　4.15 県議選、県下統一地方選と同日選挙となる　4.24 東伊豆有料道路の東伊豆町湯之沢－河津町浜間が開通し、東京－下田間が全舗装道路となる　8.15 県、富士市内で大気汚染調査を実施する(～12.15)　9.28 中部電力㈱、浜岡町に原子力発電所建設を申し入れる
1968	昭和43	1.11 建設省、静清バイパスの道路整備計画を新規事業に認定する

藤枝東高サッカー三冠王

静岡英和女学院短期大学が開学

日　本　史	世　界　史
ク(国際身障者スポーツ大会)東京大会が開催される(～14日)　11.9 池田内閣総辞職、第1次佐藤栄作内閣が成立　11.12 全日本労働総同盟が発足する　11.17 公明党が結成される	実験を実施
2.1 原水爆禁止国民会議(原水禁)を結成する　3.18 愛知県犬山市に明治村が開村する　4.24 ベトナムに平和を！市民文化団体連合(ベ平連)、初のデモ行進　6.2 新東京国際空港公団法公布(66.7.29設立)　6.12 阿賀野川流域で第2水俣病を発見する　家永三郎、教科書検定の民事訴訟を起こす　6.22 日韓基本条約が調印される(12.18批准)　10.21 朝永振一郎、ノーベル物理学賞受賞と発表	2.7 米軍、北ベトナムの爆撃を開始する　11.27 ワシントンでベトナム反戦平和行進が起こる　12.7 ローマ教皇とギリシア正教総主教、東西教会対立が解消した旨の共同声明を出す
1.21 モスクワで日ソ航空協定を調印する　1.29 戦後初の赤字国債を発行する　2.4 全日空機が東京湾に墜落、133人全員死亡する　3.31 日本の人口、1億人を突破する　6.30 ザ・ビートルズ、日本武道館で公演をする　7.4 閣議、新東京国際空港の建設地を成田市三里塚に決定する　10.21 総評、ベトナム反戦統一ストを決行する　12.8 建国記念日審議会、記念日を2月11日と答申(9日公布)	2.3 ソ連ルナ9号、月面に軟着陸をする　5.- 中国で文化大革命が始まる　7.- フランス、NATO軍事機構より正式に脱退する
1.29 第31回総選挙、自民党得票率が初めて50％を割る　2.11 初の建国記念の日。東京大・東京教育大学等の学生、反対同盟登校をする　4.15 東京都知事に社会・共産両党推薦の美濃部亮吉が当選する　8.3 公害対策基本法を公布する　9.1 四日市ぜんそく患者、石油コンビナート6社を相手に訴訟を起こす(初の大気汚染公害訴訟)　10.20 吉田茂没(89歳)。31日、戦後初の国葬実施	5.2 ラッセルやサルトルら、ベトナム戦犯国際裁判を開く　7.1 欧州共同体(EC)が発足する　8.8 東南アジア諸国連合(ASEAN)が発足する　10.21 欧米各地でベトナム反戦集会。ワシントン10万人参加する
1.19 米原子力空母エンタープライズ、佐世保入港	4.4 米キング牧師が暗殺される

ビートルズ来日公演

第一回青年の船

西暦	年号	県　　　　　史
1968	昭和43	2.20 金嬉老、清水市で2人射殺して本川根町寸又峡の旅館に人質を取り立てこもり、朝鮮人差別体験を強調する(〜24日、金嬉老事件)　4.6 宮城まり子、障害児養護施設「ねむの木学園」を設立する　7.4 米軍、政府に東富士演習場の正式返還を通告する　8.1 県人口が300万人を突破する　10.5 原発設置につき、地域住民が浜岡町に公開質問書を提出する　10.8 富士市、公害の影響につき学童の長期健康診断を開始する　10.27 浜岡原発反対県会議がもたれる(〜29日)　12.24 しずおかＵＨＦテレビ㈱が放送を開始する(現テレビ静岡㈱)
1969	昭和44	1.1 静岡市と安倍郡6カ村が合併し、安倍郡が消滅する　1.25 富士市で基準値を超える高濃度亜硫酸ガスを検出する　2.10 静岡大学教養部Ａ棟で全学闘争委員会による封鎖占拠開始　3.20 富士地区が大気汚染防止法による地域の指定を受ける　3.29 富士市議会、未明に開会。反対派が乱入し火力発電審議未了　3.- 富士川町民有志、火力発電所誘致阻止を訴え、富士川いのちとくらしを守る会を結成する　4.- 社会保険三島病院労組、要員大幅増要求してスト。浜松社保病院でも看護婦増要求ストを決行する　5.6 県、静岡・浜松・清水など5市を騒音規制法適用地域に指定する　6.2 県、過疎対策委員会を発足する　6.9 アスパック閣僚会議(伊東)開催。反対闘争に高校生も参加　6.29 戸田村立造船郷土資料博物館、ソ連公使を招き開館式　10.10 第1回県スポーツ少年団大会を草薙運動場で開く　11.22 県消費生活センター、県民会館内に開所する(全国8番目)
1970	昭和45	2.20 地震予知連絡会、東海地方等を大地震発生注意地区に指定　2.27 ㈱ヤオハンジャパン、ブラジル進出決定(スーパーの海外進出日本初)　2.28 県議会定例会、高校生の政治活動規制・賀茂支庁廃止が論議　4.18 県立中央図書館開館式を挙げる　4.29 富士市、公害防止協定を大手企業17社と結ぶ　5.2 東海大学海洋博物館と自然史博物館が開館する　6.2 県教委、今春中学卒業生の高校進学率80％以上と発表する　6.25 県庁東館(地上18階)の落成式を挙げる

本川根町「ふじみや」に立てこもる金嬉老

田子の浦港のヘドロ

日　本　史	世　界　史
1.29 東京大学医学部学生自治会、医師法に反対し無期限ストに突入する（東大紛争の発端）　2.26 成田空港建設反対の農民・学生等、警察隊と衝突　5.8 厚生省、イタイイタイ病を公害病として正式に認定（9.26 熊本水俣病・新潟水俣病も認定）　6.10 大気汚染防止法・騒音規制法各公布する　10.17 川端康成のノーベル文学賞の受賞発表　10.21 国際反戦デー、学生ら新宿駅を占拠・放火をする　10.23 明治100年記念式典を行う	5.13 パリでベトナム和平会談が始まる　7.1 核拡散防止条約に62カ国が調印する（70.2.3 日本調印）　8.20 ソ連等ワルシャワ条約機構軍、チェコに侵入する
1.18 機動隊、東大安田講堂封鎖解除に出動。翌日封鎖を解除　1.20 東大の69年度入試中止決定　2.4 沖縄県民共闘会議、B52撤去要求統一行動　3.10 佐藤首相、沖縄返還につき初めて「核抜き・基地本土なみ」で米国に折衝すると表明する　5.26 東名高速道路が全線開通する　6.12 原子力船むつの進水式が行われる　6.14 熊本水俣病患者、チッソに対し損害賠償を求めて訴訟を起こす　6.23 宇宙開発公団を設置する　6.29 新宿駅西口地下広場で反戦フォークソング集会に7000人参集。機動隊出動、ガス弾等で規制　11.21 佐藤・ニクソン会談、共同声明発表（72年の沖縄返還・安保堅持等が内容）　12.27 第32回総選挙（初の即日開票、自民勝利）	1.- ベトナム第1回和平拡大パリ会談が開催される　3.- ウスリー川の珍宝島（ダマンスキー島）で中ソ両軍の武力衝突が起こる　7.20 米国の宇宙船アポロ11号航行士、月面に着陸する　10.4 中国、初の地下核実験と水爆実験が成功と発表する　10.15 米国各地でベトナム反戦デモが行われる
2.11 東京大学宇宙航空研究所、国産初の人工衛星おおすみの打ち上げに成功する　3.14 日本万国博覧会、大阪で開催する（～9.13）　3.31 赤軍派学生、日航よど号をハイジャックする　6.23 日米新安保条約、自動延長。全国の反安保統一行動に77万人が参加する　6.25 公明党、政教分離を決定する　7.17 東京地裁、教科書検定に違憲の判決をする　7.	3.5 核拡散防止条約が発効する　4.30 米軍、カンボジアに侵攻　8.12 西ドイツ・ソ連、武力不行使宣言をする　11.20 国連総会本会議、中国代表権問題で「中国招請・国府追放」が初めて過半数となる（中国の加盟は見送り）

第一回暴力追放県民大会

ねむの木学園

西　暦	年　号	県　　　　　史
1970	昭和45	（74.4.1西館が開館）　6.30 県議会定例会（～7.9）。公害対策特別委員会の設置決定。田子の浦港のヘドロ処理の本格的審議を開始する　8.5 政府、田子の浦でヘドロ対策連絡会議を開催、対策を決める　8.6 日本ジャンボリー、朝霧高原で開催。スカウト3万3000人参集　8.29 田子の浦港で漁民5000人が集まり岳南汚水反対漁民大会を開く　11.16 原子力委員会、浜岡原発の安全性を認める（12.11政府、建設着工を認可する）
1971	昭和46	1.1 下田市・裾野市が市制を施行する　1.7 全国高校サッカー大会決勝戦、藤枝東高対浜名高で本県同士　1.16 静岡地裁で田子の浦ヘドロ公害住民訴訟、第1回口頭弁論　2.2 中電と榛南5漁協間、漁業補償額7億3000万円で妥結する　2.27 県議会定例会（～3.15）、県公害防止条例等を可決する　4.11 県議選（自民48・社会10・共産4・公明3・その他5で多党化）　6.1 浜松市美術館が開館する　8.18 公害と教育研究連絡会主催全国集会、富士市で開く（～20日）　9.3 駿河湾カーフェリー、田子の浦－土肥間を初就航する　12.22 県教委『公害と教育、指導の手びき－昭和46年度小中学校編』を刊行
1972	昭和47	1.1 湖西市が市制を施行する　1.24 静清バイパス反対派住民、静岡市議会上程を実力で阻止する　3.31 静岡市立登呂博物館、開館式を挙げる　4.1 県東部総合庁舎、沼津市に開庁する　4.18 浄蓮の滝（天城湯ヶ島町）で伊豆の踊子像除幕式を行う　6.12 県、駿河湾のＰＣＢ汚染調査（田子の浦・富士川沖は高汚染）　6.15 富士宮市、産業廃棄物規制条例を制定する（県下初）　9.6 沼津市今沢海岸で米軍演習阻止抗議集会を開く（～7日）　9.28 県議会定例会（～10.11）、国立医科大学設置に関して論議する　12.12 南伊豆道路「マーガレットライン」の開通式を挙げる
1973	昭和48	1.15 国立医科大学の設置場所、県内では浜松市に決まる　3.29 熱函道路の開通式を挙げる　5.3 富士美術館（富士宮市）が開館する　5.15 県評・社・共など共催沖縄本土の全米軍基地撤去等県中央集

県庁東館が落成

県営草薙競技場が開場

日　本　史	世　界　史
31 政府、中央公害対策本部を設置する　10.12 宇井純東大助手、自主公害講座を開く　11.15 沖縄で戦後最初の国会議員選挙が実施される　11.25 三島由紀夫、市ケ谷の自衛隊内でクーデターを扇動、割腹自殺をする　12.20 沖縄コザ市で市民5000人、米憲兵隊と衝突　12.25 公害関係14法各公布	
4.11 第7回統一地方選挙。大阪で革新系知事が誕生　6.17 沖縄返還協定を調印する　6.30 富山地裁、イタイイタイ病第1次訴訟判決、三井金属鉱業に慰謝料支払いを命令　7.1 環境庁を設置する　7.17 今井通子、グランド・ジョラス北壁に登頂　7.30 全日空機、岩手県上空で自衛隊機と衝突。全日空機162人全員死亡、うち富士市関係者125人　8.27 政府、変動為替相場制への移行を決定する(28日実施)　9.27 天皇・皇后、初のヨーロッパ訪問(～10.14)	8.15 ニクソン米大統領、ドル防衛措置を発表する(ドルショック)　10.25 中国が国連に加盟する　12.3 印パ全面戦争が勃発する　12.18 10カ国蔵相会議、金1オンス＝38ドル等を決定(スミソニアン体制発足)
1.24 横井庄一元軍曹、グアム島で発見される　2.3 第11回冬季五輪札幌大会開催する(～13日)　2.19 連合赤軍による浅間山荘事件起こる(～28日)　3.21 奈良県明日香村高松塚古墳で極彩色壁画発見　5.15 沖縄の施政権が返還され、沖縄県が発足する　6.27 最高裁が初めて日照権を認める判決を出す　7.6 佐藤内閣総辞職。7日、第1次田中角栄内閣成立　7.24 津地裁四日市支部、四日市ぜんそく訴訟で原告勝訴の判決を出す　12.10 第33回総選挙(自民271議席を獲得)	2.27 米中、平和共存・人的交流等の共同声明を出す　6.5 第1回国連人間環境会議が開催される(参加112カ国)　6.17 米国でウォーターゲート事件起こる　9.25 田中首相訪中。29日、日中共同声明を出す(日中国交回復)
2.14 外国為替相場、変動相場制に移行する　3.20 水俣病訴訟、患者側全面勝訴の地裁判決　4.27 単産労組310万人、春闘ゼネストを決行する　8.8 韓	1.27 ベトナム和平協定調印　1.29 ニクソン米大統領、ベトナム戦争終結を宣言する　9.- 国連総

オイルショック、トイレットペーパー騒動

南伊豆マーガレットラインが開通

西暦	年号	県　　　　　史
1973	昭和48	会　6.30 浜松市・清水市などで光化学スモッグ発生と発表する　7.1 沼津ステーションビルが開業する　7.12 袋井市議会、小笠空港(国際貨物空港)の設置反対を決議する　7.20 県営草薙球場が開場する　11.25 井上文学館とビュフェ美術館開館(長泉町)　11.27 伊場遺跡(浜松市)、県史跡指定解除。県考古学会は抗議
1974	昭和49	2.27 県議会定例会(〜3.20)、物価高騰・物不足に論議が集中する　4.1 県立情報処理教育センターが開所する　県庁西館(10階)開館　4.10 県立林業短期大学校・県立農業短期大学校茶業科が開校する　5.9 伊豆半島沖地震、南伊豆町中心に死者30、全壊134等の被害　5.30 静岡地裁、田子の浦ヘドロ訴訟で住民敗訴の判決を下す　7.7 知事・参院・県議補欠トリプル選挙を実施する。山本敬三郎、知事に初当選。参院は自1・社1で分ける　七夕豪雨、県中部を中心に死者44、全壊241等の被害を出す　9.6 東燃増設反対清水市民協議会を結成する　10.- 東海自然歩道、県下全線が開通する
1975	昭和50	2.- 織物不況が深刻化し、産地遠州で機械破砕が始まる　3.1 焼津市で3・1被爆国民の広場を開催する　3.30 沼津市、市内19社と公害防止協定を結ぶ　4.1 国道1号線静清バイパス(清水市興津中町IC−庵原神明間)、富士由比バイパス同時に開通式を挙げる　4.13 県議会議員選挙を実施(自民44・社会11・公明6・共産5など)　5.1 池田20世紀美術館が開館する　10.8 三ケ日農協に全国一の選果場が完成、稼働する　11.23 反インフレ・雇用保障・スト権回復・公共料金値上げ反対・76春闘勝利県民3万人集会を開く
1976	昭和51	3.17 浜岡原発、営業運転を開始する(全国11番目、東海地方で初)　5.12 県政100周年記念祝賀会を行う　5.28 県知事、県民の翼友好訪中団団長として訪中する(〜6.8)　6.11 県行政資料センターが県議会図書館内に開所する　7.9 大井川鉄道金谷−千頭間にSL列車が登場(週4日、1日1往復)　8.23 石橋克彦東大助手、駿河湾地

ビュフェ美術館

大井川鉄道SL列車

日　本　史	世　界　史
国人5人が金大中を拉致する(金大中事件)　9.7 長沼ナイキ訴訟、自衛隊に違憲の地裁判決　9.29 筑波大学設置(74.4.25開学)　10.19 閣議、石油ショック対策で紙使用節約運動を決定、トイレットペーパーのパニック起こる　10.23 江崎玲於奈のノーベル物理学賞受賞発表　12.22 国民生活安定緊急措置法等を公布する	会、東西両ドイツの国連加盟を承認する　10.6 第4次中東戦争起こる　10.17 OAPEC、石油戦略を発動、以後第1次石油危機
3.12 小野田寛郎元少尉、フィリピンのルバング島から帰国する　3.31 反インフレ国民集会、全国で130万人が参加　4.11 春闘ゼネスト決行、国鉄初の全面運休となる　7.7 第10回参院選、自民62・社公共民60で保革伯仲する　10.8 佐藤栄作前首相のノーベル平和賞受賞発表　10.10 立花隆、「田中角栄研究―その金脈と人脈」を『文芸春秋』に発表する　10.13 サリドマイド訴訟の和解が成立する　11.26 田中首相辞意表明　12.9 三木武夫内閣成立	5.24 世界の児童5億人が食料危機に直面、ユニセフが緊急援助を宣言する　8.8 ニクソン米大統領、ウォーターゲート事件で辞任する　8.19 世界人口会議開催(～16日)
4.13 第8回統一地方選挙を実施する　5.7 英エリザベス女王が来日する　7.19 沖縄国際海洋博覧会が開幕する　8.4 日本赤軍、クアラルンプールで米大使館を占拠する(5日、政府、過激派5人の釈放を決定)　8.15 三木首相、現職首相として戦後初の靖国神社参拝を行う　9.30 天皇・皇后、米国を初訪問する(～10.14)　12.20 東京高裁、教科書検定第2次訴訟で検定の違法性を認め控訴は棄却する(憲法判断回避)	4.5 中華民国の蒋介石総統没　4.30 南ベトナムのミン政権が無条件降伏(ベトナム戦争終結)　7.- 米ソ共同宇宙飛行実験開始。米ソ宇宙船がドッキングする　6.19 国連国際女性年世界会議を開催(～7.2)　11.15 第1回主要先進国首脳会議を仏ランブイエで開催する(第1回サミット)
2.4 米上院外交委多国籍企業小委員会でロッキード献金事件が表面化する　5.14 衆院、ロッキード問題調査特別委員会を設置する　6.10 第五福竜丸展示館、東京夢の島に開館する　6.25 河野洋平ら、新党「新自由クラブ」を結成　7.27 東京地検、田	1.8 中国首相周恩来没　4.5 中国、天安門広場での周恩来追悼の民衆を軍隊が弾圧する(第1次天安門事件)　5.28 米ソ、地下核実験制限条約に調印する　9.9 中国

七夕豪雨の被害＝静岡市

伊豆半島沖地震の被害＝南伊豆町

西　暦	年　号	県　　　　　　　史
1976	昭和51	震を予測する(M8クラス)　10.1 県地震対策班が発足する　10.23 県、石油コンビナート等防災本部条例を制定する　この年民間信用機関調査で県下企業倒産は491件、負債は総額777億3000万円で史上最高となる
1977	昭和52	1.23 三島市長に奥田吉郎(無所属)当選(16年ぶりの保守系市長)　2.3 県総合計画審議会、「県総合計画」を策定。生活優先の福祉県政を主題とする　3.25 常葉学園美術館が落成する(菊川町)　4.20 下田市で大型ショッピングセンターのサン・プラーザが開店　5.- 陸運事務所沼津支所が開設される(沼津ナンバーの出現)　6.8 静岡など12都県で陸海空の災害警備訓練実施。県下で17万人が参加する　8.1 県、地震対策課を設置する　9.4 聖隷福祉事業団(細江町)、南ベトナム難民35人を保護・収容する(県下最初の受け入れ)
1978	昭和53	4.1 県の伊豆振興センターが下田市に開所。83年までに県内9カ所　4.4 閣議、大地震対策法案を決め、本県を防災強化地域と指定する　5.8 裾野市立富士山資料館が開館　7.20 清水港湾資料館が開館(91年に㈶清水港湾博物館と改称)　7.27 本田技研、二輪車生産3000万台を記録する　8.5 清水FC、第2回全日本少年サッカー大会で2年連続優勝する　10.7 浜松市、4週5休制を試行する(県下市町村では最初の試み)　11.3 静岡市民文化会館が開館する　12.12 静岡市で駐日中国大使を招き、日中平和友好条約締結県民祝賀会を開く
1979	昭和54	1.13 自治省、特定不況地域を指定。県下では清水市(合板、アルミ)・下田市(造船)・蒲原町(アルミ)の3地域が指定される　4.7 浜松市博物館が開館する　5.20 藤枝駅前繁華街でガス漏れ爆発事故(9人死亡、3人重傷)　6.27 カーター米大統領が下田を訪問し、市民と対話集会を開く　7.1 静岡第一テレビ、営業放送を開始する　7.11 東名日本坂トンネル内で車玉突き炎上。6人死亡、3人負傷で東名最大の惨事となる　10.12 国鉄静岡駅が改築され、営業を開

カーター米大統領、下田を訪問

東名高速道路、日本坂トンネル事故

日　本　史	世　界　史
中前首相をロッキード事件で逮捕する　10.29 政府、防衛計画の大綱を決定　11.5 政府、防衛費をGNPの1%以内と決定する　12.5 第34回総選挙が実施される　12.24 福田赳夫内閣が成立する	国家首席毛沢東没
3.26 江田三郎、社会党を離党。社会市民連合発足の意向を表明する　4.24 日劇ダンシングチーム、最終公演を行う　5.2 大学入試センターを設置する　6.29 外国為替相場、円が急騰(1ドル268円60銭)　7.1 領海12カイリ・漁業専管水域200カイリ実施　7.23 文部省、「君が代」を国歌と規定。問題化　8.3 原水爆禁止世界大会開催(14年ぶりに原水禁と原水協が統一)　9.3 王貞治選手、通算756本塁打の世界記録を達成　11.30 米軍、立川基地を全面返還する	1.1 EC・カナダ・ノルウェー、200カイリ漁業専管水域を実施(3.1 米ソも)　6.30 東南アジア条約機構(SEATO)を正式解消する　8.- 中国、文化大革命の終結宣言をする　11.3 国連総会、ハイジャック防止決議を採択する　12.25 チャップリンが没する
1.10 総理府、初の『婦人白書』を発表する　3.15 東京教育大学の閉学式を行う　3.26 三里塚・芝山連合、成田空港に乱入。開港延期となる　5.20 新東京国際空港、開港式を挙げる　7.5 農林省を改組し農林水産省が発足する　8.12 日中平和友好条約に調印する(10.22発効)　8.30 文部省、高等学校学習指導要領を改正(現代社会新設など)　12.7 第1次大平正芳内閣成立	2.27 国際非政府組織(NGO)軍縮会議開催(50カ国320団体約700人参加)　9.5 中東和平3国首脳会談がキャンプデービッドで行われる(～17日)　12.26 イランのテヘランで反国王デモ激化、暴動となる
1.13 初の国公立大学共通1次試験を実施する　1.17 国際石油資本(メジャー)による対日原油供給削減を通告。以後第2次石油危機始まる　1.25 上越新幹線大清水トンネル貫通(世界最長の山岳トンネル)　4.8 統一地方選挙。東京・大阪の革新都府政に幕　5.12 本州四国連絡、尾道—今治間の大三島橋開通　6.24 カーター米大統領が来日。25日、天	1.1 米中が国交を樹立する　2.11 イラン革命なる　3.26 イスラエルとエジプト、平和条約に調印する　3.28 米、スリーマイル島原子力発電所で放射能漏れ事故発生　12.18 第34回国連総会、女子差別撤廃条約を採択　12.27 アフ

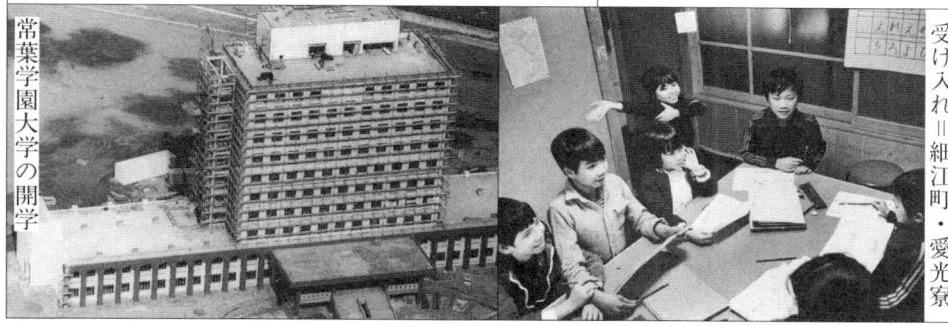

常葉学園大学の開学

南ベトナムの難民を受け入れ＝細江町・愛光寮

西暦	年号	県史
1979	昭和54	始する　12.27 静岡スモン訴訟(原告10人)、初の和解が成立する
1980	昭和55	3.17 東名日本坂トンネル事故被害者の会、道路公団を集団提訴する　3.21 焼津市のサッポロビール静岡工場、本県産ビールを初出荷する　4.1 常葉学園大学が静岡市に開学する(23日入学式)　4.6 二俣線存続を訴え沿線11市町村住民1600人が決起集会を開く　4.11 静岡スモン訴訟(原告51人)の和解成立(高裁では全国初)　5.7 富士製紙協同組合の製紙かす共同焼却場が完成する(ヘドロ公害の解決)　8.15 全国放送コンテスト発表部門で島田高校が1位(3年連続)　8.16 静岡駅前ゴールデン街でガス爆発事故。死者15人、重傷222人　9.1 県民150万人が参加して東海地震総合防災訓練を実施する
1981	昭和56	2.18 県、81年度行政組織改正案を発表(北海道事務所の廃止、農・林業短期大学校の閉鎖など)　3.2 国鉄赤字ローカル線の廃止基準決定。二俣線・清水港線が該当　3.16 浜岡原発3号機に関する公開ヒアリング。8000人が阻止行動　3.29 県道修善寺－下田線の河津七滝ループ橋落成式を行う　4.25 富士市立博物館が開館する　6.15 芹沢銈介美術館、登呂公園内に建設、開館式を挙げる　10.10 静岡市で自由民権百年静岡集会が開かれる　10.14 県議74人、県日中友好議員連盟を結成する　12.9 国際障害者年県記念大会、約2000人が集まり静岡市で開く
1982	昭和57	1.1 第1回富嶽文化賞大賞に浜松市の渥美尚周が決まる　1.11 熱海のMOA美術館が開館する　2.23 県議会定例会(～3.19)、中国浙江省と友好親善調印締結決議案を可決する　6.14 通産省、中電浜岡原発3号機の原子炉設置工事計画を認可する　7.1 沼津市民文化センター開館記念式典を行う　8.4 通産省、浜松市など全国19の都市をテクノポリス(技術集積都市)開発構想策定地にすると正式通達をする　12.10 小和田哲男静大教授、駿府公園内の県立美術館建設予定地に中世庭園遺構出土と新聞に発表。今川館跡かと保存運動が起こる

河津ループ橋

MOA美術館

日　本　史	世　界　史
皇と会見　6.28 第5回先進国首脳会議開催（東京サミット）　10.7 第35回総選挙を実施。自民248で過半数割れ	ガニスタンでクーデター。ソ連軍介入
1.10 社・公両党、連合政権構想で正式合意する　3.31 過疎地域振興特別措置法を公布する　5.16 衆院本会議、大平内閣不信任案を可決。19日、衆院解散となる　5.24 JOC、モスクワ五輪への不参加を決定する　5.30 石油代替エネルギー開発・導入促進法公布　6.12 大平首相急死する（70歳）　6.22 第36回総選挙・第12回参院選を実施する　7.17 鈴木善幸内閣が成立する　この年校内・家庭内の暴力事件各1558件・1025件	1.4 米カーター大統領、ソ連のアフガニスタン軍事介入に対し報復措置を発表する　7.19 第22回オリンピック・モスクワ大会（〜8.3）。日・米・西独などは不参加　9.9 イラン・イラク戦争が勃発する
3.2 中国残留孤児47人が初めて正式に来日する　3.11 国鉄経営再建特別措置法施行令を公布。赤字ローカル線77廃止を規定する　4.14 国立歴史民俗博物館を設置　5.1 日米両国、乗用車対米輸出自主規制で合意　5.8 鈴木・レーガン会談、日米は同盟関係という共同声明を発表する　10.1 内閣、常用漢字表を決定（当用漢字廃止）　10.19 福井謙一のノーベル化学賞の受賞発表　11.21 自由民権100年記念全国集会（〜22日、横浜）	4.12 米、スペースシャトル打ち上げに成功する　4.- インドの修道女マザー・テレサが日本を訪問　10.6 エジプトのサダト大統領が暗殺される　10.- 西独ボンなどヨーロッパの都市で「反核・平和」のデモが行われる
3.21 「82年・平和のためのヒロシマ行動」開催。国連軍縮特別総会に向け行動アピール、19万人参加　4.8 最高裁、家永教科書裁判2審判決を破棄、高裁へ差し戻しとする　6.23 東北新幹線の大宮―盛岡間が開業する　7.26 中国、日本の歴史教科書記述に抗議する　7.30 臨時行政調査会が国鉄の民営化等を答申する　8.24 参院選全国区に拘束名簿式比例代表制を導入　11.15 上越新幹線の大宮―新潟間が開業する　11.26 鈴木内閣総辞職。27日、第1次	4.- 英・アルゼンチン間にフォークランド戦争起こる　6.7 第2回国連軍縮特別総会（〜7.10）、合意なしで閉会　6.- 第8回先進国首脳会議、ベルサイユ宣言を発表

静岡駅地下街のガス爆発事故

芹澤銈介美術館

西暦	年号	県　　　　史
1982	昭和57	
1983	昭和58	2.1 県立総合病院が静岡市北安東に開院する　2.18 県工業試験場移築完成(静岡市)、開場式を行う　3.18 富士宮市長解職・市議会解散リコール住民投票実施、両リコール成立する　3.28 県下中学校卒業式当日、暴力事件を恐れ警察官出動19校になる　4.10 県議選(自民53・社会11・公明7・民社3・共産1・無所属3)　6.15 県暴力追放県民会議の結成大会開催(84.1.31第1回県民大会)　6.30 県議会定例会(〜7.15)。知事、県立美術館新建設地を静岡市谷田(だ)と公表　11.24 県西部地域地場産業センターの落成式を行う
1984	昭和59	1.7 シャンソン化粧品、全日本女子バスケットボール選手権大会で初優勝する(日本リーグと2冠)　3.23 県、県職員の60歳定年等に関する条例を制定する　3.31 清水港線、国鉄赤字ローカル線として東海地方初の廃線となる　5.1 ㈶県埋蔵文化財調査研究所が清水市に設立される　9.1 中央防災会議主催の総合防災訓練、県下170万人が参加して実施する(首相・自治相ら安倍川を視察)　10.1 沼津市明治史料館が開館する　11.3 浜松市立賀茂真淵(かものまぶち)記念館が開館する　11.22 県下初の原子力防災訓練、浜岡町を中心に実施される
1985	昭和60	4.1 県教委文化課に県史編さん室を設置し、県史編さん事業を開始　龍山村、過疎対策として第3子以上の新生児に対し出産祝金支給制度を開始する　6.3 本県と中国浙江省の経済協力推進を図る日中経済交流シンポジウムを浙江省で開催する　6.28 県議会定例会(〜7.12)。知事、空港建設の必要性を強調する　焼津市文化センター、文化会館・歴史民俗資料館・図書館など複合施設として開館する　8.28 全国自治体職員サッカーで藤枝市役所が4年連続8度目の優勝　10.6 焼津さかなセンターが開所する
1986	昭和61	2.11 東伊豆町熱川(あたがわ)温泉のホテル大東館火災、24人が焼死する　4.19 県立美術館が静岡市谷田(やだ)に開館する　6.19 清水市の民間海洋船

静岡県暴力追放県民会議結成大会

静岡県暴力追放県民会議

焼津さかなセンターがオープン

日　本　史	世　界　史
中曽根康弘内閣成立 1.18 訪米中の中曽根首相、「日米は運命共同体」と声明。19日、「日本浮沈空母化・海峡封鎖」発言をし、問題となる　3.14 臨時行政調査会、増税なき財政再建、国債依存からの脱却等の最終答申を提出する　5.19 今村昌平監督「楢山節考」がカンヌ国際映画祭グランプリを受賞する　10.12 東京地裁、ロッキード事件の田中角栄に受託収賄罪などで実刑判決をする　12.18 第37回総選挙を実施(自民250・社112等)	8.21 フィリピンのアキノ元上院議員が暗殺される(50歳)　9.1 ソ連、領空侵入の大韓航空機を撃墜(269人全員死亡)　10.15 西独で「反核行動週間」が始まる。22日30万人の〈人間の鎖〉が米軍基地を包囲する
2.12 植村直己、北マッキンリーに世界初の冬季登頂する(下山途中に滑落死)　3.12 高松地裁、財田川事件再審で被告に無罪判決　4.1 初の第3セクター㈱三陸鉄道を開業する　6.14 横浜地裁、指紋押捺拒否の米人女性に罰金1万円の有罪判決をする　8.8 臨時教育審議会(臨教審)設置法を公布する　9.6 全斗煥韓国大統領来日(～8日)。天皇、「不幸な過去が存したことは誠に遺憾」と表明　12.25 電電公社民営化3法各公布する	1.19 国連食糧農業機関(FAO)、アフリカの24カ国1億5000万人が飢餓状態にあると発表する　10.31 インド首相インディラ・ガンジーがシーク教徒に射殺される　12.18 サッチャー英首相が訪中(～20日)。97年香港返還の英・中の共同声明を出す
1.2 中曽根首相、レーガン大統領との会談で戦略防衛構想(SDI)に理解を表明する　2.7 竹下登蔵相、創政会の旗揚げ(田中派分裂)　6.1 男女雇用機会均等法を改正(86.4.1施行)　7.27 中曽根首相、戦後の見直し・総決算を主張　8.12 日航機、群馬県御巣鷹山中に墜落・炎上、歌手坂本九ら520人が死亡、大惨事となる　8.15 首相以下全閣僚が靖国神社に公式参拝をする　9.5 文部省、入学式・卒業式等での日の丸・君が代を徹底するよう通知する	3.- ソ連共産党書記長にゴルバチョフが就任する　5.8 ヴァイツゼッカー西独大統領、敗戦記念日に「歴史を記憶せよ」と演説する　9.22 日・米・英・仏・西独5カ国蔵相・中央銀行総裁会議、ドル高是正で協調介入を合意する(プラザ合意)
1.22 社会党、西欧型社会民主主義へ路線を変更した「新宣言」を採択する　2.1 中野区立中学の男子	1.28 米スペースシャトル・チャレンジャー号爆発、乗組員7人全

国鉄清水港線が廃線

ヴァイツゼッカーの演説

　この演説は、ドイツの敗戦40周年に当たって西独大統領ヴァイツゼッカーが連邦議会で行ったものである。ドイツにおいても戦争の敗北をどうとらえるか、の論議が噴出していた。保守政党に属する彼が、高い倫理性をもって、過去を忘れぬことこそが和解の前提である、と訴えた。かれの言葉は世界の多くの人々に感激を与えている。

西　暦	年　号	県　　　　　史
1986	昭和61	「へりおす」が福島県沖で消息絶つ。23日、沈没確認　7.6 衆参ダブル選挙。衆院(自民10・社会2・公明1・民社1・無所属1)、参院(自民1・社会1)　静岡大学大学院工学研究科、一般社会人に門戸を開放する　8.13 二俣線を存続させる形で新会社天竜浜名湖鉄道㈱が発足する　6.10 浜松市商業協同組合加盟1200店、全市共通商品券を発売する　8.16 静岡市役所新庁舎の完工式を挙げる　9.30 アジア大会ハンマー投げで室伏重信(日大三島高出身)が5連覇を達成する　12.1 松崎町、潤いのある町づくりで選ばれ自治大臣賞を受賞する
1987	昭和62	2.12 県、知事公室に国際交流室、商工部に国際化対策室新設と公表　3.15 天竜浜名湖鉄道(天浜線)が開業する　3.29 全日本女子サッカー選手権大会で清水第8クラブが7年連続、7度目の優勝をする　4.12 県議選(自民44・社会12・公明5・民社3・共産3・無所属11)　4.20 静岡薬科大学・静岡女子大学・静岡女子短大を統合し、静岡県立大学の開学・入学式を行う　11.2 藤枝市郷土博物館が開館する　11.27 下田船渠、臨時株主総会で会社解散を決議。従業員138人解雇　12.16 県知事、静岡空港建設予定地を島田・榛原地区と決定する
1988	昭和63	1.11 警察庁刑事局長、暴力団一力(いちりき)一家追放運動が続く浜松市海老塚(えびつか)を視察、徹底摘発を指示する　1.31 大井川の中電7発電所の水利権更新期に当たり、川根3町で清流復活を訴え大井川環境改善決起大会を開催する　3.12 朝日新聞静岡支局の駐車場に時限爆弾、赤報隊が犯行声明　3.13 東海道新幹線の新富士・掛川両駅が開業する　5.1 ＪＲ浜松駅のメイ・ワンが開店する　6.1 総合雇用情報システムが県下の公共職業安定所で開通する　9.26 県、海洋バイオテクノロジー推進協議会発足(産学官187団体参加)　この年県下の交通事故2万7963件、死者394人となる(史上最悪)
1989	昭和64 平成1	1.8 天皇死去で観光地の旅館・ホテル、宿泊キャンセル、延期で痛手を受ける　1.11 清水商高、全国サッカー選手権大会で優勝

静岡県立大学が開学

天竜浜名湖鉄道が開業(旧二俣線)

日　本　史	世　界　史
生徒、いじめを苦に自殺　4.29 政府主催天皇在位60年記念式典を挙げる　7.6 衆参両院、同日選挙を実施。自民党が圧勝　8.12 新自由クラブ解党、河野代表ら自民党へ復党　9.5 藤尾文相、「韓国併合は韓国にも責任」と発言、問題となり、8日、文相罷免となる　10.28 国鉄分割・民営化関連8法案が成立　この年日銀、公定歩合を4回引き下げ(超低金利時代)	員が死亡する　2.- フィリピンに政変起こり、新大統領にアキノ夫人就任　4.26 ソ連チェルノブイリ原発で大事故が発生する　5.4 東京サミットが開かれる
2.4 政府、衆院に売上税法案を提出する　3.1 売上税粉砕を掲げ、20都県で23万人が集会を開く。売上税反対運動高まり、4.23事実上廃案　4.1 国鉄分割民営化、JR6社等が発足する　4.12 統一地方選挙。北海道・福岡県の知事選では革新が圧勝、道府県議選も自民が不振　7.4 自民党竹下派、経世会を結成する　10.12 利根川進のノーベル医学生理学賞受賞が決定　11.20 全日本民間労組連合会(連合)の結成大会　12.24 教育課程審議会答申、高校社会科の廃止等	2.27 国連環境特別委員会、「東京宣言」を採択する　7.20 国連安保理、イラン・イラク戦争即時停戦要求決議　10.19 世界各国で株価大暴落。ニューヨーク株式22.6%の下落(暗黒の月曜日)　12.8 米ソ、中距離核戦力(INF)全廃条約に調印。88.6.1発効
3.13 青函トンネル開通によりJR津軽海峡線全通　3.17 屋根つき球場(東京ドーム)が完成する　4.1 少額貯蓄非課税(マル優)制度を廃止する　4.10 世界最長の道路・鉄道併用橋の瀬戸大橋開通　6.14 自民党、消費税3％導入の税制抜本改革大綱を決定する　6.18 川崎市助役のリクルート未公開株取得問題が発覚する(リクルート事件の発端)　9.19 裕仁天皇、吐血・下血し重体となる　11.16 税制関連6法案、衆院通過(12.24参院可決、12.30各公布)	4.14 アフガニスタン・ソ連、和平協定に調印　8.20 イラン・イラク戦争の停戦が発効する　9.17 ソウル・オリンピックが開幕する(～10.2)
1.7 裕仁天皇崩御(87歳)、皇太子明仁親王即位。平成と改元(1.8施行、2.24昭和天皇大喪の礼)　2.	6.4 中国、民主化運動を武力で制圧(天安門事件)　11.9 ベルリ

アジア大会、ハンマー投げで室伏重信5連覇

ベルリンの壁崩壊

西暦	年号	県　　　　史
1989	昭和64 平成１ １.８	1.17 浜松市フラワーパーク総有料入場者、18年半で1000万人突破　3.29 県、公文書の開示に関する条例を制定する　4.20 県地震防災センターが開館する(静岡市)　7.23 第15回参院選(自民１・無所属１)　8.30 清水商高、全国サッカー選手権に続き第１回全日本ユースサッカー大会でも優勝　10.2 県情報公開制度発足。県庁西館で情報公開センター開所する　11.1 県国際交流協会が発足する　12.22 連合静岡統一結成大会(民間労組、官公労をまとめた県下最大の労働団体の成立)
1990	平成２	2.18 第39回総選挙(自民10・社会３・公明１・無所属１)　こども音楽コンクール全国大会合唱部門で島田２中が２年連続して最優秀校となる　2.28 県産業経済会館が静岡市追手町に完成する　3.- 県立薬大・県立女子大各最後の卒業式と閉学式を行う　4.19 鉱工業海洋生物利用技術研究センター、清水市に開所する　8.6 第２東名ルート正式発表(県下は長泉町－引佐町間134kmが内定)　10.1 大井川鉄道井川線に日本初のアプト式鉄道が開通(本川根町)　10.22 熊本県警、オウム真理教の富士宮市本部など14カ所を捜索　11.20 県教委、91年度公立高募集につき全日制21学級減と発表する
1991	平成３	1.8 佐鳴湖ヘドロ(汚染度全国２位)の浚渫を本格的に開始する　2.14 日本サッカー協会、プロリーグ参加10チームを決定。本県から清水ＦＣ(現清水エスパルス)が入る　4.7 県議選(自民45・社会７・公明４・共産２・民社２・無所属18)　5.1 県下５カ所の県民生活センター、旅券発給業務を開始する　5.11 静岡理工科大学が開学する　6.11 斉藤了英、ロダン「考える人」を県立美術館に寄贈する　8.1 全国高校総体が県下24市町を会場に開幕(～20日)。サッカーで清水東高が東海一高を破り優勝する　11.14 第１回浜松国際ピアノコンクールを催す(～24日)
1992	平成４	2.26 県議会定例会(～3.16)。斉藤県知事、大規模プロジェクト(静岡空港、第２東名等)推進の決意を表明する　3.11 宮城島清水市長、中電石炭火力発電所建設の棚上げを表明する　5.2 島田市博物館が開館する　6.17 静岡市女性会館・静岡市中央公民館アイセ

バルセロナ五輪で金メダルの岩崎恭子

第一回大道芸ワールドカップ開催

日 本 史	世 界 史
22 佐賀県教委、吉野ケ里遺跡で国内最大の環濠集落発見と発表する　6.2 竹下内閣総辞職、宇野宗佑内閣成立　7.23 参院選、自民惨敗し議席数与野党が逆転する　7.24 宇野首相、退陣表明。8.9海部俊樹内閣成立　11.15 横浜の坂本堤弁護士一家の失踪が判明。のちに、オウム真理教による殺害と判明する　11.21 総評解散、日本労働組合総連合が発足する	ンの壁が崩壊する　12.3 米ソ首脳、マルタ島で冷戦終結を確認する　12.25 ルーマニア革命。チャウシェスク政権が崩壊する
1.18 本島等長崎市長、右翼に銃撃される　2.18 第39回総選挙、自民275議席を得て安定多数　4.5 社会党、党規約から社会主義革命達成を削除　5.24 盧泰愚韓国大統領訪日、天皇は「不幸な過去に痛惜の念」と表明する　5.29 政府、朝鮮人強制連行者の名簿調査等を決定　7.5 鹿島建設㈱、花岡事件の責任を認め、中国人生存者と補償交渉に入る　11.12 天皇即位の礼を行う	3.11 リトアニアがソ連邦から独立宣言(3.30エストニア、5.4ラトビアも)　3.15 ソ連、憲法修正をうけて初代大統領にゴルバチョフが就任　8.- イラク、クウェートに侵攻　9.2 子どもの権利条約発効　10.3 東西ドイツが統一する
1.24 政府・自民党、湾岸戦争で多国籍軍への90億ドルの援助と自衛隊輸送機派遣などを決定　2.9 福井県美浜原発で事故が発生する　4.22 芦屋市に全国初の女性市長が誕生する　4.26 自衛隊掃海艇、ペルシャ湾へ出発　6.3 雲仙普賢岳で大火砕流が発生し死者が出る　7.11 東京佐川急便の暴力団関連企業への巨額融資が発覚(佐川急便事件の発端)　11.5 宮沢喜一内閣が成立　12.3 衆院でPKO協力法案可決(参院で不成立)	1.16 多国籍軍、イラクへ空爆を開始(湾岸戦争、~3.3)　6.17 南ア共和国でアパルトヘイト終結宣言をする　7.1 ワルシャワ条約機構解体　8.19 ソ連でクーデター(失敗)　12.- ソ連邦が解体する
1.17 訪韓中の宮沢首相、慰安婦問題で公式謝罪　3.26 全国平均地価、前年比で初めて下落する(バブル崩壊の本格化)　5.1 国家公務員の週休2日制が実施される　5.22 細川護熙、日本新党の結成を発	2.7 EC、欧州連合条約(マーストリヒト条約)に調印する　3.3 ボスニア・ヘルツェゴビナが独立を宣言。旧ユーゴが内戦状態にな

雲仙普賢岳の噴火

Jリーグが開幕

西　暦	年　号	県　　　　　　　史
1992	平成4	ル21が開館する　7.27 岩崎恭子（沼津5中）がバルセロナ五輪女子200m平泳ぎで競泳史上最年少優勝。9.24初の県民栄誉賞を受ける　8.1 県機関、完全週休2日制を実施する　10.27 本川根町に資料館やまびこ（山村生活の展示）が開館する　10.31 第1回大道芸ワールドカップイン静岡が開かれる（～11.3）
1993	平成5	3.2 県産業環境センター都田研究所が完成する　4.7 県下初の単位制高校の静岡中央高校が開校する　4.24 県女性総合センターあざれあ、静岡市馬淵に開館する　6.3 本川根町の多目的の長島ダムの定礎式を行う　6.4 ワールドカップサッカー県招致委が発足する　7.2 新生党系の県議など11人が自民党を離れ新会派の新静会を結成　8.1 石川嘉延、県知事に初当選。投票率35.14％は国政・県知事選を通じ過去最低　11.16 ジュビロ磐田のJリーグ来季加盟が決定する　11.29 大昭和製紙㈱の野球部・陸上競技部等が休部を決める
1994	平成6	1.8 全国高校サッカー大会で清水商高が優勝。8月の高校総体でも　3.13「富士山を世界遺産に」と100万人署名運動を開始。6.20 署名230万人分を環境庁・文化庁・林野庁の3庁に提出する　4.12 天皇・皇后、県地震防災センター・県立美術館など県下各地を視察　6.15 天野進吾静岡市長が辞意表明をする（相次ぐ不祥事で引責）　8.30 県内の大学・高校生の求人難で県が緊急雇用対策会議　9.24 由比町の由比本陣公園・東海道広重美術館が開館する　10.8 JR浜松駅前のアクトシティがオープン、一般公開初日の人出は10万7000人となる　12.4 中電浜岡原子力発電所1号機が放射能漏れで停止する
1995	平成7	3.12 シャンソン化粧品、女子バスケットボール日本リーグで5年連続V9を達成する　4.3 県庁に県民サービスセンターが開所、県民の窓口業務を統合　5.9 オウム真理教富士宮総本部を家宅捜査、土中から銃器の設計図や研究データ、レーダー兵器などが押収される　7.17 静岡中央署、南アから短銃約200丁の密輸で元船員を逮捕する　9.29 伊東市汐吹崎付近で群発地震が始まる（同日午前7時か

浜松アクトシティーが完成

シャンソン化粧品、日本リーグ5年連続V9

日　本　史	世　界　史
表する　6.- 衆院でPKO法案・PKO協力法案など可決（自公民は賛成、社共は牛歩戦術）　7.1 山形新幹線（ミニ新幹線）が開通する　9.17 自衛隊の第1陣、呉からカンボジアへ出発　12.18 自民党竹下派が分裂、羽田派が発足する	る　3.15 国連カンボジア暫定統治機構（UNTAC）、正式に発足する　8.24 中・韓が国交を樹立する
1.27 初の外国出身の横綱曙が誕生する　3.16 最高裁、第1次家永教科書訴訟で、上告棄却・検定合憲と判決をする　5.15 プロサッカーリーグ（Jリーグ）が開幕する　6.18 宮沢内閣不信任案が可決、衆院解散となる　6.21 武村正義ら10人、新党さきがけを結成する　7.18 第40回総選挙。自民惨敗、日本新・新生躍進　8.6 細川護熙内閣成立（反自民6党の連立）。土井たか子元社会党委員長、女性初の衆院議長となる　11.12 環境基本法が成立する	1.1 EC12カ国、単一市場発足　1.3 米国・ロシア、第2次戦略兵器削減条約（START Ⅱ）調印　1.13 米・英・仏軍、イラクのミサイル基地を空爆する　9.13 イスラエルとパレスチナ解放機構（PLO）、パレスチナ暫定自治協定に調印　11.1 欧州連合条約が発効する（EU発足）
1.29 政治改革4法案衆参両院で可決される　4.8 細川首相、退陣を表明（佐川借入金疑惑）　4.28 羽田孜内閣成立（4.26社会党の離脱で少数与党）　6.27 東京為替市場で円相場終値1ドル＝99円93銭と戦後初めて1ドル＝100円の大台を突破する（円高）　松本サリン事件が起こる　6.30 村山富市内閣成立（社自さ連立、47年ぶりの社会党首相）　7.20 首相、自衛隊合憲を表明　10.13 大江健三郎のノーベル文学賞受賞発表　12.10 新生・公明党等、新進党を結成	1.17 ロサンゼルス大地震　3.21 アカデミー賞でスピルバーグ監督映画「シンドラーのリスト」が作品など7部門受賞　4.10 NATOの米軍機、ボスニア紛争でセルビア勢力を空爆　5.9 南アでネルソン・マンデラが初の黒人大統領　10.14 ノーベル平和賞にPLOのアラファト議長、イスラエルのラビン首相、ペレス外相が決まる
1.17 神戸・洲本を中心に大地震（阪神・淡路大震災）。神戸市を中心に大被害　3.20 東京都心の営団地下鉄車内で猛毒サリン事件が起こる。死亡者12人、重軽傷者5500人余　4.9 統一地方選知事選で東京は青島幸男、大阪は横山ノックのタレント出身者が当選　4.19 東京外為市場、超円高1ドル＝79円75銭	1.30 スミソニアン博物館、「原爆展」中止を決定　8.30 第4回国連世界女性会議の非政府組織フォーラムがアジア初の北京で開幕　11.4 ラビン・イスラエル首相、極右青年に撃たれ死亡　12.14 ボ

阪神・淡路大地震の救援募金活動

地下鉄サリン事件

西暦	年号	県　　　　　史
1995	平成7	ら1時間に176回)。10.11伊東市長、安全宣言を出す　12.15 公立小・中・高校いじめ件数は855件で前年度比55％増と県教委調査で判明する
1996	平成8	1.26 富士宮のオウム真理教総本部周辺の住民400人が「平穏な生活侵害」と1億4000万円の賠償を求め教団・教祖を訴える　3.3 坂本由紀子(労働省)、県初の女性副知事に決まる　5.20 県、県内31カ所のエイズ治療拠点病院・診療病院を発表　6.4 環境庁、"日本の音風景百選"に「大井川鉄道のＳＬ」「遠州灘の海鳴り・波小僧」などを指定する　7.26 運輸省が静岡空港の設置を認可　9.24 県、932万円の「預け金」問題で知事以下71人を減俸等で処分　10.17 富士宮のオウム真理教富士山総本部を破産管財人に明け渡し　12.25 サッカーの2002年Ｗ杯の国内開催地に静岡県等10自治体決定
1997	平成9	3.26 静清バイパスが全線開通する　4.30 県舞台芸術公園が静岡市谷田・平沢に完成し開所式を行う　6.18 静岡市が一般事務職採用で国籍条項を条件付きで撤廃する(消防を除く全職種、県内初めて)　9.18 ヤオハンジャパンが負債総額1613億円で会社更生法を申請　11.27 Ｊリーグ清水エスパルスの経営危機。鈴与㈱を中心とした新運営会社への譲渡、市民のバックアップもあって存続が確定する　12.13 サッカーＪリーグでジュビロ磐田が年度優勝をする　12.25 西武浜松店が閉店、26年間の歴史に幕を閉じる　この年県内の交通事故"全国ワースト１"連続７年を脱出(第３位)
1998	平成10	2.9 ＡＷＡＣＳ(早期警戒管制機)浜松基地配備に反対する市民団体、５万4600余名分の署名とともに導入計画の撤回を浜松市長に陳情　3.24 ＡＷＡＣＳが浜松基地に配備される。反対の市民団体ら抗議　4.1 県、県歴史文化情報センターを設置する　4.20 静岡市・清水市合併協議会会長に宮城島清水市長を選出する　8.8 サッカーＪリーグ第１ステージで県内２チームが活躍。ジュビロ磐田が優勝、清水エスパルスが２位となる　10.8 芹沢銈介美術館(静岡市)、伊豆の長八美術館(松崎町)が全国の公共建築100選に選ばれる

Ｊリーグでジュビロ磐田が初優勝

静清バイパスが全面開通

日　本　史	世　界　史
となる　5.16 警視庁、地下鉄サリン事件でオウム真理教教祖松本智津夫を殺人・同未遂容疑で逮捕　8.15 村山首相、植民地支配と侵略につき謝罪表明	スニア和平協定に調印　この年中・仏、地下核実験再開
1.11 村山首相が退陣し橋本龍太郎内閣が成立　2.16 菅直人厚相、薬害エイズ問題で国の責任を認めHIV訴訟の原告に直接謝罪する　5.31 サッカー2002年W杯は日韓共催と決まる　6.25 閣議、97年4月から消費税引き上げを決定　7.- 堺市で発生したO-157集団食中毒6000人余となる　8.4 新潟県の巻町で初の原発の賛否を問う住民投票実施、反対票が6割を超える　10.20 第41回総選挙、初の小選挙区比例代表並立制で実施。投票率は60％を割り史上最低	3.25 欧州連合、狂牛病問題で英国産牛肉を禁輸と決定　7.20 第26回オリンピック、アトランタで開幕　9.10 国連総会、包括的核実験禁止条約（CTBT）を可決　12.17 ペルーのゲリラ、リマの日本大使館公邸を占拠し服役中の指導者の解放を要求
3.11 茨城県東海村の核燃料再処理工場内で爆発事故、作業員多数が被ばくする　4.1 消費税率3％が5％に引き上げられる　10.1 長野新幹線が開業する　11.16 サッカー日本代表がイランに勝利し、初のワールドカップ出場権を得る　11.- 北海道拓殖銀行・山一証券が破綻する　12.3 行政改革会議、行政組織を1府12省庁に再編する最終報告を決定する　12.9 介護保険法が成立する	4.22 リマの大使館占拠事件、ペルー軍・警察特殊部隊の突入で終結　7.1 香港、中国に返還される　12.3 対人地雷全面禁止条約調印式（～4日）。米・中・露などを除いた121カ国が調印　12.11 温暖化防止京都会議で先進国の温暖化防止目標を盛り込んだ議定書を採択する
2.7 第18回冬期五輪長野大会開催（～2.22）　4.5 明石海峡大橋が開通（神戸－鳴門ルート開通）　5.30 社民党、橋本内閣の閣外協力の解消を決める　7.12 第18回参院選、自民党44議席。13日、橋本首相、参院選惨敗の引責で辞任する　7.30 小渕恵三内閣が成立。蔵相に宮沢喜一元首相、経済企画庁長官に民間の堺屋太一を起用する　11.11 小渕首相がロシアを訪問（～14日）。13日、モスクワ宣言　11.25 江沢	4.15 ワシントンでG7開催、日本に内需拡大等を求める　8.7 ケニアのナイロビとタンザニアの首都で爆発事件が起きる。死者米国人含む約260人　8.31 北朝鮮、「テポドン1号」を発射する　9.8 米大リーグ・マグワイヤ選手、年間最多本塁打記録を達成（最終70

グランシップが開館

香港の中国返還

イギリスがアヘン戦争（1840～42）、その後のアロー号事件（1856）等によって清朝から得た直轄植民地であった香港は、1世紀半余もイギリス領としての政治・社会、経済生活が続けられていたが、1997年7月1日午前零時を期して返還された。ここでは、国防と外交は別として、自由主義経済を含め高度な自治が認められている。

西　暦	年　号	県　　　　史
1998	平成10	(建設省)　この年県内の企業倒産は400件を突破(12年ぶり、不況が深刻化)
1999	平成11	3．5 県聴覚障害者情報センターが県総合社会福祉会館5階に開設　3.13 県コンベンションアーツセンター「グランシップ」(静岡市池田)が開館記念式、3400人が参加する　4.11 県議選。新県議67人、うち自民党37で過半数には達する　4.16 舞台芸術の祭典「第2回シアター・オリンピックス」が開幕(演劇・オペラ等4部門に20カ国の参加)　7.11 静岡市で第1回静清合併タウンミーティングを開催する　7.20 清水港に県内初の本格的多機能型客船ターミナルが完成する　9.20 県内10カ所で要介護認定の相談受付けが始まる　10.19 県知事、県財政の危機的状況を初めて表明(財政危機宣言)　12.1 富士市の宗教法人「法の華三法行」が詐欺容疑で捜査を受ける
2000	平成12	1．4 下田市の新聞販売店など2棟が全焼、7人が焼死する　4.13 浜松に公設民営方式を取り入れた静岡文化芸術大学が開学する　6.25 第42回衆院選(自民6・民主6・無所属1)　8.5 第24回全国高校総合文化祭が静岡市で開催(～9日)。全国から3万4000人が参加する　10.27 当選した焼津市長が公選法(特定寄付の禁止)違反の罪で逮捕・起訴される。12.24出直し選挙となる　11.13 静岡・清水合併協議会、合併期日は平成15年4月1日と決める　11.23 第1回県市町村対抗駅伝競走大会を実施する　12.20 蒲原町が教育長公募制を導入する

静岡文化芸術大学が開学(記念植樹)

第一回市町村対抗駅伝

日　本　史	世　界　史
民中国国家主席が国家元首として初の日本公式訪問。26日、共同宣言を発表する	号）
1.14 自民・自由連立内閣が発足する　2.28 広島県立高校長、卒業式の「日の丸・君が代」の問題で県教委と教職員の板挟みとなり自殺　4.11 東京都知事選で石原慎太郎が当選する　6・7月企業の倒産・リストラが進み失業率4.9％、完全失業者300万人を大きく超える　8.9 日の丸・君が代が法律で国旗・国歌となる　9.30 茨城県東海村の核燃料加工施設で日本初の臨界事故発生。19人被ばく（30日現在）　10.5 自民・自由・公明の3党連立内閣が成立	1.1 欧州連合（EU）の単一通貨ユーロ、独仏伊など11カ国で導入　8.17 トルコ西部でM7.4の地震が発生、死者1万5000人を超える　10.12 世界人口60億を突破する　12.20 マカオ、ポルトガルから中国に返還される
2.2 参院比例代表定数の20削減が法改正で決定　4.2 小渕首相、脳梗塞で緊急入院。4.4小渕内閣総辞職　4.5 森喜朗自公保連立内閣が成立　6.25 第42回総選挙、自公保は後退するも安定多数　7.2 雪印乳業の大阪工場乳製品で集団食中毒発生　8.18 三宅島で大規模噴火、降灰で約1300人が避難。9.1 火山活動活発化、全島民に避難指令発令　9.24 高橋尚子がシドニー五輪女子マラソンで優勝　11.4 宮城県上高森遺跡で石器発掘ねつ造が発覚　11.21 野党4党共同提案の森内閣不信任案が否決される	6.13 韓国の金大中大統領が北朝鮮を訪問、初の南北首脳会談　7.21 第26回主要国首脳会議、沖縄県名護市で開催　9.15 第27回オリンピック・シドニー大会開催（～10.1）　10.23 オルブライト米国務長官、現職閣僚として初めて北朝鮮を訪問する

三宅島の火山噴火（耐熱救援車を陸揚げ）

シドニー五輪女子マラソン金メダルの高橋尚子

写真所蔵者・提供者一覧(※は静岡県歴史文化情報センターより借用)

P2沼津市教育委員会※　P3細江町教育委員会蔵※　P4浜北市教育委員会蔵※　P5磐田市教育委員会蔵※　P7浜松市博物館蔵　P8沼津市教育委員会　P9原品宮内庁正倉院事務所蔵複製国立歴史民俗博物館蔵　P11藤枝市郷土博物館　P12磐田市教育委員会　P14静岡県埋蔵文化財調査研究所撮影　県教委文化課蔵※　P17湖西市教育委員会※　P18※　P20南伊豆町・修福寺蔵※　P23清水市・鉄舟寺蔵　千葉県・名鏡勝朗撮影※　P24愛知県陶磁資料館蔵※　P25三島市・髙木正勝蔵　MOA美術館　P27富士宮市・北山重須本門寺蔵　P28広島県・大朝町教育委員会※　P30※　P32※　P34※　P36引佐町・方広寺蔵※　P38新潟県・雲洞庵蔵※　P41※　P45磐田市・大見寺蔵※　P46東京都・明治大学刑事博物館蔵※　P47岡山県・法泉寺蔵※　P49静岡市・増善寺蔵※　P49小笠町・正林寺蔵※　P51(左)静岡市・臨済寺蔵※　(右)島田市・東光寺蔵※　P53※　P55(左)静岡市・宝台院蔵　(右)　P56清水市・清見寺蔵※　P57岡部町・三輪町内会蔵※　P58磐田市教育委員会蔵※　P59※　P61(左)東京都・静嘉堂文庫蔵※　(右)※　P65(左)※　(右)静岡県立中央図書館蔵　P67川崎市市民ミュージアム蔵　P68※　P71※　P72東京都立中央図書館加賀文庫蔵　勉誠社発行・復刻版『東海道名所記』より転載　P73裾野市社会教育課　P74浅羽町・原睦夫蔵※　P76由比町・東海道広重美術館蔵※　P77由比町・東海道広重美術館蔵※　P79独立行政法人国立公文書館蔵※　P81御殿場市・滝口文夫蔵※　P83静岡県立中央図書館蔵(原宿渡辺家文書)　P85掛川市・柴田尚蔵※　P86静岡浅間神社蔵※　P87※　P88(左)相良町史料館蔵※　(右)静岡県立中央図書館蔵　P89※　P90※　P91※　P92浅羽町・柴田静夫蔵※　P93※　P95御殿場市・小林浩蔵※　P97静岡県立中央図書館蔵　P98静岡県立中央図書館蔵　P99(左・右)静岡県立中央図書館蔵　P100東京都立大学付属図書館蔵(水野家文書)※　P101※　P102※　P103(左)伊豆箱根鉄道　(右)東京都・防災専門図書館蔵※　P104※　P105※　P106※　P107金谷町・松浦昭宏蔵※　P109茨城県立歴史館※　P112早稲田大学図書館※　P115杉浦藤次郎　P116静岡大学人文学部経済史研究室蔵※　P117静岡英和女学院※　P118掛川市・大日本報徳社報徳図書館蔵※　P119掛川市・大日本報徳社報徳図書館蔵　P120静岡銀行　P121掛川市・大日本報徳社報徳図書館蔵　P122静岡高校　P125神谷昌志　P126沼津市明治史料館蔵(中石田　秋元みゑ家文書)※　P127長田君子　P128国立国会図書館憲政資料室蔵(『静岡県史別編3　図説静岡県史』より転載　P130茨城県立歴史館※　P131神谷昌志　P132『日本博覧図・静岡県初篇』より転載　P133(左)静岡英和女学院　P136※　P137神谷昌志　P139熱海市・今井写真館　P140袋井市　P141浜松市立図書館　P143富士川町　P144御殿場市立図書館蔵※　P145山本正治　P146内浦漁業協同組合※　P148浅野寅男　P149(右)浜松市　P150(左)藤枝市立図書館　(右)沼津史談会　P152(右)岡崎賢二　P153浜松市　P154(右)根岸貞三　P157(左)藤村郁雄　P159日本放送協会静岡放送局※　P160松坂屋　P161熱海市・今井写真館※　P162(右)熱海市・今井写真館　P164(左)「静岡県の昭和史」より　(右)静岡大学人文学部旧制静岡高等学校※　P165(左)「静岡県の昭和史」より　(右)山梨写真館　P167(右)共同通信社　P168(右)浜松市立図書館　P170(左)山梨写真館　(右)静岡大学　P173(右)焼津市　P175(右)中部電力　P178(右)浜松市立図書館　P180(左)藤枝東高　(右)静岡英和女学院　P181(左)共同通信社　P185(右)東海自動車　P186(左)眞成恒康　P189(左)常葉学園　P196(左)共同通信社　P197(左)共同通信社　P199(左・右)共同通信社　P203(左・右)共同通信社

静岡県歴史教育研究会
〈執筆〉
●原始・古代＝萩田積(静岡県立浜松西高校地歴科教諭) ●中世＝伊東謙助（富士市立少年自然の家指導主事)、森田香司(浜松市立新津小学校教諭) ●近世＝厚地淳司(静岡県立沼津東高校地歴科教諭)、松本稔章(静岡県地域史研究会会員)
●近・現代＝川上努(静岡県近代史研究会会員)、肥田正巳(静岡県近代史研究会幹事)

静岡県歴史年表
──────────────────────────
平成15年3月28日　初版発行
編　者　静岡県歴史教育研究会
発行者　松井　純
発行所　静岡新聞社
　　　　〒422-8033　静岡市登呂3-1-1
　　　　　TEL054-284-1666　Fax054-284-8924
印刷・製本　図書印刷
定価は表紙カバーに表示してあります
落丁・乱丁本はお取り替えいたします
──────────────────────────
ISBN4-7838-1077-X　C0020　Y2000E